U0910400

“十二五”职业教育国家规划教材

经全国职业教育教材审定委员会审定

高职高专经管类核心课教改项目成果系列

个人理财规划

（第二版）

张旺军　主编

科学出版社

北　京

内 容 简 介

本书主要是为培养学生的个人理财方案设计实践技能而编写，辅之以必要的理论知识。在体例上采用了项目教学法的思想，将教学内容分解成21个任务。内容包括客户评价（项目1）、理财工具的应用（项目2）、目标规划（项目4）、专项理财方案（项目3、项目5、项目6）以及综合规划方案设计（项目7）。教材编排顺序综合考量了教学内容前后的衔接。

本书适用于高职高专财政金融类专业课程教学，同时，也可以作为非财政金融类专业理财知识公共课教材。

图书在版编目（CIP）数据

个人理财规划/张旺军主编. —2版. —北京：科学出版社，2014

（“十二五”职业教育国家规划教材·高职高专经管类核心课教改项目成果系列）

ISBN 978-7-03-041731-2

I. ①个… II. ①张… III. ①私人投资-高等职业教育-教材 IV. ①F830.59

中国版本图书馆CIP数据核字（2014）第198682号

责任编辑：田悦红 龚亚妮 / 责任校对：马英菊

责任印制：吕春珉 / 封面设计：一克米工作室

科学出版社 出版

北京东黄城根北街16号

邮政编码：100717

http://www.sciencep.com

三河市骏杰印刷有限公司印刷

科学出版社发行 各地新华书店经销

*

2012年2月第 一 版 开本：787×1092 1/16

2014年9月第 二 版 印张：14 3/4

2020年1月第八次印刷 字数：344 000

定价：37.00元

（如有印装质量问题，我社负责调换〈骏杰〉）

销售部电话 010-62134988 编辑部电话 010-62132460（VF02）

版权所有，侵权必究

举报电话：010-64030229；010-64034315；13501151303

高职高专经管类核心课教改项目成果系列

编写指导委员会

主　任　周建松（浙江金融职业学院院长、教授）

副主任　申长平（山西省财政税务专科学校校长、教授）

　　　　钱乃余（山东商业职业技术学院院长、教授）

委　员（按姓氏笔画排序）

　　　　王兆明（江苏经贸职业技术学院院长、教授）

　　　　王金台（河南经贸职业学院院长、教授）

　　　　王茹芹（北京财贸职业学院院长、教授）

　　　　华桂宏（无锡商业职业技术学院院长、教授）

　　　　陈光曙（江苏财经职业技术学院院长、教授）

　　　　陈德萍（广东财经职业学院院长、教授）

　　　　郑永海（辽宁金融职业学院院长、教授）

　　　　骆光林（浙江商业职业技术学院院长、教授）

　　　　耿金岭（安徽财贸职业学院院长、教授）

　　　　高力平（四川商务职业学院院长、教授）

　　　　郭　伟（宁夏财经职业技术学院院长、教授）

　　　　阎　平（陕西财经职业技术学院院长、教授）

秘书长　郭福春（浙江金融职业学院教授）

序

改革开放以来，我国经济快速发展，经济总量不断增加，对从事经济活动的相关人才的需求空前高涨。社会对经济管理类人才的需求大体上可以划分为两大类。一类是从事理论研究，从宏观和微观角度研究社会经济发展和运行的总体规律，研究社会资源的最优配置及个人满足最大化等问题的学者。另一类是在各种经济领域中从事具体经济活动的职业人，他们是整个经济活动得以有效运行的基本元素，是在各自不同的领域发挥着使经济和各项业务活动稳定有序运行、规避风险、实现价值最大化的社会群体。从社会经济发展的实际情况来看，后一类人群应该是社会发展中需求数量最大的经济管理类人才。在上述两类人才的培养上，前者主要由普通本科以上的高等院校进行培养，后一类人才的培养工作从我国高等教育的现状来看，培养的主体主要为高等职业教育相关的院校。

高等职业教育经过近年来的迅猛发展，已经占据了我国高等教育的半壁江山。特别是自2006年教育部、财政部启动的国家示范性高等职业院校建设工作和教育部《关于全面提高高等职业教育教学质量的若干意见》（教高［2006］16号）文件的颁布以来，我国的高等职业教育迸发出前所未有的激情和能量，开放式办学、校企合作、工学结合、生产性实训、顶岗实习等各项改革措施深入开展，人才培养模式改革、课程改革、教材改革、双师结构教学团队的组建、模拟仿真的实验实训环境的进入课堂等项教育教学改革不断推进，使我国高等职业教育得到了长足的发展，取得了令人瞩目的成绩，充分显示出高等职业教育在我国经济发展中的举足轻重的作用和不可替代的地位。

我们依托上述大背景，同时根据技术领域和职业岗位的任职要求，以学生的职业能力培养为核心，组织了全国在相关领域资深的专家和一线的教育工作者，并与行业企业联手，共同开发了这套“高职高专经管类核心课教改项目成果系列规划教材”。这套丛书覆盖了经管类的核心课程，以职业能力为根本，以工作过程为主线，以工作项目为载体进行了教材整体设计，突出学生学习的主体地位是本系列教材的突出特点。

当然，我们也应该看到，高等职业教育的改革有一个过程，今天我们所组织出版的这套教材，仅仅是这一过程中阶段性成果的总结和推广。我们坚信，随着课程改革的不断深入，本套教材也将以此为台阶，不断提升和改进。我们衷心地希望通过高质量教材的及时出版来推动教学，同时使本套教材在实际教学使用过程中不断完善和超越。

本套教材为全国财经类高职高专院校联协会和科学出版社的首次合作成果，是全国财经类高职高专院校联协会的推荐教材，适合全国各高职高专经济管理类专业使用。

周建松

2008年6月9日

第二版前言

本次修订综合了第一版教材使用过程中各兄弟院校提出的建议和意见,对内容和体例都进行了针对性的修改。

在内容上，除按理财相关的政策法规变化对教材内容进行修订外，更主要的是在内容的安排上进行了较大的修订。具体修订内容如下：

原项目 1“客户评价”中，理财性格需通过学生的社会实践活动与客户直接接触才能达到教学目的和要求，通过课程教学只能是纸上谈兵，意义不大，故第二版删除了任务“评价客户的理财性格”。原项目 2“Excel 应用与理财目标规划”内容分别调整到其他项目或附录，Excel 应用中的财务函数与理财电子表格制作应是财政金融类专业前置课程教学内容,但考虑到各院校培养计划制定的差异以及学生对此部分掌握程度不同，作为个人理财规划的基础和核心工具，将此部分内容作为附录，以方便学生在学习过程中查阅和复习，而不再作为单独的项目；“理财目标评价”是个人生涯规划单一目标和多目标评价的工具，分别并入项目“个人生涯规划”和“综合理财规划”，将工具与应用整合在一个项目中，更好地方便学生理解和掌握。原项目 3“家庭财务编制与分析”中的任务“家庭预算编制与分析”对于个人理财规划方案并非必需的内容，且占用课时较多，对于高职学生难度较大，故删除了此任务。删除了原项目 5“信用与债务管理”中隶属于前置课程的内容，仅保留与居住规划相关的置产贷款规划和与家庭风险管理相关的紧急备用金储备，并将这两部分内容分别整合至项目 4“个人生涯目标规划”中的任务“居住规划”和项目 5“家庭保障与遗产规划”。原项目 7“保险与遗产规划”由于丰富了紧急备用金内容，项目名称改为“家庭保障与遗产规划”（项目 5)。经过上述修订和调整，原 9 个项目调整为 7 个项目。为方便教学与考核，在文前增加了授课计划建议，建议内容包括课时安排和重点难点提示，并在附录中增加了 8 个案例。

在体例上，正文每页空白处增加了学习笔记，方便学生在学习过程中逐段理解和总结教材内容，在每个项目最后增加了收获清单，引导学生对每个项目的学习进行总结和领悟，提高学习效果。

第一版前言

个人（家庭）理财规划是我国金融领域近年来才出现的新职业，我国人力资源和社会保障部于 2002 年对此开发了职业资格证书——理财规划师职业资格认证（ChFP），同年，我国开始酝酿加入国际金融理财标准委员会（FPSB），并在 2004 年培训产生首批金融理财师。本书结合我国理财规划师这一新职业而编写，编写过程中，充分尊重了理财规划师和金融理财师两个资格认证体系，并在此体系基础上，注意结合高职院校财政金融类专业学生培养计划的课程安排。作为财政金融类专业教材，本书对应课程的前导课程为经济学、会计学、投资学、税法及相关课程，作为对上述课程的应用，建议在专业教学的最后一学期开设。

本书依据项目课程思想编写而成，按理财规划的基础、工具、目标和实施将理财规划方案设计划分为 9 个项目、26 个任务。在课程教学完成之后，学生应能独立编制理财规划方案。各个项目之间的关系如下图所示。

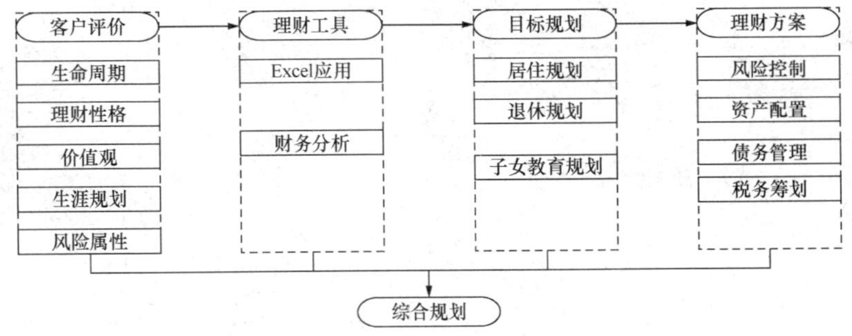

在教学方法上，建议教师采用项目课程教学法开展教学工作。本书是围绕任务而展开的，建议教师在讲解前先引导学生熟悉任务，由学生在未学习之前尝试完成任务，根据学生的完成情况有针对性地指导学生学习，之后，由学生独立或以小组为单位完成任务并进行展示，由学生和教师共同对完成情况进行评价，在教师评价时重点对学生完成任务过程中的困难和问题进行再次讲解和引导，即任务引导—学生尝试完成—教师讲解—学生完成—课堂评价。

本书入选 2010 年宁波市特色教材，主编和组织工作由浙江工商职业技术学院张旺军负责，参加编写人员包括宁波大学吕建锁，浙江工商职业技术学院教师高亚丽、吴晋文，浙江经贸职业技术学院教师王凯炯，贵阳商业高等专科学校教师段登辉以及丽水职业技术学院韩敏。

本书相应地配备了电子教案和任务完成指引，教师可向出版社索取，如有问题，也可直接与主编联系。

由于编者水平有限，书中难免有不足之处，恳请广大读者批评指正。

课程授课计划建议表

内容	重点（★）难点（▲）	学时
概论	★个人理财服务定义 ★理财规划师的职业定位	2
项目 1：客户评价	★家庭生命周期与评价 ★客户风险属性评价	4
项目 2：家庭财务报表的编制与分析	▲家庭财务报表的相关概念 ★▲家庭财务报表编制 ▲家庭财务报表勾稽关系	6
项目 3：员工薪酬与税务筹划	★▲养老金待遇支付 ★医疗保险待遇支付 ★▲个人所得税筹划	4
项目 4：个人生涯目标规划	★▲个人生涯目标需求测算	12
项目 5：家庭保障与遗产规划	★▲寿险需求测算 ★▲保险产品选择 ★遗产规划工具	8
项目 6：投资规划	★投资目标设定 ★▲资产配置策略 ★▲资产配置与调整	8
项目 7：综合理财规划	★▲检验目标达成可能性 ★供需缺口调整 ★个人理财规划方案的执行	14
考核：案例推演		6
机动：附录项目选讲		4

目录

概　　论

本书结合高等职业教育的特点，以工作岗位分析为起点，遵循专业培养计划目标和我国目前个人理财相关证书考核大纲内容编写而成。适用于财政金融类专业个人（家庭）理财课程的教学。

0.1　课程对应岗位

近年来，我国国民收入大幅提高、理财产品日益多样化和理财环境日趋复杂化，我国居民对于专业理财服务需求与日俱增，基于此，我国金融业近年来着力发展专业理财服务，各银行纷纷成立私人理财部门甚至私人银行，保险、证券期货和基金公司也开始为客户提供综合的理财服务。个人（家庭）理财专业人才的培养就成为财政金融类专业的一个新领域。

结合当前高职教育学历层次和财政金融类专业特点，大多数高职财政金融类专业将学生未来就业岗位定位于“一线操作、营销、服务与初级管理”等，这些岗位一般都是直接面对客户，要求学生对理财知识有一定的综合应用能力。这一能力要求是基于金融服务业为客户服务的精神出发，对于直接面对客户的一线岗位特别是营销和服务岗位，行业变化要求这些岗位的从业人员从以我为主进行产品营销转变为以客户为主，为客户提供综合理财服务。这要求从业人员必须具备为客户提供综合金融服务的能力，本书的对应课程正是为满足这些岗位的需求而开设。

0.2　理财规划师职业认知

理财规划师提供专业理财服务过程中，首先要对该职业有正确认识，才能在正确理论指导下制定出有效、可行的理财规划方案。理财规划师应对本职业有以下几方面正确认知。

0.2.1　个人理财服务定义

对于什么是个人理财，通常的认识存在一些误区，不仅是接受理财服务的客户，还包括一些理财服务提供者——各金融机构或中介组织也存在认识上的偏差。非理财专业人士往往将理财与投资等同，甚至认为理财就是提高投资收益，可能忽略风险而导致损失惨重。作为理财服务提供者，特

学习笔记

别是提供理财服务的同时也提供理财产品的金融机构，出于对自身经济效益的考虑和对理财服务认识的偏差，容易将理财产品营销同理财服务的提供挂钩甚至等同，忽略客户理财需求与产品适用性分析，导致客户并不认同理财服务价值甚至出现公关危机。个人理财服务的定义反映了理财活动本质，因此，正确理解个人理财相关定义对理财活动有着重要的意义。

关于个人理财服务的相关定义有很多的表述，本书综合各方面的表述，认为现代国际理财规划标准（上海）有限公司（FPSB China Ltd.）定义比较全面地概括了个人理财本质。其定义是，理财规划①是指专业理财人士收集客户家庭状况、财务状况和生涯目标等资料，明确客户的理财目标和风险属性，分析和评估客户的财务状况，为客户量身定制合适的理财方案并及时执行、监控和调整。最终满足客户人生不同阶段的财务需求，使其最终实现人生在财务上的自由、自主和自在②。

0.2.2　个人理财规划服务的特征

个人理财规划服务有四方面特征：首先，个人理财是综合性金融服务，而不是金融产品营销，包括了客户财务和非财务信息的收集、分析、评价以及在此基础上制作理财方案并帮助客户执行、监控和调整，金融产品营销只是个人理财服务过程中的一个附属活动，而且这项活动还要符合执业人员相关道德要求，即金融产品的营销必须是建立在客户有需求基础上；其次，个人理财是由专业理财人士提供的金融服务，而不是客户自己理财，客户的资产组合需要有专业的知识和信息渠道才能实现其有效性，这为个人或家庭理财的专业化提供了市场需求，个人理财由具有专业知识和信息渠道的金融机构的专业理财人士为客户提供服务，而不是客户自己理财；再次，个人理财是针对客户一生的长期规划，而不是针对客户某个阶段的规划，包括家庭生命周期的形成期、成长期、成熟期和衰老期四个时期（详见任务 1.1），理财规划服务的提供不仅仅是为客户提供一个阶段的产品，而是伴随客户的一生，理财规划制定也是以客户一生的财务需求作为规划的前提；最后，个人理财是一个过程，而不是一个产品。个人理财通过规范化的理财程序，为客户提供从财务分析到方案制定直到方案执行、监控和调整的全过程服务，并非只提供理财方案或理财产品，因此，理财规划服务是一个服务过程而不是提供产品。

0.2.3　个人理财规划的内容

个人理财规划的内容包括客户评价、目标规划和理财方案三个方面。其中，客户评价是指通过收集客户信息，包括财务和非财务信息，对客户的生

① FPSB China 将个人理财称为理财规划。

② 中国金融教育发展基金会金融理财标准委员会. 2009. 理财规划原理. 北京：中信出版社.

命周期、理财性格、价值观、风险属性以及家庭财务状况进行分析，了解客户的理财基础。目标规划则是规划客户的居住、退休、子女教育等生涯目标，内容包括实现时间、重要性排序以及所需资金。理财方案则是在理财基础上为实现理财目标所做的现有和未来资产的安排，包括投资管理、风险控制、债务管理、税务筹划以及遗产规划等内容。

学习笔记

0.2.4 理财规划师的职业定位

理财规划师为客户提供的服务具有综合性、专业性和长期性。理财规划师所提供的服务不仅仅包括投资，还包括风险控制、子女教育、养老、医疗等多个领域。理财规划师除本身要具有投资、保险、法律、税务等相关专业领域的理财知识和实践能力外，还要与其他专业领域的专业人士合作，共同组成理财团队，为客户提供服务。和其他专业人士不同，理财规划师为客户理财是从客户整体利益和整个人生目标的角度考虑，而不仅仅是局限于客户的某一需要。因此，理财规划师更是一个拥有专业知识的组织者，其工作主要是领导由专业人士组成的团队共同为客户提供服务。理财规划师重在为客户制定综合、整体的理财方案，并协助客户实施和监控理财方案的执行，其他专业人士根据理财方案提供理财产品。因此，理财规划师在提供服务的过程中首要的任务是帮助客户厘清理财思路。首先，根据客户的实际目标、需求和优先顺序确定理财目标；其次，结合客户的风险属性来确定风险控制目标和与之相匹配的投资回报率，在此基础上确定合理的投资组合和保险产品；最后，根据已确定的投资回报率和投资组合，选择适合的理财产品。

0.3 我国目前理财规划师相关职业资格证书

我国目前并未对个人提供理财规划服务实行就业准入或执业资格考试，但为了规范个人理财服务市场，提高个人理财服务水平，我国金融教育发展基金会、原劳动和社会保障部先后在我国建立起两套资格认证体系，这两套体系是目前我国理财规划职业最为权威的认证体系。

2004年9月1日，中国金融教育发展基金会金融理财标准委员会（Financial Planning Standards Council of China，FPSCC，以下简称中国理财标准委员会）成立，该委员会是旨在在中国建立理财师制度，确立资格标准，组织资格考试，认证专业人才，规范职业道德，维护行业秩序的非政府、非营利的组织。针对中国理财规划服务市场不规范的现状，中国理财标准委员会经过长达三年的调查研究，决定在中国引进国际CFP专业资格认证制度。2005年，中国正式加入FPSB，中国理财标准委员会是FPSB在中国唯一的授权认证机构。2009年，按照2006年签署授权协议中将FPSCC建设成为独立法人机构的要求，FPSCC正式转型为国际理财规划标准委员会中国专家委员会（FPSB China Advisory

学习笔记

Panel）和现代国际理财规划标准（上海）有限公司（FPSB China Ltd.）。改组后的专家委员会代表FPSB指导和监督CFP系列认证资格认证在中国的组织和实施；现代国际理财规划标准（上海）有限公司在专家委员会的指导下，负责中国境内的资格认证、考试、品牌维护等职责。同多数国际CFP组织正式成员的做法类似，中国实施两级理财规划师认证制度，即理财规划师（associate financial planner，AFP）和国际理财规划师（certified financial planner，CFP）认证制度。无论是AFP还是CFP，都必须在达到其制定的教育（education）、考试（examination）、从业经验（experience）和职业道德（ethics）标准（以下简称为"4E"标准）后，方可取得相关的资格认证（具体内容详见该组织网站 http://www.fpcc.cn/）。

2003年，原劳动和社会保障部正式推出理财规划师职业，并于第二年成立国家职业技能资格鉴定专家委员会理财规划师专业委员会。2006年，将理财规划师列入全国职业资格统一鉴定范畴。理财规划师国家职业资格认证分为三个等级，即助理理财规划师（国家职业资格三级）、理财规划师（国家职业资格二级）、高级理财规划师（国家职业资格一级）。目前国家劳动和社会保障部已开展助理理财规划师和理财规划师认证工作，但尚未开展高级理财规划师认证工作（具体内容可查阅国家理财规划师（ChFP）考试网：http://www.chfp.org/）。

上述两个证书都是指导和规划个人理财服务，从性质上看又有所不同，国际金融理财师（CFP）虽然是由金融教育发展基金会引进，但依据国际金融理财标准委员会的要求，该证书的认证机构必须是非官方性质，并且有着成熟的认证体系。理财规划师国家职业资格认证（ChFP）是由劳动和社会保障部颁发的职业资格证书，属于官方性质的非行政许可类职业资格，认证工作刚刚起步。

0.4　本课程内容安排

理财规划方案设计能力是理财规划师应具备的基本能力，为客户提供理财规划服务，从方案的制订到执行和监督，方案的制订是最基本的要求。本课程以理财规划方案制定为主线，从客户评价开始对理财规划方案制定所需具备的各个知识点逐一进行讲解，最后一个项目（项目7）则是对前述各项目内容的综合应用，也是对整个理财规划方案制定过程的讲解。本课程在项目1～项目7的安排上，一方面考虑按客户评价、理财工具应用、目标规划和理财方案四个内容顺序讲解，另一方面兼顾理财规划方案教学内容的前后交叉。

0.5　课程考核建议

本书对应课程终极教学目标是：通过课程学习，学生能够完整地设计一个具备实用性的综合理财规划方案，建议要求学生在课程学习结束后，以完成一个综合理财规划方案为课程考核内容。基于此，本书特在附录中提供 8 个理财规划方案，便于课程考核之用。

项目1 客户评价

项目介绍

本项目讲解了从家庭生命周期、个人生涯规划、理财价值观以及风险属性分析等方面如何对客户进行评价的相关内容。

通过这一项目的教学，旨在让学生能够从不同的角度全方位评价客户。这是个人理财规划方案设计的前提条件，也是学生学习理财规划方案设计的首要基础。

教学目标

- 终极目标:

通过本项目的学习，学生能够从理财角度对客户进行正确评价。

- 促成目标:

能够从客户生命周期、生涯规划、理财价值观及风险属性四个方面对客户进行正确评价。

工作任务

- 阐释客户家庭生命周期并确定客户理财重点
- 阐释客户生涯规划与理财活动的基本内容
- 探讨客户理财价值观
- 评价客户风险属性

不同客户的理财观念和理财需求有所差别，合理的规划方案应体现这种差别，从而有效满足客户理财需求。因此制定理财规划方案前，首先应对客户进行市场划分（marketing segmentation），即按照客户的需求或特征将客户市场分成若干个次市场，并针对不同的次市场设计个性化销售组合。市场划分的依据包括客户的社会特征和心理特征。其中社会特征如文化背景、宗教信仰、种族、社会阶层和家庭生活周期等；心理特征包括价值观、行为特点以及生命周期等。经过验证分析，这两种分类依据按心理特征分类更为有效，原因在于社会特征具有普遍性，而心理因素与客户个体行为有着密切关系。

学习笔记

在这一阶段前期父母相继离世，在后期夫妻进入两人生活或与子女同住。经济方面主要来源于退休前的积累或子女的赡养费用。

这一时期由于停止工作，工作收入为零，收入以理财收入、转移性收入或变现资产收入为主，支出前期由于身体状况尚可，又有空闲时间，休闲费用较高，在后期随着身体状况的下降，医疗费用则会提升。本阶段的支出大于收入，储蓄为负，靠投资性资产变现维持生计。本期理财的重点在于资产的保值，以保证老有所养，另外，由于老年人生病概率增加，对流动性资产的要求也相应提高。在资产配置方面，以债券性产品为主，同时提高货币性资产的配置，最后才是股票类产品的配置；在保障方面，主要保障生病后的看护费用，并做好遗产信托。

需要说明的是，以家庭生命周期不同阶段确定的理财重点，是针对一般家庭，影响家庭理财的因素有很多，如家庭成员的寿命、客户在兄弟姐妹中的排行以及生养子女的状况等，甚至结婚的年龄都会影响到理财重点的确定。另外，以上四个阶段，是以多数家庭的历程分类，随着人们家庭观念多样化的变化趋势，晚婚、独身主义、丁克家庭出现，上述阶段的划分并不适合这些特殊家庭，但对其理财规划也具有一定的参考价值。

1.1.2　客户生涯规划评价

1. 生涯规划与理财规划关系分析

生涯规划是客户依据自己的理想和人生目标对人生所作的计划，生涯规划主要包括四方面内容：事业规划、家庭规划、居住规划和退休规划。生涯规划的实现有赖于理财规划提供财务保障。是理财规划的依据，理财规划是生涯规划的保障，与生涯规划内容相对应，理财规划目标包括教育规划、居住规划、消费规划（包括自住房和汽车等大宗商品消费）、创业基金规划、退休规划以及遗产规划等。基于此，在理财规划时，首先要依据生涯规划确立理财规划目标，如客户生涯规划中欲在 35 岁前自主创业，理财规划就要为客户准备一笔创业基金，同时，为实现理财目标，还需为客户制定相应的行动方案——理财计划，主要包括投资规划、保险规划、节税规划以及信贷规划。

综上所述，生涯规划是客户的理想和人生目标，理财规划则是实现理想和人生目标的财务保障，理财规划师要依据客户的生涯规划目标确立理财目标，并制定行动方案，以保证理财目标实现进而帮助客户实现生涯目标。生涯规划与理财规划关系如图 1.1 所示。

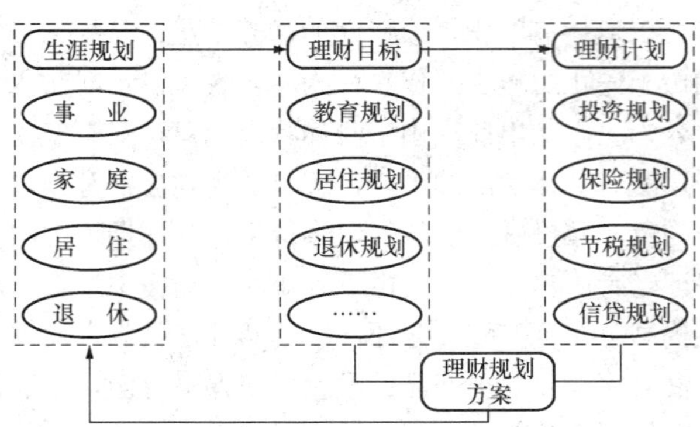

图 1.1　生涯规划与理财目标关系

2. 依据生涯规划制定理财规划重点

生涯规划阶段包括的四个内容中，退休规划是最后阶段的规划，其他三个规划都涉及生命周期的各个阶段，因此，生涯规划的划分主要以事业、家庭和居住的变化为划分标准。在理财规划中，不同生涯阶段主要是投资与保险保障规划有所不同。

（1）探索期——就业前的准备（18～24 岁）

在事业方面，探索期是建立个人未来职业（事业）方向的摸索期，这一时期从大学阶段开始，依据个人兴趣、专长、家庭财力以及社会需求等统筹，选择个人未来的职业方向。在探索期重要的是对自身未来所从事的职业要有明确的认识。在家庭方面，此时的客户大多未婚，和父母同住或住在学校宿舍，是家庭形成期前的阶段，仍以父母的家庭为生活的重心。在居住方面，同父母同住或由父母出资租住。

基于探索期的事业、家庭和居住特征，在理财计划中，投资活动的重点在于提升专业知识，取得可提升未来工作收入的能力。此时可理的财产相当有限，可能是零用钱、打工或家教所得。在银行开一个活期储蓄账户，可申请一张信用卡来延迟给付，但切忌超额消费。在保险方面，找到第一份工作的同时投保第一张保单，以父母为受益人，作为对父母的回馈，保险金额以客户自身万一不幸为条件下父母所需赡养费用为保额。

（2）建立期——从职场新人到独立贡献者（25～34 岁）

在事业方面，客户此时刚踏入社会，第一份工作的选择相当重要，最好是能学有所用。但若未如所愿，在工作的前 10 年可再留意是否有更合志趣、较能发挥抱负，同时待遇也较高的其他工作机会。在此期间应尽可能充实自己，让自己成为可承担工作任务的独立贡献者。在家庭方面，这段时间也是一般人择偶、结婚、养育婴幼儿子女的时间，和家庭形成期阶段相当。在居住方面，婚前和父母同住，若夫妻商量后决定要拥有自己的房子，就要开始

学习笔记

制订储备购房首付款的计划。

在该阶段，可投资的钱不多，但因为还年轻可以承担较高的风险。在留足紧急备用金的前提下，多余的资金可投资于一些高收益产品。在保险方面，应考虑婚后配偶及子女的需求，并以其为受益人购买定期或终身寿险。

（3）稳定期——确定生涯方向（35～44 岁）

事业方面，客户经过了 10 年职场的历练，这个时期对于未来的生涯发展应该有明确的方向。不论是自行创业还是升职转向管理岗位，都应明确。家庭方面，此阶段是家庭成长期的前段。子女教育基金的筹备是此阶段理财的主要目标之一。在居住方面，对购置自用住宅的家庭而言，此期间最大的负担应是房贷本息摊还额。

投资活动的资产配置方面，首先考虑自用住宅的房贷以及子女教育基金的筹备，如有余额可用于退休金的准备或其他目标的实现（如购车、旅游）。对于子女教育应配置风险较小的投资产品，而对于退休金由于准备的年限较长，可投资于收益性较高的产品。在保险方面，因为有了新的保险需求，应考虑房贷负担，同时应考虑失能险。针对房贷余额为客户设计投保余额递减型房贷寿险，可以让客户在万一保险事故发生时用理赔金还清贷款。此时家计负担者收入的持续性相当重要，在可负担的前提下最好也投保失能险，且保额以收入的 50%～70%计算。

（4）维持期——最具投资力的年龄层（45～54 岁）

在事业方面，此时客户若在企业循序发展，很可能做到中层管理者，若走专业路线，累积 20 年的职场经验应该可以建立专业声誉。在家庭方面，客户子女则多处于读大学或深造阶段，属于家庭成长期的后半期，子女教育费用是最大的支出。在居住方面，由于房贷多已在前阶段 10 年内提前还清，但稍具经济能力的家庭在子女长大时会考虑换房。

此阶段最重要的理财目标是为自己及配偶准备退休金。因为收入增加而负担减轻，离退休至少还有 10 年，此时投资能力最强，同时还能负担中等程度的风险，因此除了前阶段定期定额投资股票型基金外，对于已累积的资产，应该构建一个多元化的投资组合，包括存款、货币市场基金、债券基金、股票型基金、投资用房地产、艺术品投资等，来分散风险。在保险方面，若选择以基金而非以储蓄险来累积资产，此时最好投保 10 万元的终身险（可作为丧葬费）。同时客户已至中年，对医疗的需求增加，只依靠社保则不能满足对医疗品质的要求，附加终身医疗险也应考虑。

（5）高原期——退休前的准备（55～64 岁）

在事业方面，我国一般退休年龄为 55～60 岁，可望成为高层管理者。专业工作者也到了经验最丰富的时候，可传承经验培养接班人。在家庭方面，子女应已就业，可能自己租房或仍和父母同住。若已成家也到了离巢的时刻，和家庭成熟期的阶段相当。在居住方面，多半维持原有住所到退休，届时再考虑是否换购可满足老年生活需求的住宅。

学习笔记

若前述安排妥当，即使没有企业退休金，也应足以过有尊严的晚年生活。因为已经没有工作收入，主要依靠理财收入，此时的投资组合应以固定收益工具为主，但无论如何报酬率还是要高于通货膨胀率。在保险方面，可将已累积退休金的一大部分，购买活得越久领得越多的终身年金，一直可支领至终老，让保险公司承担准备的退休金不足的风险。

（6）退休期——退休后享受生活（65岁以后）

在事业方面，此时客户已从职场退休，若体力智慧尚可，还可以做名誉顾问，传承经验以保持成就感。在家庭方面，此时客户子女已成家，相当于家庭衰老期的阶段。在夫妻中一方先身故后，另一方可能和子女同住。在居住方面，考虑是否从大换小，利用变现差额以补充退休养老金。

投资活动中，应开始规划退休后的生活如何开展，把退休当做圆梦的开始而非人生的终点。在投资上应在该阶段逐步降低投资组合的风险，增加债券基金或存款的比重。在保险方面，可以将原有的养老险转换为活到老领到老的终身年金，同时应该及时投保长期看护险，以免年老无法自理起居时，无人照顾或成为子女的负担。

任务1.2 评价客户理财价值观

理财价值观是指理财过程中客户对于不同理财目标实现重要性的排序。在资产配置时，应依据客户对目标的重要性排序，优先配置重要性排前目标。理财价值观概念的产生基于客户资源的有限性，即客户的资源是有限的，但欲望（目标）是无限的，随着资源的增加，欲望也会增加，在资源有限的条件下，应首先满足客户最重要的目标，而对目标重要性的不同认同，就形成客户的理财价值观，如有的客户认为个人爱好的实现优于退休目标，而有的客户则反之。

1.2.1 家庭支出类型与理财价值观

在家庭所有支出中，有些支出是必须发生的，如保证生理需求的日常生活开支，这类支出称为义务性支出；有些支出的发生是为了提高生活品质或满足社交、尊重以及自我实现而发生的，称之为选择性支出，如旅游支出、进修支出等。在引导客户理财价值形成的过程中，应首先引导客户实现义务性支出目标。家庭的义务性支出通常包括以下几个方面：

1）日常生活基本开销。这是满足人最基本的生理需求，这一支出是家庭的首要支出。低收入家庭满足基本生活需求后所剩无几，在无力抉择的情况下理财价值观无从显现。

学习笔记

2）已有负债的本利摊还支出。已有负债的产生与理财价值观有关，如及时行乐的价值观使人勇于借钱消费，无论如何想要有自己房子的价值观使人甘愿负担高额房贷购房。然而一旦有了负债，应有的本利摊还应列为优先支出的项目。

3）已有保险的续期保费支出。是否投保和个人安全感的认定有关，愿意支付保费来换取心安也是一种理财价值观。已有的保费负担也是优先要考虑的项目。

以上三种支出合计为当前的义务性支出，连生活费都无法支付的人，生活缺乏根本保障。贷款违约可能导致房屋遭拍卖或个人信用破产，保费停缴导致保单失效有违当初保险的初衷，都是尽量要避免的。收入高于义务性支出的部分可以用于选择性支出，在选择性支出项目的选择上，服从于客户的理财价值观。

1.2.2 理财价值观的类型分析

不同客户对理财目标重要性排序方式不同，产生不同的理财价值观。按人生四大理财目标：退休、消费、居住及子女教育的不同排序可以将客户划分为四种类型，分别称为偏退休型、偏当前享受型、偏购房型、偏子女型，我们可以形象地称其为“蚂蚁族”、“蟋蟀族”、“蜗牛族”和“慈乌族”。

1. 偏退休型——先牺牲后享受的“蚂蚁族”

这类客户将退休目标作为所有目标中优先考虑目标，家庭支出中除义务性支出外，很少有选择性支出，将收入扣除义务性支出后的大部分都作为投资以备未来退休目标的实现。期望通过工作期间全力以赴地工作和投资实现财富的迅速累积，以期早日退休或退休后享受高品质的生活，即牺牲现在的生活保障退休后生活，因此高储蓄率是其最突出的特征。这类客户过于极端，可能会由于苛待自己而身心俱疲，退休后可能没有精力享受，而徒留遗产给子女。

2. 偏当前享受型——先享受后牺牲的“蟋蟀族”

这类客户注重于目前消费，而忽略退休目标。将各期收入几乎全部用于各项消费，享受当前，抱着“船到桥头自然直”的思想，对未来缺乏具体规划，这种心态使其在工作期的储蓄率偏低，赚多少就花多少，因此一旦退休，其累积的净资产大多不够老年生活所需，必须大幅降低生活水平或靠社会救济维生。

3. 偏购房型——为壳辛苦为壳忙碌的“蜗牛族”

这类客户注重“居有定所”的感觉，只要现金流量还过得去，通常认为晚买不如早买，希望早日脱离租房生活，将居住目标列为首要目标，宁可为

学习笔记

了拥有自用住宅而节衣缩食甚至背负长期债务。购房在未购房前是选择性支出，毕竟购房只是解决居住的一个手段，但一旦购房，后续的房贷支出将成为义务性支出，因此，偏购房型的客户房贷如超过收入的一定比例，则会影响目前的生活水平，同时，也可能会影响退休储蓄，因此难以在退休时过上较好的生活，当然，如果房价具有一定的成长性，退休时也可通过销售房产实现退休目标。

4. 偏子女型——一切为儿女着想的“慈乌族”

我国计划生育并没有为大多数家庭降低子女教育支出，多数家庭只生养一个小孩，在子女教育上的支出反而比以前大幅增加。除教育费用外，有的家庭还将子女结婚、生育以及创业作为自己的理财目标。退休后不仅不期待子女赡养，反而把积蓄当做遗产留给子女。偏子女型客户对子女的照顾可谓辛勤备至，视子女成功为自己最大的成就。这类客户当前投入子女教育经费的比重偏高，其首要储蓄动机是筹集未来子女的高等教育金以及子女结婚、生育、创业金等。在资源有限的情况下把过多资源投入在子女身上，而不顾自己退休目标所需的资金积累。

任务1.3 评价客户风险属性

1.3.1 风险评估的目的

理财规划是通过理财方案中的保险规划、投资规划、税收筹划等实现理财目标的过程，在理财方案制定过程中，保险规划需要了解客户客观的风险承受能力和主观的风险容忍态度，以确定保险规划中客户风险自担部分，进而确定保险产品和保额。在投资规划中，需要根据客户的风险承受能力进行投资资产的配置，以使资产组合风险控制在客户承受能力范围内。因此，风险承受能力是个人风险管理和理财规划的重要考量因素，理财规划师在制定理财规划方案前，必须首先评估客户的风险承受能力。在理财规划过程中，客户通常对自己的风险承受能力没有清楚的概念，理财规划师应引导客户对自己的风险承受能力有清醒的认识，并运用到具体的理财方案执行过程中。

除客观风险承受能力外，客户主观上对风险的容忍态度决定了客户愿意承受的风险，理财规划师在制订方案的过程中，不能将自己的意见强加给客户，可接受的风险水平（由客观的风险承受能力和主观风险容忍态度共同决定）应该由客户自己来确定。

学习笔记

1.3.2 风险承受能力影响因素

许多研究表明，风险承受能力与个人财富、教育程度、年龄、性别、出生顺序、婚姻状况和就业状况等因素密切相关。

1. 财富

财富的多寡总体上与风险承受能力成正相关关系，即财富越多，风险承受能力越高。但具体情况还应具体分析，如财富的获得方式也是影响人们风险承受偏好的一个因素。财产继承人和财富创造者相比，后者的风险承受能力高于前者，而前者比后者更乐于听取理财规划师的建议。

2. 教育程度

一般而言，风险承受能力随着正规教育的增加而增加，学历和风险承受能力存在明显的正相关性。这可能是由于教育程度和收入、财富的相关性，而非学历本身，也可能是因为高学历者比较熟悉可供选择的各种投资渠道等。

3. 年龄

风险承受能力通常和年龄成负相关关系，一般而言，年龄越大，风险承受能力越低。结婚前，由于没有家庭生活和子女教育等压力，风险承受较强。家庭形成期至家庭成长期，随着家庭成员的增加，人生各个理财目标实现时间临近，投资的失败可能直接导致目标无法实现，风险承受能力逐渐下降，家庭成熟期虽然理财目标逐步实现，并可能只剩余退休目标，但离目标实现年限已近，时间上已不允许投资失败，因此，风险承受能力继续下降，家庭衰退期，生活支出完全依赖于理财收入，投资直接关系到基本生活需要，风险承受能力最低。

4. 性别

一般情况下，普遍认为在生活诸多方面，男性的风险承受能力高于女性。近期研究结果却有所不同，年老的已婚妇女确实比丈夫更不愿意承担财务风险，但年轻男性和女性之间对财务风险偏好的差异却很小或几乎没有。

5. 出生顺序

出生顺序对风险承受能力也有一定影响，长子（女）通常比其弟（妹）更不愿意承担风险。一个合理的解释是，父母对长子（女）小时候的生活控制较多，并教育其必须为人可靠和承担责任。对孩子而言，这意味着尽量不去承担不必要的风险。

6. 婚姻状况

未婚者的风险承受能力可能高于已婚者，也可能低于已婚者，关键在于是否考虑了已婚者双方的就业情况以及经济上的依赖程度。如果一个人觉得自己的行为将对能否继续依赖对方造成负面的影响，就会更加谨慎行事。在双薪家庭中，夫妻双方的风险承受能力将高于未婚者，因为双方都有相当的经济独立能力，双份收入可以增加风险承受水平。

7. 就业状况

个人的就业状况也会影响风险承受能力。风险承受能力的一个重要方面体现在对工作的安全性需要上，失业可能性越大，职业风险越大。安全保障程度高的职业，即使工资报酬较低，对风险厌恶者也可能很有吸引力。一般而言，公共管理部门能够提供较高的安全保障，经验数据表明，将公共管理部门的职员和私营部门的职员相比，前者的风险厌恶程度较高。专业人员（如内科医师、律师、注册会计师、精算师）在投资决策上的风险偏好高于非专业人员（如农民、非熟练工、牧民）。通常，风险承受能力随着知识和熟练程度的增加而增加。

实践表明，一个人在同一职位待的时间越长，晋升机会就越小。由于对经济安全的需要，很多风险厌恶者一直待在同一单位的同一职位上，几乎没有任何提升机会，而风险追求者则经常改变工作，不断寻找条件更好的、符合个人发展的就业机会。风险厌恶者比较容易被那些提供固定收入的职位和公司所吸引，而风险追求者倾向于选择根据个人工作绩效提供浮动报酬的公司，愿意承担较大的风险。

1.3.3 常见的风险评估方法

在理财规划过程中，常用的风险评估方法主要有以下两种方法。

1. 简易量化分析

简易量化分析只考虑年龄和冒险、积极、稳健、消极、保守五种风险承受度，只考虑股票和存款两种工具。

1）年龄和投资股票比例。以“100－年龄”来计算，如 30 岁可以投资股票 70%，存款 30%，50 岁可以投资股票 50%，存款 50%。

2）冒险型投资者可以依照年龄算出的股票比率再加上 20%，积极型投资者可以依照年龄算出的股票比率再加上 10%，保守型投资者可以依照年龄算出的股票比率再减去 20%，消极型投资者可以依照年龄算出的股票比率再减去 10%，稳健型投资者则维持依照年龄算出的股票比率，如 20 岁的积极型投资者的资产可以 100%投资股票，80 岁的保守型投资者的资产则应该 100%用于存款。

2. 风险矩阵量化分析

理财规划师应针对客户的家庭负担和主观风险偏好，衡量客户的风险承受能力和风险承受意愿，以此来建议客户从现况达到目标应该选择何种评估方式。举例说明如下：

（1）风险承受能力指标（risk capacity index，RCI）

风险承受能力可依年龄、就业状况、家庭负担、置产状况、投资经验和投资知识估算得出。影响风险承受能力的因素可定义如下，如表 1.1 所示。

表 1.1　风险承受能力评分表

因素＼分值	10 分	8 分	6 分	4 分	2 分	客户得分
年龄	总分 50 分，25 岁以下者 50 分，每多 1 岁少 1 分，75 岁以上者 0 分					
就业状况	公教人员	上班族	佣金收入者	自营事业者	失业	
家庭负担	未婚	双薪无子女	双薪有子女	单薪有子女	单薪养三代	
置产状况	投资不动产	自宅无房贷	房贷<50%	房贷>50%	无自宅	
投资经验	10 年以上	6～10 年	2～5 年	1 年以内	无	
投资知识	有专业证照	财经系毕业	自修有心得	懂一些	一片空白	
总分						

1）年龄：总分 50 分，25 岁以下者 50 分，每多 1 岁少 1 分，75 岁以上者 0 分。

2）其他因素：总分 50 分。

总分为 100 分，最低为 10 分，得分越低者表示风险承受能力越低。可以定位为 5 个等级的 RCI，20 分以下为低风险承受能力，20～39 分为中低风险承受能力，40～59 分为中等风险承受能力，60～79 分为中高风险承受能力，80 分以上为高风险承受能力。年龄为风险承受能力最重要的考虑因素，因此在总分 100 分中就占了一半。

例如，一个 30 岁、单身、无自用住宅的工薪阶层，有 5 年投资经验，懂一些投资，风险承受能力分数为年龄 45 分＋就业 8 分＋家庭 10 分＋置产 2 分＋经验 6 分＋知识 4 分＝75 分，可承受中高风险。

又如，一个 46 岁、双薪有子女、有自用住宅无房贷、在投资顾问公司上班，15 年投资经验，有专业证照者，风险承受能力为年龄 29 分＋就业 8 分＋家庭 6 分＋置产 8 分＋经验 10 分＋知识 10 分＝71 分，可承受中高风险。

两个例子虽然年龄差异 16 岁，但考虑其他条件后总分相当，有相同的风险承受能力。

（2）风险容忍态度指标（risk attitude index，RAI）

风险承受态度可以依客户对本金可容忍的损失幅度，及其他心理测验估算出来。可定义影响风险承受态度的因素如下（如表 1.2 所示）。

学习笔记

表 1.2 风险态度评分表

因素＼分值	10分	8分	6分	4分	2分	客户得分
忍受亏损百分比	不能容忍任何损失0分，每增加1%加2分，可容忍>25%得50分					
首要考虑	赚短现差价	长期利得	年现金收益	抗通胀保值	保本保息	
认赔动作	默认停损点	事后停损	部分认赔	持有待回升	加码摊平	
赔钱心理	学习经验	照常过日子	影响情绪小	影响情绪大	难以成眠	
最重要特性	获利性	收益兼成长	收益性	流动性	安全性	
避免工具	无	期货	股票	外汇	不动产	
总分						

1）对本金损失的容忍程度：可承受亏损的百分比（以一年的时间为基准）。总分50分，不能容忍任何损失为0分，每增加一个百分点加2分，可容忍25%以上损失者为满分50分。

2）其他心理因素：总分50分。

总分为100分，最低8分。得分越低者表示风险承受态度越低。可以定位为5个等级的RAI在20分以下为低风险承受态度，20～39分为中低风险承受态度，40～59分为中等风险承受态度，60～79分为中高风险承受态度，80分以上为高风险承受态度。本金损失容忍度为风险承受态度最重要的考虑因素，因此在总分100分中占了一半。

例如，一个投资者可以忍受本金最大损失为15%，得30分。投资首要考虑为获取长期资本利得，得8分；过去投资的绩效赚少赔多，得4分；赔钱影响情绪小得6分；当前主要投资工具为股票，得8分，未来避险工具为期货，仍不排斥股票，得8分。风险承受态度总分为64分，属于中高风险承受态度。

（3）风险矩阵

在进行资产配置时应同时考虑到根据个人客观条件计算的风险承受能力和依个人主观意愿计算的风险承受态度。两者可以综合成风险矩阵，如表1.3所示。在矩阵中，预期报酬率代表了投资组合的预期收益率，标准差代表了此组合的风险水平，标准差越大，风险越高。

表1.3是基于以下假设：

1）预期报酬率：货币 $R_1=2\%$，债券 $R_2=2\%$，股票 $R_3=10\%$。

2）投资组合报酬率：R_p＝货币比率 $W_1\times R_1$＋债券比率 $W_2\times R_2$＋股票比率 $W_3\times 3R_3$。

3）年标准差：货币 $\sigma_1=1\%$，债券 $\sigma_2=8\%$，股票 $\sigma_3=30\%$。

4）相关系数假设：货币和债券 $\rho_{12}=0.12$，货币和股票 $\rho_{13}=-0.03$，债券和股票 $\rho_{23}=0.55$。

5）投资组合标准差：$\sigma_P=(W_1^2\times\sigma_1^2+W_2^2\times\sigma_2^2+W_3^2\times\sigma_3^2+2W_1W_2\sigma_1\sigma_2\sigma_{12}+2W_1W_3\sigma_1\sigma_3\sigma_{13}+2W_2W_3\sigma_2\sigma_3\sigma_{23}\rho_{23})$。

学习笔记

表 1.3 风险矩阵

单位：%

风险态度	工具	风险能力				
		低能力（0～19 分）	中低能力（20～39 分）	中能力（40～59 分）	中高能力（60～79 分）	高能力（80～100 分）
低态度（0～19 分）	货币	70	50	40	20	0
	债券	20	40	40	50	50
	股票	10	10	20	30	50
	预期报酬率	5.00	5.40	6.00	6.80	8.00
	标准差	3.40	4.28	5.64	7.66	11.24
中低态度（20～39 分）	货币	50	40	20	0	0
	债券	40	40	50	50	40
	股票	10	20	30	50	60
	预期报酬率	5.40	6.00	6.80	8.00	8.40
	标准差	4.28	5.64	7.66	11.24	12.86
中态度（40～59 分）	货币	40	20	0	0	0
	债券	40	50	50	40	30
	股票	20	30	50	60	70
	预期报酬率	6.00	6.80	8.00	8.40	8.80
	标准差	5.64	7.66	11.24	12.86	14.57
中高态度（60～79 分）	货币	20	0	0	0	0
	债券	30	50	40	30	20
	股票	50	50	60	70	80
	预期报酬率	7.60	8.00	8.40	8.80	9.20
	标准差	10.71	11.24	12.86	14.57	16.34
高态度（80～100 分）	货币	0	0	0	0	0
	债券	50	40	30	20	10
	股票	50	60	70	80	90
	预期报酬率	8.00	8.40	8.80	9.20	9.60
	标准差	11.24	12.86	14.57	16.34	18.15

项目实训

实训1 解释客户家庭生命周期与理财重点

【案例】 刘先生今年40岁，自己开办一模具厂，妻子在企业里为刘先生打理日常事务，儿子在上初中三年级。刘先生父母65岁左右，身体健康，两位老人只有刘先生一个孩子且没有任何社会保障和生活来源，一直和刘先生居住，为刘先生一家打理日常家务。岳父母年龄75岁左右，岳父患慢性病，岳母身体健康，两位老人的生活费用由其他子女承担。刘先生在高中阶段准备送儿子上一所英语较好的私立中学，高中毕业后送其去德国深造，学习模具专业，学业5年。

要求：

1）为刘先生分析并确定家庭生命周期阶段。

2）依据家庭生命周期确定刘先生的理财重点。

3）为刘先生提供简单的资产配置建议。

实训2 解释客户的生涯规划与理财活动

【案例】 承实训1案例，刘先生企业年净收入100万元（税后），本人每月从厂里领取工资6 000元（税后）；妻子每月从厂里领取工资5 000元（税后）。刘先生一家生活费每年约12万元，汽车使用费7万元，儿子上高中每年费用2万元左右，大学每年20万元左右。岳父每月3 000元左右治疗费用由刘先生夫妇承担。

刘先生现有210平方米住房一套，按目前市场价格，该房产价值210万元，该住房贷款50万元，贷款期限20年。两辆汽车价值分别为50万元和20万元，另外刘先生原投资股票50万元，目前市值30万元，银行存款30万元。除上述资产负债外，刘先生没有其他资产和负债。

刘先生一家除基本社会保障外，无其他任何风险保障规划。

要求：

1）为刘先生分析并确定本人职业生涯规划阶段。

2）依据刘先生的职业生涯规划，帮助刘先生确定理财目标和理财计划。

实训3 探讨客户理财价值观

【案例】 承实训1和实训2案例，刘先生想送儿子出国深造并且想在儿子回国后给儿子准备结婚费用200万元以及大笔创业基金，其次还要考虑自己和妻子的养老费用。因此，刘先生总感觉到自己现有资产不足以满足自己的需求，竭尽全力经营自己的企业。

要求： 评价刘先生的理财价值观（请说明原因）。

实训 4　评价客户风险属性

【案例】 承实训 3 案例，在和刘先生的沟通过程中，刘先生表示前期股票投资亏损让其感到很痛心，自己又没有时间学习证券投资，所以非常后悔投资股票，认为房地产市场在未来有很大投资空间，如果有钱投资也只投资房产或通过扩大企业规模实现财产增值。

要求：

1）评价刘先生客观风险承受能力。

2）评价刘先生主观风险容忍态度。

3）依据刘先生风险评价为刘先生提供大致的资产组合建议。

通过本项目的学习我具备了哪些实践工作能力？掌握了哪些理论知识？

这些实践工作能力在整个课程学习过程中处于什么样的地位？

这些实践工作能力在我未来的工作和学习过程中可以用于哪些方面？

家庭财务报表的编制与分析

项目介绍

家庭财务报表编制与分析，是理财规划师进行理财规划所必备的主要手段（工具），是理财活动的基础，也是理财规划师制定、执行和监控执行理财规划方案的前提条件。理财规划师要在前期与客户建立关系并收集客户信息的基础上，正确完成这一任务。

本项目旨在教授学生编制家庭财务报表，并依据报表所反映的信息对客户财务状况进行分析。

教学目标

- 终极目标：

通过本项目的学习，学生能够正确编制家庭财务报表并利用报表分析客户家庭财务状况。

- 促成目标：

能够正确编制家庭财务报表，包括以下几张报表：

家庭资产负债表。

家庭收支储蓄表。

家庭现金流量表。

能够利用家庭财务报表正确分析家庭财务状况，掌握以下两种分析方法：

财务比率分析。

情境分析。

工作任务

- 编制家庭财务报表
- 分析客户家庭财务状况

任务 2.1　编制家庭财务报表

学习笔记

在理财规划师和客户建立关系并获取相关信息后，应依据所取得的信息，分析和评价客户当前的财务状况，编制家庭财务报表，这是进行客户财务状况分析的前提条件，也是制定理财规划方案以及方案执行和监控执行的前提条件。

2.1.1　家庭资产负债表的相关概念

编制家庭财务报表，首先要了解家庭财务报表各项目的构成及其数据来源，因此，掌握家庭财务的基本概念是编制家庭财务报表的理论基础。家庭财务报表中有关资产负债表的基本概念主要有以下几方面内容。

1. 流量与存量

在谈及个人、家庭财务报表之前，首先要能分辨流量和存量的概念。在流量和存量基础上，家庭经济活动可以划分为资产、负债、净资产、收入、费用和储蓄六个要素。正确理解这六个要素是编制家庭财务报表的基础和关键。

（1）存量——资产与负债

资产和负债是存量的概念，显示某个结算时点资产和负债的状况，资产扣除负债后形成净资产，资产负债表反映了某一时点三者之间的关系。

资产是家庭所拥有的、能为自身带来经济利益的资源。家庭拥有资产的目的在于自用或生息，因此，资产可以分为生息资产（如存款、基金投资、房地产投资等）和自用性资产（自住房、汽车等），而生息资产根据用途不同分为流动性资产和投资性资产。

1）流动性资产。流动性资产包括现金、活期存款、货币市场基金等。其特性是可保本，而且变现时不会有资本损失，安全性和流动性最高，但是只有少许甚至没有利息收入，获利性最低。持有流动性资产的动机有交易性动机、预防性动机和投机性动机。

交易性动机是满足家庭日常生活需要或短期消费性目标而持有流动资产；预防性动机是家庭为应付失业、医疗等突发事件准备紧急预备金，紧急预备金的数量应考虑突发事件存在的可能性以及所需金额，通常需要维持3～6个月的生活费；投机性动机是家庭保留一部分现金直至市场看好时再进场投资，因此，所需要维持的现金额度没有一个确定的数额，通常是总投资金额的一定比率。证券交割款活期存款账上的余额，随时可能转回股市操作

学习笔记

的货币市场基金，或随时可能转回海外股票基金操作的美元货币基金，都属于投机性的货币需求。

2）投资性资产。除了流动性资产之外，所有可以产生利息收入或资本利得的资产都可算作投资性资产，包括定期存款、国债、公司债、股票、债券型基金、股票型基金、平衡型基金和外币投资产品等。投资型保单和储蓄险，因为能够积累现金价值，也算是投资性资产。除了金融性资产之外，以收取租金或赚取买卖差价为目的所购买的投资用房地产、黄金和古董字画收藏品等实物投资，流动性较低但保值性较高，也算是投资性资产。

3）自用性资产。自用性资产包括个人或家庭使用的，且拥有产权的房屋、汽车、珠宝首饰等资产。自用性资产可以提供使用价值，虽然在必要时也可以卖出变现，但持有不是以赚取买卖价差为主要目的。自用资产如房屋和珠宝首饰等，在通货膨胀时通常有保值功能，除此之外，拥有房屋可以以一次性的支出来代替每月的租金支出。自用资产中的自用汽车作为消耗品，其价值将随使用年限的增长而逐步下降。

4）负债。负债是家庭对外形成的、未来需用现金或其他资产偿还的债务。负债一般是由于家庭为了获得资产而形成，如为了购买自住房而形成的房贷、为了投资而形成的流动资金贷款。因此，与资产相对应，负债一般划分为消费性负债、投资性负债和自用性负债。消费性借贷是透支信用借钱来消费，在结算时点时所积欠的余额；投资性负债是扩张信用借钱来投入投资性资产的借款余额；自用性负债是用来购买自用资产如汽车和房屋的抵押贷款的余额。

5）净资产。净资产是家庭所拥有的对资产的净权益。净资产是资产扣除负债后的余额。

（2）流量——收入和支出

收入和支出是流量的概念，揭示的是某一个时期家庭的收支情况，收入扣除支出形成储蓄，收支储蓄表反映了一个家庭某一时期的收支及储蓄形成的情况。在家庭理财过程中，通常以收入循环一次的时间作为确定流量的期间。例如，收入、支出、储蓄等流量通常按月计算；对于每天都记账并清点现金对账的人，流量时间甚至可以按日计算。把按日、周或月的流量加总，便可做出一季或一年的流量。

1）收入。收入是家庭所获得的经济利益的流入。收入获得的判断标准是必须有经济利益的流入，不能以是否收到现金作为判断标准，如家庭将股票销售获利的现金只是资产项目的调整，而不是收入的取得。

2）支出。支出是家庭经济利益的流出。同收入类似，支出的判断标准是是否有经济利益流出，而不是是否支出现金，如家庭购买住房支出现金属于资产项目的调整，而不是支出，家庭旅游导致现金支出的同时，并没有资产的获取，因此，是经济利益的流出，是支出。

3）储蓄。储蓄是收入扣除支出后形成的资产的净增加额。家庭一段时

学习笔记

期所获得的收入表现为一定的资产增加或负债减少，支出表现为资产的减少或负债的增加，收入扣除支出就是资产或负债的净变化额。两者净变化额相加即净资产的增加额。

结合反映家庭财务状况的资产、负债和净资产，六个要素之间的变化关系如图 2.1 所示。

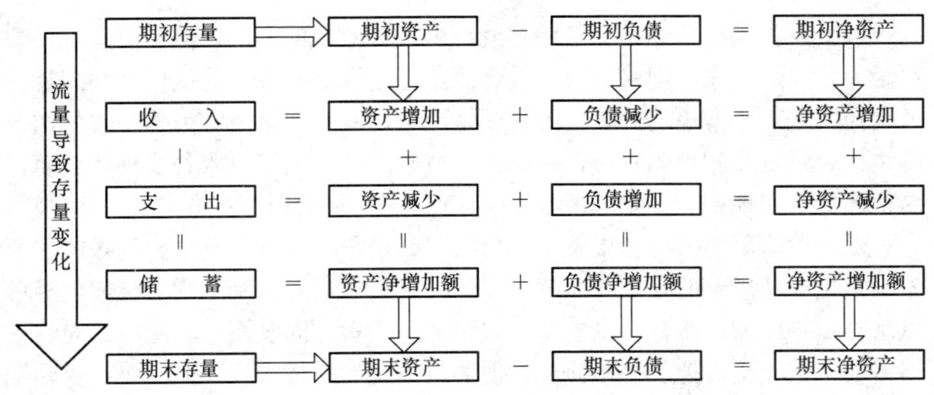

图 2.1　流量存量关系

由图 2.1 可知，家庭净资产的增加额来源于储蓄，收入增加了净资产，而支出减少了资产，两者的变化相加就是净资产的增加额，即以成本计价的资产负债表，本期期末的净资产－上期期末的净资产＝当期储蓄。我们可用此等式来勾稽记账的准确性。

不过，如果将资产重估增减值或市价变动后未实现的资本利得或损失作为净资产调整项目，原来得出的期初期末净资产的变动额和当期储蓄额之间的恒等式就不再成立，调整后的等式为

当期净资产变动额＝当期储蓄额＋当期资产重组调整额
＋当期未实现资本利得或损失额

准确理解流量和存量的概念以及熟练掌握收入、支出、储蓄、资产、负债、净资产之间的关系，对编制家庭财务报表乃至理财规划而言都是极其必要的理论基础。

2. 权责发生制与收付实现制

权责发生制与收付实现制是会计账务处理的两种可供选择的基础。我国《企业会计准则——基本准则》第九条规定："企业应当以权责发生制为基础进行会计确认、计量和报告"[①]。

权责发生制和收付实现制的区别在于两种基础确认收入和费用的时间不同。权责发生制，又称应计制，是以导致收入实现和费用发生的"行为"

① 中华人民共和国财政部. 2006. 企业会计准则——基本准则：1.（财政部令 2006 年第 33 号）

学习笔记

的发生时间为准，来确认收入和费用的一种会计核算基础。收付实现制，又称现金制，是以收入带来的现金“收到”时间和由费用导致的现金“付出”时间为准，来确认收入和费用的一种会计核算基础，即有现金流入或流出时才记账。两者收入和费用的确认标准不一致，导致时间上可能会产生差异，由于权责发生制以发生的“行为”为标准，与现金收支可能会产生时间上的差异，会发生应收账款或应付账款。

权责发生制核算的结果能够客观反映核算对象的利润，但不能直观反映现金流量，对于家庭理财而言，现金流量是追求财务自由的保证，利润是在风险控制之后才考虑的因素，因此现金流量比利润更重要。另外，收付实现制也比权责发生制更为直观，因此，家庭收支流量大多以收付实现制计算，这样才能对照期初和期末的现金。

对一般家庭而言，如果采用收付实现制记账，则权责发生制记账的主要差异发生在信用卡的使用和缴款时。如果采用权责发生制，刷卡时就已经可以拿到货物或使用卖方提供的服务，也拿到了卖方的发票，因此应该在收支储蓄表上记支出，把已签账而未付现的款项视为应付账款，但只要在宽限期限内把信用卡卡债缴清，已签到的卡债就不需要支付利息。如果一个家庭每月签账金额变化不大，且都是在宽限期前缴清，就可以使用收付实现制，在以现金转账支付信用卡账单时，才记为支出。不过仍要保留签账单，作为预期短期现金流出（还信用卡卡债义务）的依据。

3. 成本价值与市场价值

非现金资产的成本价值，可以以购入时所支付的现金额计算。但在每个记账基准日计算资产时，要考虑各项资产当时的市场价值。成本价值和市场价值之间的差异，就是账面上的资产损益。编制资产负债表时，最好将以成本计价和市值计价的两大报表一同并列，一方面可看出资产损益，另一方面两表的含义各不相同便于对照理解。

以市值计价的资产负债表，可以正确显示家庭净财富的当前价值。计算市值，除那些市价可以随时获得的公开发行的股票、债券或基金等金融资产外，实物资产，如房屋、汽车或收藏品，也要定期评估以反映其变现价值。

那么，当个人、家庭持有的资产市价变动时，或有形资产随时间损耗，是否应该根据市价调整资产负债表或计提折旧，因为是个人、家庭的资产负债表，不像公司一样要遵守公认的会计准则，可依据个人投资的目的或持有期限来做一些灵活的处理。不同资产的处理方式如下所述。

1）市价评估不易，流动性较差的房地产、汽车、古董或未上市的股票、债券等资产，可以根据成本入账，平常不进行资产重估调整，在处分此类资产时其处分收益直接列入净资产变动额。但如果市价在短期间的确有很大变化（如房价现在的行情较购入时或前次重估时涨跌 10%以上），为避免资产负债表失真，还是应该自行估价调整，估价的标准应当是当前卖出的价格，

学习笔记

而不是自己想卖出的价格。需要注意的是，资产重估增减也要列入净资产变动额中。但当处置资产时，其损益要以最近年度重估后的价值为成本来计算。

2）对市价变动频繁且有客观依据来评判的上市公司股票、国内基金和海外基金等，应于每期编制资产负债表时，将未实现的资本利得或损失反映在当期净资产的变动上。公司会计在处理这类资产时，本着审慎性原则，一般采用成本和市价孰低法则，只计提短期投资跌价准备或长期投资减值准备等备抵科目，不提计未实现资本利得。不过，对个人、家庭而言，资产负债表主要做给自己参考，可以忠实反映投资的账面损益。需注意的是，每期调整时要以上一期调整后的市值为比较基准，如股票成本 100 万元，上一期市值 120 万元，使净资产因未实现资本利得而增加了 20 万元，但本期市值降到了 110 万元，比上一期 120 万元少了 10 万元，因此本期净资产应该是减少 10 万元。

2.1.2　编制家庭资产负债表

1. 存量要素分类

家庭资产负债表反映了家庭的存量信息，即资产、负债与净资产三者之间的关系。在资产负债表中对三者按用途进行了分类，以便能更好地分析家庭财务状况，具体分类方法如表 2.1 所示。

表 2.1　存量要素分类表

<table>
<tr><th colspan="3">类别</th><th>用途</th><th>项目</th></tr>
<tr><td rowspan="3">生息资产</td><td colspan="2">流动性资产</td><td>满足家庭交易性动机、投机性动机和预防性动机需要</td><td>现金、活期存款、货币市场基金</td></tr>
<tr><td rowspan="2">投资性资产</td><td>金融资产</td><td rowspan="2">获取投资回报或实现资产保值增值</td><td rowspan="2">金融资产：定期存款、外币存款、股票、债券、基金、保单现金价值、养老金个人账户余额、医疗和住房公积金个人账户累计额、债权
实物资产：投资用房产、黄金、首饰、珠宝或其他收藏品等</td></tr>
<tr><td>实物资产</td></tr>
<tr><td colspan="3">自用型资产</td><td>自己享用，获取效用</td><td>自用房产、自用汽车</td></tr>
<tr><td colspan="5">总资产＝流动性资产＋投资性资产＋自用型资产</td></tr>
<tr><td colspan="3">消费性负债</td><td>弥补日常生活支出不足而透支信用借钱消费</td><td>信用卡借款
小额消费信贷</td></tr>
<tr><td colspan="3">投资性负债</td><td>为购买投资性资产而扩张信用借钱</td><td>投资用房贷
金融投资借款
实业投资借款</td></tr>
<tr><td colspan="3">自用型负债</td><td>为购买自用资产而产生的负债</td><td>自用房贷、自用车贷</td></tr>
<tr><td colspan="5">总负债＝消费性负债＋投资性负债＋自用型负债</td></tr>
<tr><td colspan="5">净值＝ 总资产－总负债
＝（流动性资产＋投资性资产＋自用型资产）－（消费性负债＋投资性负债＋自用型负债）
＝（流动性资产－消费性负债）＋（投资性资产－投资性负债）＋（自用型资产－自用型负债）
＝ 流动性净资产＋投资性净值＋自用性净值</td></tr>
</table>

学习笔记

2. 家庭资产负债表编制基础

如果是第一次编制家庭资产负债表，需要把所有资产负债凭证进行仔细整理，以便今后记录资产和负债的变动额。

（1）现金

以月底盘点余额为基础，在月结日清点手边现金，如果记账是以家庭为单位的，则需加总家庭成员的手边现金额。

（2）活期存款

以月底存款余额为基础，如果有数个不同的银行账户，则要加总各账户在月结日当天的余额。

（3）金融性资产的成本和市值

这类资产的凭证包括定期存款存折、股票交易记录、投资基金受益凭证以及延期收益和保单价值等，确定定期存款金额，股票名称和股数，基金种类、名称和单位数。股数或单位数乘以取得单价就是取得成本，股数或单位数乘以结算日的市价就是结算日的市值。有关股票收盘价、投资基金净资产价格的数据可由网络、有线电视、报纸、基金公司或银行取得。此外，由个人工资薪金所得按一定比率缴费形成的住房公积金和养老金等账户，虽然必须符合一定条件才可以领取，但所有权属于职工，也可记入金融性资产中。保单现金价值在编制资产负债表时常被忽略。如果投保的是定期寿险、意外险、产险、医疗险等费用性质的险种，保单现金价值本来就不高，是否列入资产影响不大。但如果投保了终身寿险、养老险、子女教育储蓄年金、退休金、短期储蓄险及其他分年期付或期满一次趸付的险种，只要投保两年以上，就有保单的现金价值。投保时间越久，保单现金价值占资产的比重越大，绝对不可以漏列，否则每年缴的保费中属于储蓄那部分被当作费用，会低估年储蓄额及资产总额。担保现金价值可参考报单上的记录。一般是以保单周年为准，列出满两年后每年的现金价值。如果每月编制资产负债表，在缴保费当月调高保单现金价值即可，不需要每月调整。

（4）房地产的成本和市值

由房屋权属证明确定房屋面积，由商品房购销合同上的总价款加上各项购房时需支付的税费确定取得成本。通常我们用市场比较法评估房产当前的价格，以每平方米市价乘以面积平方米数估计房地产的市值。如果是投资用房地产，假如店面有租金收入，则可以简单使用收入还原法来计算市值，即市价＝房租/收入平均收益率，如100平方米的店面房租每月5 000元，店面的市场平均收益率为5%，则该店面的预计市价为120万元（5 000元×12/5%），每平方米12 000元（120万元/100平方米）。

（5）其他耐用消费品的估价

一般而言，自用汽车一落地就折价1/3，使用2年折价1/2，使用五年后的残值几乎所剩无几。资产负债表上如果要显示自用汽车的价值，就要参考同品牌的二手车行情。其他资产，有增值可能的古董或收藏品需要定期估价。一般家具、电器等耐用消费品，只能以旧货商的收购行情计价。

（6）应收款项

借给他人的款项如果确定可收回，以借出额为应收款项的市值。但如果回收无望或回收概率较低，则应该比照企业会计计提坏账准备，将应收账款成本按照回收概率打折来计算市价。

（7）负债的余额

房贷、车贷和小额信贷最近缴款通知单上所载的余额减去本期的本金还款额，就是负债余额。信用卡的循环信用余额＝上月未还余额＋本月应缴款额－本月实际缴款额。这一项可由信用卡缴款通知单和缴款收据共同确认。

学习笔记

3. 家庭资产负债表编制注意事项

1）资产负债表是一个存量记录，反映的是其一时点的存量，在编制资产负债表时首先要确定时点，即月末、季度末或年末。

2）对资产负债表中特殊项目要特别注意：

① 保单现金价值。由于投资型保险和储蓄型保险能够累积现金价值，因此，其现金价值视为投资性资产。

② 投资用房产。除了自用房产外，以收取租金或赚取买卖价差为目的的投资用房地产视为投资性资产。

③ 养老、医疗、住房公积金账户余额。由于养老保险、医疗保险、住房公积金都有个人账户，由于个人账户的累积额可累积生息，视为投资性资产。

④ 债权，即借给他人的款项。如确认可以回收，以借出额记成本；预计无法回收的部分应提呆账，以反映其市场价值的减少。

3）第一次做资产负债表时，要清点家庭资产并评估价值，成本与市价分别记录，并计算账面损益。

4）以市价计量的资产及净值可反映个人真实财富。

5）汽车等自用资产可提折旧以反映其市场价值随使用而降低。

6）债权预计无法回收的部分应提呆账，以反映其市场价值的减少。

【示例 2-1】 编制家庭资产负债表如表 2.2 所示，特别说明的是，家庭资产负债表不同于企业资产负债表，家庭资产负债表项目理财规划师要依据客户家庭财务状况自行制定，表 2.2 中的项目只是参考项目。

表 2.2 家庭资产负债表

资产		负债及净值	
项目	金额	项目	金额
流动资产		**消费负债**	
现金		信用卡欠款	
人民币银行活存		小额消费信贷	

学习笔记

续表

资产		负债及净值	
项目	金额	项目	金额
其他流动资产		其他消费性负债	
小计		小计	
投资资产		**投资负债**	
人民币银行定存		金融投资借款	
外币银行定存		实业投资借款	
股票投资		投资性房地产按揭贷款	
债券投资		其他投资性负债	
基金投资		小计	
实业投资		**自用负债**	
投资性房地产		自用性房地产贷款	
保单现金价值		自用汽车贷款	
其他投资性资产		其他自用贷款	
小计		小计	
自用资产		**负债合计**	
自用房地产		**净值**	
自用汽车		消费净值	
其他自用资产		投资净值	
小计		自用净值	
资产合计		**净值合计**	

2.1.3　编制家庭收支储蓄表

家庭收支储蓄表是反映一定时期内家庭收支及储蓄状况，是对一定时期内家庭财富增长的总括反映。编制家庭收支储蓄表首先要了解家庭收入和支出的基本概念以及确认基础。

1. 收支储蓄表的结构

家庭收支储蓄表反映的是一定时期家庭流量信息，由收入、支出和储蓄三部分构成，为了更好地分析收入的质量和支出的控制，在收支储蓄表中对三者进行了分类，具体分类如表 2.3 所示。

2. 收支口径确认

（1）收入口径确认

在编制家庭收支储蓄表时，需要对收入的口径进行确认。可运用收入是扣除个人所得税后的总收入，包括划入个人账户的延期收入。可支配收入是

表 2.3 流量信息分类表

类别		获取、支出方式	项目
收入	工作收入	通过付出脑力、体力而获得	工资、薪金、佣金、奖金等
	理财收入	通过持有或变现资产而获得	利息、股息、红利收入、房租收入，变现资产的资产利得或损失
总收入＝工作收入＋理财收入			
支出	生活支出	用于家庭日常开支	生活费、学费、赡养费、房租等
	理财支出	用于投资项目	主要包括利息支出和保障型保费支出，购买基金等资产所支付的手续费或请理财规划师做规划所支付的费用也属于理财支出
总支出＝生活支出＋理财支出			
总储蓄＝总收入－总支出＝（工作收入＋理财收入）－（生活支出＋理财支出） ＝（工作收入－生活支出）＋（理财收入－理财支出） ＝工作储蓄＋理财储蓄			

税前收入扣除三险一金和个人所得税后的收入，这一部分收入可以由个人自由支配。收支储蓄表中的收入是总收入，也就是可运用收入的概念。

可支配收入＝税前工作收入－医疗保险费－事业保险费－养老保险费
－住房公积金－个人所得税

可运用收入＝可支配收入＋养老保险费＋养老保险费
＋医疗保险费（包括单位划入）＋住房公积金（包括单位划入）

可支配收入和可运用收入之间的关系如图 2.2 所示。

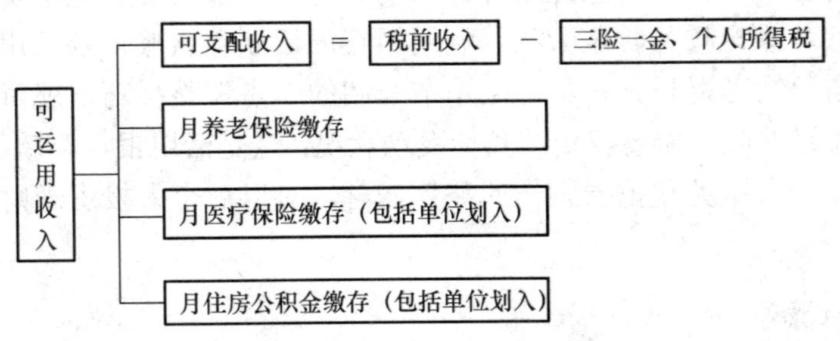

图 2.2 可运用收入与可支配收入的关系

（2）支出口径确认

支出口径确认要区分支出和延期收入的关系。支出是支付给他人，对自身而言是为获取某项利益或权利而付出的费用；延期收入是为未来的效用而积累的资产，因此，支出形成费用或成本，而延期收入形成的是资产，如保障型保单支出形成的是支出，而具有保单价值的寿险保单形成的是资产。

3. 编制基础

1）已实现的资本利得或损失是收入科目，未实现的资本利得如果要列入的话，是使期末资产和净资产同时增加的调整科目，不是显示在收支储蓄表中。

学习笔记

2）期房预付款是资产科目不是支出科目，每月房贷缴款额应区分本金利息，利息费用是支出科目，房贷本金是负债科目。所有的资产负债科目都会以期初期末差异显示在净资产储蓄额中。

3）保险费中产险保费多无储蓄性质，因此属于费用科目。基本医疗保险、寿险中的定期寿险、失能险、意外险、健康险等以保障为主的保险，其保费属费用性质，应列为支出科目；终身寿险、养老险、教育年金、退休年金中有保单现金价值的部分是储蓄性质，应列为资产科目。如可以将养老险的保费分两部分，实缴保费和当年保单现金价值增加额（可由保单中看出）的差异部分作为保险费用，现金价值增加额的部分当做资产累积。储蓄险的保费如同定期定额投资一样，相当于以储蓄累积资产，因此保费不列入理财支出而列入净资产储蓄额中。

4）从个人工资薪金中扣款拨入个人基本养老金账户和个人住房公积金账户，是一种限定用途的强迫储蓄，因此应该列入储蓄的运用项目而不是支出项目。

编制个人收支储蓄表可繁可简，视个人的时间和需求而定。如果无法每日记账，但仍想对支出做到细致地控制，可提高信用卡的使用比率，让信用卡账单来帮助自己记支出明细账。现在信用卡的特约商店极为普遍，可涵盖食、衣、住、行、育、乐的种种需求，也可以用信用卡网上购物、缴保费。当然要缴信用卡还款额时还是由活期存款账户转账缴款，此时活期存款账户是自己的总账。信用卡的费用明细是明细账，可以清楚地知道自己何时在何地消费。除此之外，水费、电费、煤气费、电话费也可申请由活期存款账户按月转账缴款。利用银行的活期存款账户及信用卡月结单来帮助自己写理财日记，再加上本节介绍的一点调整技巧，就可以很轻松地掌握每月的收支储蓄及资产负债变动状况，这是活用银行存款的第一步。了解上述个人账务和报表制作的整体概念，对以后个人投资理财决策极有帮助。

4. 注意事项

1）贷款的利息是作为支出而本金的偿还是作为资产负债表项目的调整。

2）保障型保费作为支出。

3）储蓄除满足短期目标（自由储蓄）外，最终会形成资产或负债的减少（固定用途储蓄）。

4）收入和现金流入，支出和现金流出并不等价，二者之间的差额形成的是资产负债表的调整项目。

【示例 2-2】　依据上述分类对流量信息的分类，家庭收支储蓄如表 2.4 所示。

学习笔记

表 2.4　家庭收支储蓄表

项目	金额
工作收入	
其中，薪资收入	
养老保险储蓄	
医疗保险储蓄	
住房公积金储蓄	
其他工作收入	
减：生活支出	
其中，家计支出	
子女教育支出	
其他支出	
工作储蓄	
理财收入	
其中，利息收入	
资本利得	
其他理财收入	
减：理财支出	
其中，利息支出	
保障型保费支出	
其他理财支出	
理财储蓄	
储蓄	
减：养老保险储蓄	
住房公积金储蓄	
自由储蓄	

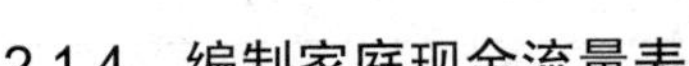

2.1.4　编制家庭现金流量表

现金是家庭的即付资金，是满足家庭日常生活支出和应急准备的必备资产。现金流量是家庭理财规划过程中一个非常重要的考察对象。编制现金流量表正是对家庭一定期间现金和现金等价物流入和流出的综合反映。

1. 现金及现金等价物概念

现金是指家庭的手持钞票或随时可以用于支付的银行存款，如活期存款、定活两便存款，定期存款由于也可以由储户自由决定是否提前支取，因此，定期存款也可视为现金。现金等价物是指持有期限短、流动性强、易于

学习笔记

转换为已知金额现金、价值变动风险很小的投资，如短期的国库券等。现金等价物最为显著的特点就是流动性和价值变动风险，如银行的理财产品由于未到期之前不能提前支取，变现能力差，因此，即使是短期如 7 天的理财产品，也不能划分为现金等价物，股票投资虽然流动性很强，但由于其价值变动风险很大，因此，也不能视为现金等价物。

2. 现金流量与收入支出

在家庭财务报表中，收入和支出的确认基础是收付实现制，即以收到或支出现金作为确认收入和支出的标准，因此，当确认收入时，表示现金流入，当确认支出时，表示现金的流出。但并不能因此将收入与支出和现金流入与现金流出视为相同指标。首先，从量的方面，现金流入不一定是收入，如将股票投资以成本价变现，只是将一种资产转换为另一种资产；反之，现金流出不一定是支出，如投资购入股票，只是将现金资产转换为投资性资产。其次，收入和支出只是现金流入和流出的方式和手段，而不是现金流量本身。综合以上两点，家庭的收入和支出产生了现金流量，但收入和支出并不是产生现金流量的唯一来源，除收入和支出外，资产负债表的调整项目也会使现金流量发生变动。

3. 现金流量表的结构

现金流量根据用途可以分为生活现金流量、投资现金流量、借贷现金流量和保障现金流量四类，如表 2.5 所示。

表 2.5　现金流量结构表

类别	项目	数据来源
生活现金流量	工作收入	收支储蓄表
	生活支出	收支储蓄表
投资现金流量	投资收益	收支储蓄表
	资本利得	收支储蓄表
	投资赎回（实际发生）	资产负债表
	新增投资（实际发生）	资产负债表
借贷现金流量	借入本金	资产负债表
	利息支出	收支储蓄表
	还款本金	资产负债表
保障现金流量	保费支出（保障型保费）	收支储蓄表

4. 现金流量表编制基础

1）工作收入是指增加家庭现金流入量的可运用收入，即扣除所得税后的税后收入或可支配收入加上三险一金。

2）生活支出来源于收支储蓄表中的生活支出总额。

3）投资收益来源于收支储蓄表中的理财收入总额，如果亏损，用负数填列。

4）资本利得是指本期变现投资的成本与变现价值差额，如果亏损，用负数填列。

5）投资赎回、新增投资、借入本金和还款本金四个项目按资产负债表中投资性资产分项计算后分别按总额填列。

6）利息支出按收支储蓄表中利息支出项目填列。

7）保费支出按收支储蓄表中实际发生保障型保费填列。

5. 现金流量表编制注意事项

1）保障现金流量中，只包括保障型保费，储蓄型保费由于会形成现金价值，是一种投资行为，因此，储蓄型保费作为投资现金流量。

2）有关资产负债表项目中的调整项目，涉及现金流量的项目填列在该表中，资产重估增减值或未实现资本利得损失不能列入，因为没有实际产生现金流量。

【示例 2-3】　现金流量表格式如表 2.6 所示。

表 2.6　家庭现金流量表

项目	金额
一、生活现金流量	
工作收入	
生活支出	
生活现金流量净额	
二、投资现金流量	
投资收益	
资本利得	
投资赎回（实际发生）	
新增投资（实际发生）	
投资现金流量净额	
三、借贷现金流量	
借入本金	
利息支出	
还款本金	
借贷现金流量净额	
四、保障现金流量	
保费支出	
保障现金流量净额	
本期现金及现金等价物净增加额	

学习笔记

2.1.5　现金流量表、资产负债表和收支储蓄表勾稽关系

明确三张家庭财务报表之间的关系一方面有利于财务报表的编制，检验财务报表编制的正确性，另一方面有助于对财务报表项目的理解。三张报表勾稽关系主要体现在以下两个方面。

1）如上所述，现金流量表中现金流量的变化包括由收支引起的储蓄的增加，还包括资产负债的调整，即现金流量增加净额等于储蓄和资产负债调整现金流量。因此，现金流量表与资产负债表、收支储蓄表勾稽关系表示为

期末现金＝期初现金＋现金流入－现金流出

＝期初现金＋储蓄＋资产负债调整现金流量

＝期初现金＋理财储蓄＋工作储蓄＋资产负债调整现金流量

2）收支储蓄表与资产负债表之间的勾稽关系表现储蓄与净资产的变动之间。若以成本计价，资产负债表净值增加应等于储蓄额，若以市价计价，资产负债表净值等于储蓄额加上资产账面价值变动额。两者关系表达如图 2.3 所示。

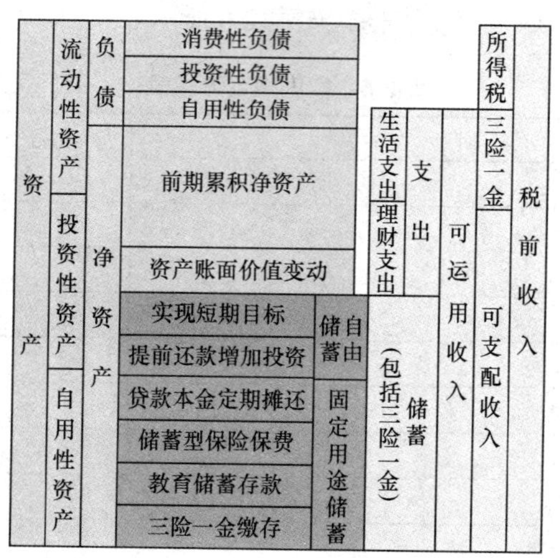

图 2.3　资产负债表与收支储蓄表勾稽关系

图 2.3 中资产负债表中净资产的增加额为资产账面价值变动和由于储蓄增加的各项资产增加额或负债减少额；如果资产以成本价计价，则资产账面价值变动为 0，储蓄等于净资产的变动额（各项资产增加额或负债减少额）。

任务 2.2　家庭财务分析

家庭财务报表编制目的在于通过对客户家庭财务信息条理化，更加明晰地了解客户的财务状况。但仅仅依据编制财务报表并不能达到全面、细致、深入地了解客户财务状况的要求，财务分析应用财务分析方法体系，对客户财务报表所反映的数据进行深入分析，以期达到对客户财务状况的全面、深入剖析，为后续编制理财方案提供依据。

2.2.1　家庭财务结构分析

所谓结构分析是通过比较家庭财务报表自身结构数据，分析流量和存量结构是否符合生命周期特征以及对理财目标的影响。结构分析包括家庭资产负债表结构分析和家庭收支储蓄表结构分析。家庭资产负债表结构分析主要分析家庭负债比例是否合理，负债与资产的配置是否相一致，以及导致家庭负债比例不合理的原因；家庭收支储蓄表结构分析是通过不同类型的收入和支出比例分析，分析家庭的收支结构和生命周期是否一致。

1. 家庭资产负债表结构分析

（1）家庭财务结构

考量家庭财务结构主要是考量其资产、负债的配置以及负债与资产比例是否合理。在家庭财务结构考量时，主要考量的是负债比率。负债比率越高，财务负担越重，如果收入不稳定，无法还本付息的风险也越大。消费性负债有消耗性质，应该尽量避免，借钱来投资应按期结算损益后还清，自用资产负债则应考虑还款能力。因此，我们可对各负债比率的构成要素进行如下简要分析。

总资产 TA＝流动性资产 CA＋自用性资产 UA＋投资性资产 IA

总负债 TL＝消费负债 CL＋自用资产负债 UL＋投资负债 IL

$$
\begin{aligned}
\text{负债比率} &= \frac{\text{总负债TL}}{\text{总资产TA}} \\
&= \frac{\text{自用资产负债UL}+\text{消费负债CL}}{\text{总资产TA}} \\
&= \text{自用资产贷款成数}\left(\frac{UL}{UA}\right)\times\text{自用资产产数}\left(\frac{UA}{TA}\right)+\text{融资比率}\left(\frac{IL}{n}\right) \\
&\quad \times\text{投资性资产权数}\left(\frac{n}{TA}\right)+\text{借贷消费占流动性资产比率}\left(\frac{CL}{CA}\right) \\
&\quad \times\text{流动性资产权数}\left(\frac{CA}{TA}\right)
\end{aligned}
$$

学习笔记

$$自用资产贷款成数=\frac{自用资产贷款额}{自用资产市值}$$

自用房地产通常占自用资产最大的比例，自用资产贷款额通常是以自用资产为抵押标的物来申请借贷的额度。如果无其他自用资产，则该比例=房贷额/自用房地产市值=房贷成数，银行的核贷标准一般为70%～80%。随着房贷经过数年还款后，此比率会逐步走低。但在房地产市值大幅下降的情况下，房贷比率也有可能反向走高。日本、中国香港及中国台湾中南部皆曾出现房地产市值低于房贷额，自用净资产成负数的情况。房贷负债方面通常以等额本息方式偿还，每期还本金的金额递增，因此房贷负债通常是逐渐减少，房地产净资产的增加来自房贷余额的降低。

$$自用资产权数=\frac{自用资产}{总资产}$$

自用资产以提供使用价值为主要目的。家庭在未购房前此比例不会太大。但如果年轻人把大部分积蓄用来买车，即使未购房还是会显现高自用资产权数。购房后贷款未缴清前，多数家庭的积蓄用来还贷款而无法累积生息资产。因此，自用资产占总资产的比重多在七八成以上。

$$融资比率=\frac{投资负债}{投资资产市值}$$

投资负债是运用财务杠杆，期望投资报酬率高于利率的情况下，加速资产成长的负债。投资负债一般期限较短，采取整笔借整笔还的方式，在贷款期间负债额固定，投资净资产增加的主要原因来自生息资产的增加。

$$投资性资产权数=\frac{投资性资产}{总资产}$$

投资性资产是资产中最具有生产力的部分。投资性资产占总资产的比重越大。表示资产中可累积生息滚利，或赚取资本利得的部分越多，成长的机会越大。

$$借资消费占流动性资产比率=\frac{消费借贷额}{流动性资产}$$

借贷消费在理财上应该尽量避免，在此处的借贷消费额包括已刷卡而尚未缴款的金额，用在购买耐用消费品的分期付款未还余额和小额消费性信用贷款余额。信用卡刷卡额虽然在宽限期之内还不用负担利息，但仍应记消费负债，当月刷卡额最好控制在流动性资产的50%以内。

$$流动性资产权数=\frac{流动性资产}{总资产}$$

流动性资产因为收益率较低，只要能够支付交易性需求和预防性需求即可。除非预期股票市场回跌预留投机性需求的资金，最多6个月的支出应已足够，多出的部分可用来追求较高收益的投资。总资产金额越高者，流动性资产权数应越低。

学习笔记

（2）流动净资产、自用净资产和投资净资产分析

流动净资产可以用来随时支付紧急的开销。自用净资产的特征是，自用资产的价值相对较稳定，尽管自用房地产可能增值但也会折旧，而自用汽车更是只有折旧少见增值，但其价值的波动程度不大。净资产中自用净资产比重较大的，总净资产多随负债的减少缓慢成长。净资产中投资性净资产比重较大的，因投资负债固定但投资资产市值随行情有较大幅度的波动。总净资产上下的起伏较大。当运用负债投资时，因为贷款利率高于存款利率，不可能出现借钱来存款的现象，一定是借钱来投资那些收益率有机会超过贷款利率的创业或股票、基金等投资。但不管有无获利，时间到一定要还钱，因此，投资负债的比重越大投资净资产波动的幅度越大。资产负债表中完全无负债的人，即使是投资性资产全放存款，在房价持平或仅能随物价微涨的年份，投资性资产的获利还是比以前提供使用价值为主的自用资产要高。

在趋势分析上，在购房前房地产权数为零，如果负债比率高就表示融资比率高，是以扩大信用的方式在金融市场投资。购房后房地产权数大增。如果加上高房贷权数，即使融资比率为零，负债比率还是可能在 50%以上。因此，仅从负债比率高不能断定家庭整体财务风险高，还要看其组合的具体构成。一般而言，家庭的总净资产在购房后 5～10 年内以自用净资产为主，之后房贷逐渐还清，投资净资产又逐渐取回主导地位。有余钱就还房贷的人可早日还清贷款。缩短自用净资产主导期间，转换至投资净资产主导以准备退休金。但如果不断地换更大的房屋借更多的贷款，则可能一辈子都是自用净资产为主。当退休时没有什么投资却有一栋无贷款的大房子，便可考虑出租大房子另租小房子，创造现金流量供养老之用。

关于市场变化对家庭净资产的影响。如果房地产市场行情大幅下滑。在房贷负债依旧的情况下，自用净资产会大幅降低，在房屋市值低于贷款额时，自用净资产会成为负数。如果投资性资产是以股市投资为主，则股市行情的变动对投资净资产的影响会很大。股市大幅下跌时投资借款还是要还的，此时投资净资产会大幅降低，甚至变成负净资产。因此，一个家庭受到房地产和股市变动的影响有多大，只要看其资产结构及其净资产结构即可。

（3）通过资产负债天平对客户进行理财诊断

资产和负债是理财天平的两端，资产高于负债者天平往资产一方倾斜，会产生净资产的“筹码”来使天平重新平衡。少数人负债高于资产，当务之急是获取足以减少负债的净收入才能恢复平衡。不同负债状况的家庭，理财的重点也不同。

资产远高于负债、净资产超过未来一生所需或高于未来遗产税免税额的殷实家庭，理财的重点是节税而非继续创造更高的资产。此时的投资应重稳健而非冒不必要的风险追求高报酬率。如果节税规划得当的话，多移转 20%的税后资产给下一代并非难事，将应税遗产通过以后每年的赠与免税额逐年转为免税遗产，就好比把自己天平上资产的筹码移到下一代的天平上，当自

学习笔记

己的资产和负债接近平衡时，以净资产来计算的遗产就会少多了。

资产略高于负债的一般家庭，净资产相当于未来一生所需，不用特意考虑财产转移节税规划，理财的重点是衡量未来生涯阶段资产负债的可能变化提前做好应对的准备，避免晚年负债高于资产，成为子女的负担。在工作期的储蓄累积是净资产的主要来源，退休后如果已累积的资产所能获得的理财收入低于生活支出时，就要开始变现资产，生息资产变现殆尽还不够时，就要开始处置自用住宅，再不够时就会沦为负净资产，成为需要仰赖他人救济的孤苦老人。因此，在退休之际努力累积足够晚年生活所需的净资产，是一般家庭生涯理财的最终目标。

资产负债天平也可以用来衡量保险的需求。一般家庭当资产减损而负债依旧时，为了避免天平倒向负债的一端，就要买保险以理赔金或保险给付的筹码加注在资产上，使天平回复均衡状态。房子被火烧掉，生计负担者死亡或失能，都会使家庭天平一夜间倒向负债端，因此要买足应有保障来预防万一。殷实家庭可变现资产足以应对任何突发状况，此时应以净资产高于遗产税免税额的部分投保终身寿险，降低应税资产以节税。

2. 家庭收支储蓄表结构分析

（1）支出比率

$$\text{支出比率}=\frac{\text{总支TE}}{\text{总收入Y}}=\frac{\text{消费支出C}+\text{理财支出F}}{\text{总收入Y}}=\text{消费率}+\text{财务负担率}$$

其中，$\text{消费率}=\frac{\text{消费支出C}}{\text{总收入Y}}$；$\text{财务负担率}=\frac{\text{理财支出F}}{\text{总收入Y}}$

各个影响因素分别说明如下：

1）消费率＝消费支出 C/总收入 Y。消费支出指日常的食、衣、住、行、育、乐、医疗等各项支出。消费支出为总收入的函数。赚钱多的人自然花得多，但是并非成等比关系。经济学上的消费函数，可写作：C＝A＋BY。A 可以说是基本消费额，是即使所得为 0 仍需支出的基本生活需求。B 称为边际消费率或边际消费倾向，是每增加 1 元所得而增加的消费金额。通常边际消费率为 30%～60%。如家庭的年基本支出为 3 万元，某家庭的收入为 10 万元，消费支出为 7 万元，可算出边际消费率为 40%。B＝（C－A）/Y＝（7－3）/10＝40%。一般而言，所得越高边际消费率越低，所得越低边际消费率越高。所以我们说消费率会随着总收入的变化而变化。

2）财务负担率。理财支出指利息支出和保障型寿险和产险的保费支出，以及为了投资所支付的交易成本或顾问费用。投资亏损通常视为负的理财收入，是总收入的减项，而不是理财支出。财务负担率一般以利息支出占总收

学习笔记

入 20%、保障型保费支出占总收入 10%为合理上限，因此，合计不应超过总收入的 30%。

（2）自由储蓄额

自由储蓄额＝总储蓄额－已经安排的本金还款或投资，后者包括当月拨入个人住房公积金账户和个人基本养老金账户的金额，房贷应定期摊还的本金额，应缴储蓄型保费额，应缴基金定投资金额等。

自由储蓄就是一般人所认定的储蓄额，是可以自由决定如何使用的储蓄。

$$自由储蓄率=\frac{自由储蓄额}{总收入}$$

$$还本投资率=储蓄率-自由储蓄率$$

自由储蓄率可以以 10%为目标。如果以储蓄险或定期定额投资基金来准备子女教育金和退休金，并通过定期还贷来完成购房计划的话，剩下的自由储蓄额就可以用来实现一些计划外的短期理财目标，通常用来规划国内外旅游、添购家具电器，或用做节日消费准备金，也可以用来提前还清贷款。通常在收入增加的月份，如发放年终奖金和红利时，会有比较高的自由储蓄额可供规划安排。

（3）收支平衡点的收入

收支平衡点分析的主要目的是以积极的方式算出要享受哪种程度的当前及退休后生活水平，家庭应当创造多少收入才足以支应，有量出为入的概念。但当提升收入不是那么容易时，就要考虑降低固定费用支出的部分或者是提高工作收入净结余比率。所得税扣缴和五险一金扣缴非自己可控制，但交通和个人在外用餐费用较有弹性，仍可借由此项控制提高收入净结余比率。

$$收支平衡点的收入=\frac{固定支出负担}{工作收入净结余比率}$$

固定支出负担包括每月固定生活费用支出、房贷本息支出等近期内每月固定要流出的支出，工作收入净结余是指工作收入－所得税扣缴额－三险一金的缴费额－为了工作所必需支付的费用（如通勤的交通费或停车费、中午在外用餐伙食费或必要的置装费月分摊额）。

2.2.2　家庭财务比率分析

财务比率分析是通过比较不同报表之间或报表与表外其他信息所获取数据之间进行对比，对客户的理财目标、效果或类型作出判断。

1. 净值成就率

$$净值成就率=\frac{目前的净资产}{目前年储蓄\times工作年数}$$

该指标考量的是自工作以来的理财成绩。

指标的设计中，分母假设随着工作年限的增长，储蓄也在增长，即储蓄有成长率，应有净值用目前的年储蓄计算，目前年储蓄也是以前年度储蓄按成长率计算的终值，用各年的年储蓄终值乘以工作年数，表示历年来储蓄本金与储蓄按成长率获取收益的总额。分子是目前的净资产，是历年储蓄与投资的结果。因此，当投资报酬率大于储蓄成长率时，该指标大于 1，该指标越大，表明历年来的投资报酬率越高，理财效果越好。

2. 资产成长率（假设无负债）

该指标考量的是家庭财富增加的速度。

$$资产成长率=\frac{资产变动额}{期初资产}$$

假设无负债的条件下，资产的变动额即为净资产变动额，若资产以成本计价（即不考虑未实现的资本利得），该变动额即为本期储蓄。据此对该指标进行的分解如下：

$$\begin{aligned}资产成长率&=\frac{资产变动额}{期初资产}=\frac{工作储蓄}{期初总资产}+\frac{理财储蓄}{期初总资产}\\&=\frac{年工作储蓄}{年收入}\times\frac{年收入}{期初总资产}+\frac{生息资产额\times投资报酬率}{期初总资产}\\&=工作储蓄率\times资产周转率+生息资产比重\times投资报酬率\end{aligned}$$

通过上述分解，可以得出财富增加的途径主要有以下几个方面：

1）增加储蓄，即提高工作储蓄率。

2）提高收入，即提高资产周转率。

3）增加生息资产即减少自用性资产比重。

4）提高投资报酬率。

3. 财务自由度

该指标考量的是客户目前只通过理财收益是否可以是通过理财达到各项支出需求。

$$财务自由度=\frac{目前的净资产\times投资报酬率}{目前的年支出}$$

分子是获得的理财收益，将理财收益与年支出相比较，财务自由度等于 1，说明理财收益正好满足年支出需求；大于 1，理财收益除满足年支出需求外，还会增加净资产；小于 1，则还需要通过工作来弥补支出缺口。退休时由于工作收入为 0，理财收益应不小于 1，才能满足退休后的生活需要，反之，达到退休年龄由于入不敷出而不得不继续工作或依赖子女救济。在工作期间，在年支出不变条件下，可以通过提高储蓄，增加净资产或提高投资报酬率的方式来增加财务自由度，随着年龄的增长，财务自由度逐年提升，投资报酬率可以降低投资风险。

学习笔记

2.2.3　情境分析

情境分析是通过致富公式来判断生涯状况变化时（结婚、离婚、生子、失业、创业、失能、购房、购车、中彩等）资产是否能够满足需求。

1. 致富公式

理财的目标是增加财务自由度，在最早的时间内使财务自由度高于 1。财务自由度的提高有赖于净资产的积累，致富公式旨在考量净资产的积累速度。其公式表式为

$$净资产增长率=\frac{净值增加额}{期初净值}=\frac{工作储蓄+理财储蓄}{资产-负债}$$

这一公式将收支储蓄表和资产负债表结合在一起，可以从存量和流量两个方面共同考察净资产的增长因素。将公式分解可以得到影响净值增长的所有存量和流量因素：

工作储蓄＝工作收入－生活支出

理财储蓄＝生息资产×投资报酬率－负债×负债平均利率

资产＝生息资产＋自用资产＝（流动性资产＋投资性资产）＋自用资产

依据上述对公式的分解，可以依据客户不同家庭生命周期阶段，寻求提高净资产增长率的因素：

1）提升工资薪金储蓄率。在家庭形成期，净资产起始点低，工资薪金所得远大于理财收入，此时提升工资薪金储蓄率为快速致富的主要因素，储蓄的提高对净资产成长率的贡献越大。

2）高投资报酬率。在家庭成长期和成熟期，已累积了不少净资产，理财收入的比重会逐步提高，此时投资报酬率的提升便成为能否快速致富的决定性因素，投资报酬率对净资产增长率的提升越来越重要。

3）提高生息资产占总资产的比重。自用性资产不能带来理财收入。在各项资产比重中，增加生息资产的比重能够快速提高净资产增长率。在家庭形成期，客观承受风险的能力比较高，可以考虑延缓购房或买车的时间，降低自用性资产比重，提高生息资产比重。

4）降低工资薪金所得和理财收入比重。在家庭衰退期，必须使净值增长到能够使财务自由度高于 1 的水平，因此，在家庭生命周期整个过程中，应逐年降低工资薪金所得的比重，降低方式不是通过降低工资薪金水平实现，而是通过提高理财收入占整个收入的比重，在退休时，工资收入降为 0，理财收入占有整个收入的 100%。

5）提高负债比重。运用财务杠杆原理扩充信用来投资，当总投资报酬率高于负债利率时，净资产报酬率就会高于总投资报酬率，通过杠杆效应加速净资产的增长。

学习笔记

2. 用致富公式对可能或即将来临的生涯状况变动作模拟分析

人的一生会面临各种不同的际遇或关口，在家庭结构上如结婚、离婚、生子，在事业上如失业、失能、创业，在资本支出上如买车、购房，在财务决策上如借款投资，还有人生风险上的病老死残，甚至是中了彩票头奖，这些状况都会对当前的财务状况带来一些冲击。利用致富公式可以对这些情境进行模拟分析，以考察这些情境的发生对资产的影响。

【示例 2-4】 张先生年收入 100 000 元，支出 80 000 元，工作储蓄 20 000 元，投资性资产 100 000 元，无自用资产亦无负债，因此净资产亦为 100 000 元。投资报酬率为 8%。假设年初工作储蓄额为 0，而年底工作储蓄为 20 000 元，年均用于投资的工作储蓄额为 10 000 元（20 000/2）。分别计算张先生各种情境下净资产成长率与年底净资产。

解析： 表 2.7 对上述各种情境进行了案例分析。

表 2.7 各种状况变动对净资产成长率的影响

基本状况				生养子女			
现金流量	金额/元	资产负债	金额/元	现金流量	金额/元	资产负债	金额/元
工作收入	100 000	期初生息资产	100 000	工作收入	100 000	期初生息资产	80 000
生活支出	80 000	自用资产	0	生活支出	100 000	自用资产	0
工作储蓄	20 000	负债	0	工作储蓄	0	负债	0
理财收入	8 800	期初净值	100 000	理财收入	6 400	期初净值	80 000
理财支出	0	净值成长率	28.8%	理财支出	0	净值成长率	8%
净值变动	28 800	期末净值	128 800	净值变动	6 400	期末净值	86 400
买车之后				奉养双亲			
现金流量	金额/元	资产负债	金额/元	现金流量	金额/元	资产负债	金额/元
工作收入	100 000	期初生息资产	100 000	工作收入	100 000	期初生息资产	100 000
生活支出	85 000	自用资产	0	生活支出	120 000	自用资产	0
工作储蓄	15 000	负债	0	工作储蓄	−20 000	负债	0
理财收入	4 600	期初净值	100 000	理财收入	7 200	期初净值	100 000
理财支出	0	净值成长率	28.8%	理财支出	0	净值成长率	−12.80%
净值变动	28 800	期末净值	128 800	净值变动	−12 800	期末净值	87 200
结婚				失业			
现金流量	金额/元	资产负债	金额/元	现金流量	金额/元	资产负债	金额/元
工作收入	170 000	期初生息资产	140 000	工作收入	10 000	期初生息资产	10 000
生活支出	130 000	自用资产	0	生活支出	50 000	自用资产	0
工作储蓄	40 000	负债	0	工作储蓄	−40 000	负债	0
理财收入	12 800	期初净值	140 000	理财收入	6 400	期初净值	100 000

学习笔记

续表

基本状况				生养子女			
现金流量	金额/元	资产负债	金额/元	现金流量	金额/元	资产负债	金额/元
理财支出	0	净值成长率	37.71%	理财支出	0	净值成长率	-33.60%
净值变动	52 800	期末净值	192 800	净值变动	-33 600	期末净值	664 000
离婚				退休之时			
现金流量	金额/元	资产负债	金额/元	现金流量	金额/元	资产负债	金额/元
工作收入	60 000	期初生息资产	50 000	工作收入	10 000	期初生息资产	50 000
生活支出	50 000	自用资产	0	生活支出	50 000	自用资产	0
工作储蓄	10 000	负债	0	工作储蓄	-40 000	负债	0
理财收入	4 400	期初净值	50 000	理财收入	38 400	期初净值	500 000
理财支出	0	净值成长率	28.80%	理财支出	0	净值成长率	-0.32%
净值变动	14 400	期末净值	64 400	净值变动	-1 600	期末净值	4 980

1）基本状况。净资产增加额＝工作储蓄 20 000 元＋理财收入 8 800 元［（投资性资产 100 000 元＋工作储蓄 20 000 元/2）×8%］；净资产成长率＝（工作储蓄 20 000 元＋理财收入 8 800 元）/期初净资产 100 000 元＝28.8%；年底净资产＝年初净资产 100 000 元×（1＋28.8%）＝128 800 元。

2）买车之后。年初花费 50 000 元购买汽车之后，投资性资产由 100 000 元降为 50 000 元，汽车应视为自用资产。另外养车支出为每年 5 000 元，反映在消费支出的增加上。工作储蓄由 20 000 元下降为 15 000 元，理财收入亦因生息资产减半和工作储蓄的下降而降为只有 4 600 元。因此，净值增加额只有 19 600 元，净值成长率由基本状况下的 28.8%降为 19.6%。这是还未计算自用汽车折旧时的状况。如果年初买车，第一年的折旧率最高，至年底以 30%计，则年底时自用资产应降为 35 000 元。净值增加额亦减少至 4 600 元（15 000＋4 600－15 000），与年初净值 100 000 元相较，净值成长率只有 4.6%。所以，想完整地计算净值成长率，还应包含自用资产折旧及处理自用资产的损益两项。其公式为

净值变动＝工作储蓄＋理财收入－利息支出－自用资产折旧
±处理自用资产损益

而养车支出的计算，应包括油费、牌照费、燃油附加税费（如果有）、保险费、维修保养费、住宅停车位租金或管理费、外出停车费等。不过，在原来的交通开支上，也可以减掉买车后可节省的地铁、公交车等通勤支出。

3）结婚成家。结婚成家是生涯过程中的一个重大变化。在现代社会中，结婚代表新家庭的形成，家庭收入和支出都会比单身时有所增加。如婚后两个人赚钱，收入由 100 000 元增加至 170 000 元，而支出则由 80 000 元增加到 130 000 元，工作储蓄也由 20 000 元增加至 40 000 元。假如婚后采用夫妻财产共有制度，如果配偶原有投资性资产 40 000 元，合计家庭投资性资产有

140 000 元。净值变动＝工作储蓄＋理财收入＝40 000 元＋12 800 元＝52 800 元，净值成长率＝52 800 元/140 000 元＝37.7%。

如果婚后维持单薪家庭，收入未增加但支出肯定会增加，则储蓄降低，净资产成长率也降低。如果婚后约定财产归各自所有，则婚后仍应个别计算个人净资产。

4）离婚独居。如果原来的基本状况为已婚，那么一旦离婚，家庭收入和支出皆会减少。设收入降为 60 000 元，支出降为 50 000 元，则工作储蓄降为 10 000 元。假设离婚时生息资产对半分，降为 50 000 元，理财收入亦折半成为 4 400 元，净值变动＝工作储蓄＋理财收入＝10 000 元＋4 400 元＝144 000 元。净值成长率如果以 100 000 元计为 14.4%，只有原来的一半。不过，此时应以离婚后的净值 50 000 元为基础，净资产成长率仍为 28.8%。

其实现实中离婚的状况较为复杂，要考虑的问题也多。如果要付抚养费，则支付的一方离婚后的储蓄能力可能更低。如子女归母亲照顾，但父亲仍要负责抚养费的大部分和扶养费的一部分，相当于同时负担两个家庭。

5）生养子女。养育子女，家庭消费必然会增加。如果生产、坐月子、买婴儿衣物用品总共花了 20 000 元。变现投资性资产支应，投资性资产由 100 000 元降为 80 000 元。同时在年家庭支出上，由 80 000 元增加到 100 000 元，等于没有储蓄。此时的净值的成长只靠 80 000 元×8%＝6 400 元的理财收入，净值成长率＝投资报酬率＝8%。

6）奉养双亲。假设突然要承担奉养双亲的责任，支出每年增加 40 000 元，超过原有 20 000 元的储蓄。工作储蓄变为－20 000 元。入不敷出，今后必然会消耗投资性资产。理财收入＝[100 000 元＋（－20 000 元/2）]×8%，下降为 7 200 元，净值变动＝－20 000 元＋7 200 元＝－12 800 元。年底净值＝100 000 元－12 800 元＝87 200 元。净值成长率＝12 800 元/100 000 元＝12.8%。此时只有设法增加收入或降低其他费用，否则不到 5 年净值就会成为负数。

7）失业。如果失业时年收入由 100 000 元降到领失业救济金或打零工收入的 10 000 元，即使失业后拼命压缩开支，至少也要 50 000 元的年开销，负储蓄还是有 40 000 元。此时也要耗用投资性资产。净值变动＝－40 000 元＋6 400 元＝－33 600 元，年底净值＝100 000 元－33 600 元＝66 400 元。净值成长率＝－33 600 元/100 000 元＝－33.6%。通常失业超过 1 年者不会太多，否则现有的净值无法满足其 3 年的费用。

8）退休。退休后收入由 100 000 元降为领养老金或偶尔的兼职收入 10 000 元。消费亦降为 50 000 元，负储蓄 40 000 元，与失业一样。唯一不同的是，可领一笔 400 000 元的退职金，连同原来的投资性资产 100 000 元，共有 500 000 元的投资性资产，可产生 38 400 元的理财收入，勉强可弥补负储蓄缺口。不过，每年净资产还是略有下降。当消费支出因通货膨胀而提高，但投资报酬率无法随之提高时，生活费侵蚀到生息资产本金的速度会加快，退休后靠生息资产挣的理财收入可支应生活支出的年数也会下降。

9）收入中断风险的状况分析。收入中断的情况对个人而言包括失业和伤病失能，对家庭而言还包括家计负担者英年早逝使依赖者失去维生的经济基础。下面不妨以简单的现金流量和资产负债的模拟分析，来了解一下收入中断对家庭净资产和生活水平的影响，进而探讨家庭应以什么保险措施来保障这种状况发生时的遗属的生活所需，如表 2.8 所示。

表 2.8　收入中断风险状况模拟分析

正常状况				
项目	金额	项目	期初金额	期末金额
工作收入/元	100 000	生息资产/元	100 000	116 800
生活支出/元	80 000	自用房产/元	300 000	300 000
工作储蓄/元	20 000	房屋贷款/元	200 000	200 000
理财收入/元	8800	净值/元	200 000	216 800
理财支出/元	12 000	收益率/%	8	
净收支/元	16 800	房贷利率/%	6	
无保险				
项目	金额	项目	期初金额	期末金额
工作收入/元	0	生息资产/元	100 000	33 600
生活支出/元	60 000	自用房产/元	300 000	300 000
工作储蓄/元	−60 000	房屋贷款/元	200 000	200 000
理财收入/元	5600	净值/元	200 000	133 600
理财支出/元	12 000	收益率/%	8	
净收支/元	−66 400	房贷利率/%	6	
有保险				
项目	金额	项目	期初金额	期末金额
工作收入/元	0	生息资产/元	780 000	780 000
生活支出/元	60 000	自用房产/元	300 000	300 000
工作储蓄/元	−60 000	房屋贷款/元	0	0
理财收入/元	60 000	净值/元	1 080 000	1 080 000
理财支出/元	0	收益率/%	8	
净收支/元	0	房贷利率/%	6	

注：应有生息资产＝有无保险理财收入差额/投资报酬率＝54 400/8%＝68 000（元）

应有保额＝房贷额＋应有生息资产＝200 000＋680 000＝880 000（元）

项目实训

实训 1　编制家庭资产负债表

【案例】 高先生今年 38 岁，高校教师、副教授；妻子 36 岁，在一家报社做管理工作，儿子今年 7 岁，小学一年级。高先生父母是农民，居住在河南老家，与高先生哥哥同住，父亲今年 74 岁，母亲 70 岁，身体健康。岳父母是均是大学老师，已经退休。

家庭资产状况：

3 年前从市郊购买一套 120 平方米的商品房，成本价每平方米 5 100 元，市价每平方米 17 500 元，利用公积金贷款 40 万元，贷款年限 20 年，房贷利率 4.77%；在市区有一套 62 平方米商品房，成本价 3 000 元/平方米，市价每平方米 17 000 元，无贷款，现用于出租，月租金收入 1 600 元，该套住房无贷款；为解决孩子上学，2 年前在市中心购买一套 40 平方米学区房，成本价 7 600 元/平方米，市价 15 000 元/平方米，从银行流动资金贷款 20 万元，每年循环贷款，贷款利率 4.28%，从亲友处借款 10 万元，无利息，其他款项自付，现该房用于出租，每月租金 800 元。高先生 3 年前购买 10 万元汽车一辆，市值 5 万元。另有股票投资 50 000 元，银行活期存款 20 000 元，住房公积金每月全部用于支付房贷。另无其他资产。

家庭收支情况（收入为税后收入）：

高先生月收入 6 000 元，年底有 20 000 元奖金，妻子月收入 4 000 元，年底奖金 10 000 元，家庭月日常生活支出 3 000 元，儿子特长班学费 600 元，每年衣物及礼金支出 10 000 元，支付高先生父母生活费 5 000 元，旅游费用 5 000 元，汽车使用费（包括保险）20 000 元。

家庭保障：

高先生养老保险金账户余额为 38 000 元，医疗保险账户余额为 4 000 元，去年购买了一份万能险，年缴费 6 000 元，保额 10 万，目前现金价值为 0，妻子养老保险金账户余额 27 000 元，医疗保险账户余额为 2 800 元，没有购买其他任何保险。

理财目标：

1）尽快还清银行流动资金贷款。

2）三年内换一辆价值 18 万元左右的汽车。

3）儿子大学阶段到英国留学。

4）提高家庭风险保障能力。

5）为父母准备充足的养老金和大病基金。

6）退休后在市区周边购买一套别墅，并保持目前的生活质量。

要求：

1）编制高先生家庭资产负债表。

2）分析说明财务状况指标（资产、负债和净资产）的含义。

实训 2 编制家庭收支储蓄表

【案例】 承实训 1 案例。

要求：

1）编制高先生家庭收支储蓄表及储蓄运用表。

2）分析说明收支储蓄表各项目含义及数据来源。

实训 3 编制家庭现金流量表

【案例】 承实训 1 案例。

要求：

1）编制高先生家庭现金流量表。

2）阐释资产负债表、收支储蓄表及现金流量表之间的勾稽关系。

3）分析说明编制家庭现金流量表的重要性。

实训 4 家庭财务结构分析

【案例】 承实训 1 案例。

要求：

1）计算高先生家庭负债比率。

2）评价高先生家庭资产、负债项目构成比例。

3）评价高先生家庭收支项目及储蓄运用项目构成。

4）评价高先生家庭现金流量表结构。

实训 5 家庭财务比率分析

【案例】 承实训 1 案例。

要求：

1）计算高先生家庭流动比率、家庭紧急预备金倍数、财务自由度、财务负担率、平均投资报酬率、净值成长率、净储蓄率、自由储蓄率。

2）对上述计算结果逐一进行评价并对高先生家庭财务状况提出总体改善建议。

实训 6 情境分析

【案例】 承实训 1 案例，高先生想现在就实现购买别墅的愿望。

要求：

1）为高先生作失业的情境分析。

2）假设高先生现在就想完成购买别墅规划，别墅价值 300 万元，为高先生作情境分析。

收获清单

通过本项目的学习我具备了哪些实践工作能力？掌握了哪些理论知识？

这些实践工作能力在整个课程学习过程中处于什么样的地位？

这些实践工作能力在我未来的工作和学习过程中可以用于哪些方面？

项目3

员工薪酬与税务筹划

项目介绍

员工薪酬和税务筹划是关于实现资产积累的重要来源和方式，是理财规划方案设计的重要内容，本项目包括了员工薪酬中当期收入与延期收入的计算和使用，以及税务筹划中的个人所得税筹划和企业税务筹划。

本项目教学旨在让学生掌握员工薪酬的含义及其构成，税务筹划的内容及税务筹划的方式能够正确计算客户员工薪酬及延期收入，能够运用我国税法相关条款为客户做合理的税务筹划，这两个方面是为客户进行专项规划的基础。

教学目标

- 终极目标:

通过本项目的学习，学生能够正确地计算客户的薪酬，并依据税法相关规定，能够为客户制定合理的税务筹划方案。

- 促成目标:

能够正确计算员工薪酬及员工薪酬中的延期收入的使用额。

能够正确为客户制定合理的税务筹划方案。

工作任务

- 薪酬计算
- 基本养老金的计算
- 医疗保险金的计算
- 个人所得税税务筹划
- 企业税收筹划

任务3.1 员工薪酬与收入计算

学习笔记

员工薪酬与收入是个人获得资产的来源之一，是净资产的源泉，衡量员工收入水平是理财规划的重要内容。

3.1.1 薪酬计算

1. 薪酬的含义与特征

（1）薪酬的含义

薪酬（compensation）即按照要素和贡献进行全面补偿的分配制度。其主要特征有：薪酬反映了按要素补偿的原则，包括对人力资本、工作绩效、社会风险等多种要素的承认和补偿；薪酬由一揽子计划构成，既覆盖了当期支付的工资、津贴、奖金等，也覆盖了延期支付的社会福利、企业福利和股权期权等内容。

（2）薪酬的结构

1）薪酬的内容结构。薪酬包括当期支付的工资、延期支付的社会保障、员工福利和股权计划。

① 工资。工资是员工基于对单位的劳动贡献所获得的当期补偿。其内容包括工资（计时、计件和岗位工资）、资金、津贴和补贴、加班加点工资、特殊情况下支付的工资，这些形式所获得的工资都具备下述特征：主要形式是货币，其依据是劳动合同，并以当期收入为主。

② 员工福利。员工福利是基于雇佣关系，在保障和激励的原则下，保障员工基本生活需要、提高员工生活质量的制度安排。其内容包含社会保障和单位福利，其主要特征有：以公平分配为主，如社会保障；制定分配标准，如单位福利；以延期收入为主，社会保障和单位福利一般都以延期收入为主。

③ 股权计划。股权计划（stock fight）即员工以参与企业股份的形式参与企业利润分配的薪酬制度，其主要形式包括员工持股计划和股票期权计划等。理财规划师需要关注客户是否具有股权计划和具有怎样的股权计划。员工持股即赋予员工持有企业股份的权利。其主要特征有规定受益人，一般为高级经理人员，最近开始向普通员工延伸；规定有效期，依据法律或合同规定；规定适当数量，以不损害企业所有者的权益为界限。股票期权（option）即赋予员工在与企业所有者约定的期限内，享有以某一预先确定的价格购买一定数量本企业股票的权利。其主要特征有：规定受益人，一般为高级经理人员，最近开始向普通员工延伸；规定有效期，依据法律或合同规定，一般

学习笔记

不得超过 10 年；产生施权价，高于或低于相应的市场价；规定适当数量，以不损害企业所有者的权益为界限。

④ 社会保障。详见本任务后续内容。

2）薪酬的时间结构。

① 当期收入。当期支付（current-payment）即按照当前承诺的时间支付薪酬，通常按周、月或年进行支付。当期支付的主要形式包括基本工资、奖金、津贴、年红利、年薪，以及当期可以兑现的福利等。

当期支付的主要特征有：当期兑现，即属于即时权益；等价交易，即基于雇主和雇员之间的雇用交易原则进行支付，既要满足企业发展需要，又要满足个人生活和发展的需要；直接补偿，即指对员工工作贡献的直接补偿，补偿形式主要是现金，补偿内容包括服务年限、岗位责任、工作绩效等；非全额薪酬，即从应发额到实发额，向延期支付计划的供款（社会保险缴费）已经被扣除。

② 延期收入。延期支付（deferred-payment）即预先承诺，延期支付的薪酬。延期支付的依据包括法定条件和约定条件，前者即法律明文规定的条件；后者则指商定条件，包括集体协议、劳动合同或专项企业规章约定的条件。其主要内容有社会福利、员工福利和股权计划。

延期支付的主要特征有：预期兑现，因而属于既得权益。既得权益即依据法律或合同预先规定受益人及其实现某种利益的可能，员工需要在履行相应义务或承担相应风险之后才能将既得权益变为现实利益。员工失业、迁徙、辞职、患病、劳动关系不规范，以及相关法律政策有改变等都可能阻碍既得权益的实现，这被称为福利风险。非商品化，即基于劳动力折旧和社会风险等原则进行支付，以补偿员工未来风险和保障其个人和家庭基本生活需要。

社会保障制度改革的逐步深入和人们薪酬观念变化，延期收入也成为员工选择工作的主要因素，对于企业而言，延期收入具有员工激励和税收优惠作用，因此，延期收入已经成为了员工收入的主要形式之一。

2. 员工收入

员工收入有狭义和广义定义。狭义员工收入仅指员工薪酬，广义员工收入指员工个人和员工家庭的全部合法收入，包括货币收入或权益收入，主要包括如下内容：现金收入、储蓄收入、权益收入、继承收入、投资收入、经营收入，以及可以转换为老年生活保障的其他收入等。

1）现金收入即以货币形式获得的收入，包括薪酬收入、利息收入、租金收入、知识产权或劳务收入等。

2）储蓄收入即以银行存款利息形式获得的收入，包括活期存款利息和定期存款利息。

3）权益收入即基于法定权益获得的收入。权益收入基于法律随合同而发生，且经过委托代理过程；其形式主要包括社会保险收入、保险公司的保

学习笔记

单收入、信托机构的理财收入、公司股权期权收入等。

4）继承收入即通过遗产继承获得的收入，包括房产继承收入、经营资产继承收入等。继承收入也可以归类于权益收入，但这时通常针对可获得性财产。例如，独生子女对父母房产或经营资产的未来继承权及相应物质价值的拥有等。在制作退休理财规划时可以将这类隐性收入作为既得收入或退休生活成本。

5）投资收入即以投资回报形式获得的收入。投资有回报也有风险，不一定都有收入，还可能亏本，成为个人或家庭的收入损失。

6）经营收入即以经营利润形式获得的收入。经营有利润也有亏损。

3. 社会保障

（1）社会保障定义

社会保障（social security）即国家抵御社会风险的制度安排，有社会福利计划和社会全网之称，旨在向遇到社会风险的人提供帮助以保障其基本生活。人们常常将国家社会保障计划提供的待遇称为社会福利。根据国际劳工组织在1952年通过的《社会保障最低标准公约》（102号）的规定，社会风险包括年老、患病、失业、职业伤害、生育和家庭困难六类，其中家庭困难包括住房、教育等事项。

（2）社会保障要素

社会保障由以下要素构成：

1）社会福利即由国家筹集资金，根据普惠原则，提供均等待遇的公共福利制度安排。

2）社会保险即通过参保人风险储蓄缴费建立公共基金或个人账户，国家可以给予资助，向符合资格条件的受益人（首先是参保人）提供保险待遇的社会保障制度安排。

3）社会救助即由国家筹集资金，经过经济状况调查，向需要帮助的困难群体提供现金、物质和服务的制度安排。

4）社会补偿即由国家筹集资金，向那些为国家和社会公共利益而牺牲和伤残的人作出经济补偿的特殊群体社会保障制度安排。

5）社会互助即由国家和社会各方共同筹集资金，社会成员相互提供帮助的辅助性社会保障制度安排。

6）社会优抚即由国家筹集资金，向那些为国家和社会公共利益而奉献（牺牲、伤残）的人进行经济补偿的制度安排。

7）住房保障即由住房公积金、廉租房和经济适用房组成，保障人有所居的制度安排。

（3）社会保障运行机制

社会保障制度安排包括资金筹集、基金管理、待遇支付三个主要环节，以及相应的账户管理和服务系统。

学习笔记

1）筹集资金。社会保障筹集资金主要有三个渠道：财政供款，（财政支付）、企业供款（企业缴费）和个人供款（员工薪酬代扣）。如果实行市场化运营和建立积累性计划，其基金运营收入也是社会保障的来源之一。

① 财政供款。目前，财政供款有三种情况，即政府承担大部分费用、政府承担一部分费用和政府承担少部分费用。

② 企业供款。如果通过企业供款为社会保障筹集资金，则需要建立社会统筹基金，如省级统筹基金和市级统筹基金，以负责征缴社会保险费和支付社会福利。另外，还需要依法规定企业供款的费基、费率、征缴方式和税收待遇。其中，费基即计算缴费的基数，如企业工资总额、个人工资总额、社会平均工资等；费率即计算缴费的比率，如失业保险的个人费率为经有关部门核定的上年度本人月平均工资的 1%；征缴方式依据征缴机构和流程的规定；税收待遇包括征税、减税和免税。企业的社会保障缴费通常享有税收优惠政策，可以在税前列支，进入企业经营成本。

③ 个人供款。如果通过个人缴费或者员工薪酬扣除为社会保障筹集资金，则需要建立个人账户，对个人权益和资产状况进行详细、准确的记录。另外，还需要依法规定个人缴费的费基、费率、征缴方式和税收待遇。其中“征缴方式依据征缴机构和流程的规定以及代扣个人薪酬的规定；税收待遇包括征税、减税、免税和延税。员工个人的社会保障缴费通常从薪酬中扣除，此即为延期支付的薪酬。这将导致员工当前收入的减少，以后在法律规定的社会风险事件发生时进行延期支付。员工社会保障缴费一般享有税收优惠政策，可以在税前扣除，不计入应税收入。

2）管理基金。社会保障基金管理的基本原则是“安全、有效”，以增值保值。当前我国社会保障基金的主要投资渠道是银行存款，部分投向国债和社保定向债券。2000 年，国务院设立了全国社会保障基金与全国社会保障基金理事会。2001 年，原劳动和社会保障部、财政部发布并施行了《全国社会保障基金投资管理暂行办法》，这意味着我国社保基金开始正式投资运营。该办法第二十八、二十九条就划入社保基金的货币资产的投资作了规定。2006 年 5 月 1 日，原劳动和社会保障部、财政部、国家外汇管理局发布并施行了《全国社会保障基金境外投资管理暂行规定》，对全国社保基金境外投资运作情况进行监督。

3）支付待遇。支付社会保障待遇的方式很多，就养老金计划而言，包括一次性支付、年金支付等；就医疗计划而言，包括全额报销和分担制等。理论上主要有三类待遇支付的制度安排。

① 国民均等福利。指与个人收入和缴费不关联的公民均等社会福利待遇，如国民年金、医疗补贴、失业津贴、子女津贴等。

② 职业性福利。指与个人收入和缴费关联的不均等的社会福利和企业福利，如社会养老保险计划支付的养老金和企业养老金计划支付的养老金等。

③ 困难救助。指对特殊群体的特殊困难提供的一次性或定期性救助等。

(4) 我国的社会保障体系

我国的社会保障体系由四个层次构成，即国家保障、企业补充保障、个人自我保障和社会互助。四个层次构成了四大支柱，我国目前的社会保障体系如图3.1所示。

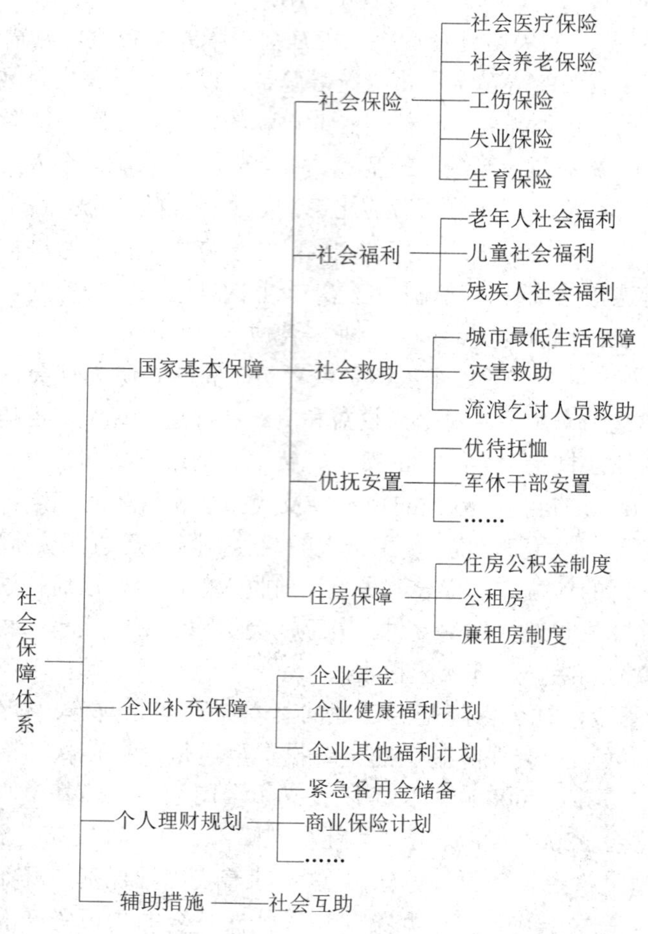

图3.1　社会保障体系

第一支柱：国家基本保障，即由政府强制推行的社会保障和保险计划。

第二支柱：企业（单位）补充保障，即由雇主和员工协商自愿建立的员工福利计划。

第三支柱：个人自我保障，即由个人自愿安排的理财计划。

辅助措施：社会互助。

1）社会保险。我国于2010年10月28日发布了《中华人民共和国社会保险法》，该法于2011年7月1日起实施。在该法中，提出了把城乡各类劳动者和居民分别纳入相应的社会保险制度，努力实现制度无缺失、覆盖无遗漏、衔接无缝隙，使全体人民在养老、医疗等方面有基本保障，无后顾之忧的立法原则，并坚持广覆盖、保基本、多层次、可持续的方针和社会保险水平应当与

学习笔记

经济社会发展水平相适应的原则。目前的社会保险包括养老保险、失业保险、医疗保险、工伤保险和生育保险。

2）社会福利。我国目前的社会福利主要包括老年人社会福利、儿童社会福利和残疾人社会福利三种。老年人社会福利旨在改善老年人生活、健康以及参与社会发展的条件；儿童福利是国家为儿童提供教育、计划免疫等社会福利，特别是为残疾儿童、孤儿和弃婴等处在特殊困境下的儿童提供福利项目、设施和服务，保障其生活、康复和教育；残疾人社会福利是为残疾人康复、教育、劳动就业、文化生活、社会福利等提供法律保障。

3）社会救助。社会救助旨在最大限度地对生活困难的城乡居民实行最低生活保障，对受灾群众进行救济，对城市流浪乞讨人员予以救助等。最低生活保障救助是对持有非农业户口的城市居民，凡共同生活的家庭成员人均收入低于当地城市居民最低生活标准的，均可从当地政府获得基本生活物质帮助；对无生活来源，无劳动能力，无法定赡养人、扶养人或者抚养人的城市居民，可按当地城市居民最低生活保障标准全额救助。为了最大限度降低灾害发生对人民生活和生命财产安全损失，国家建立了针对突发性自然灾害的应急体系和社会救助制度；流浪乞讨人员救助制度按照“自愿受助、无偿援助”的原则，对在城市生活无着的流浪乞讨人员给予关爱性的救助管理，根据受助人员的不同情况和需求，给予食宿、医疗、通信、返乡及接送等方面的救助服务。

4）优抚安置。优抚安置制度是政府对以军人及其家属为主体的优抚安置对象进行物质照顾和精神抚慰的一种制度，目前的优抚安置包括优待抚恤、烈士褒扬、军休干部安置、退休士兵安置以及双拥等。为保障优抚对象的权益，陆续颁布了《革命烈士褒扬条例》、《军人抚恤优待条例》等法规。国家根据优抚对象的不同及其贡献大小，参照经济、社会发展水平，确立不同的优抚层次和标准。对于烈士遗属、牺牲和病故军人遗属、伤残军人等对象实行国家抚恤，对老复员军人等重点优抚对象实行定期定量生活补助；对义务兵家属普遍发放优待金；残疾军人等重点优抚对象享受医疗、住房、交通、教育、就业等方面的社会优待。

5）住房保障。在我国住房制度改革推进过程中，房价已经成为大多数国人挥之不去的阴影，政府积极推进以住房公积金制度、经济适用住房制度、廉租住房制度为主要内容的城镇住房保障制度建设，不断改善城镇居民的住房条件。住房公积金制度是政府为解决职工家庭住房问题的政策性融资渠道。住房公积金由国家机关、事业单位、各种类型企业、社会团体和民办非企业单位及其在职职工各按职工工资的一定比例逐月缴存，归职工个人所有。住房公积金专户存储，专项用于职工购买、建造、大修自住住房，并可以向职工个人住房贷款，具有义务性、互助性和保障性特点；经济适用住房是由政府提供政策优惠，限定建设标准、供应对象和销售价格，具有保障性质的政策性商品住房；廉租住房制度以财政预算安排为主、多渠道筹措廉租

住房资金，实行以住房租赁补贴为主，实物配租、租金核减为辅的多种保障方式。对住房面积和家庭收入在当地政府规定标准之下的家庭，当地政府按申请、登记、轮候程序给予安排，保障其基本要求。

6）社会互助。社会互助是社会成员自发、自愿组织的扶危济困活动。国家鼓励并支持社会成员自愿组织和参与扶弱济困活动，推动社会捐赠制度建设，建立健全经常性的捐助工作机构、工作网点和仓储设施，随时接受各种社会捐赠。

4. 薪酬计算

（1）社会保障缴费基数与薪酬扣除

我国的社会保障资金筹集包括财政供款、企业供款和个人供款三个部分，其中，个人供款部分从个人薪酬中直接扣除，构成个人薪酬的组成部分，其扣除公式为

社会保障缴费＝缴费基数×缴费比例

对于不同的社会保障内容，其缴费基数和缴费比例有所不同，从个人账户中直接扣除的社会保障缴费包括基本养老保险、基本医疗保险、失业保险和住房公积金。工伤和生育保险全部由单位缴纳，个人不负担。

（2）基本养老保险缴费基数与薪酬扣除

我国在2011年7月实施的《中华人民共和国社会保险法》（以下简称《社会保险法》）中首次实现了基本养老保险的全覆盖，资金来源包括企业供款、个人缴费以及政府补贴。

《社会保险法》第十二条规定，用人单位应当按照国家规定的本单位职工工资总额的比例缴纳基本养老保险费，记入基本养老保险统筹基金；职工应当按照国家规定的本人工资的比例缴纳基本养老保险费，记入个人账户。无雇工的个体工商户、未在用人单位参加基本养老保险的非全日制从业人员以及其他灵活就业人员参加基本养老保险的，应当按照国家规定缴纳基本养老保险费，分别记入基本养老保险统筹基金和个人账户。

基本养老保险企业供款基数是经有关部门核定的上年度单位职工工资总额，费率为20%左右，记入社会统筹账户。企业供款享有免税待遇，可以在缴纳企业所得税之前列支，且按月向社会保险经办机构或地税部门缴纳。员工个人缴费基数是经过核定的上年度本人月平均工资，且在当地上年度职工月平均工资的60%～300%，费率为8%，在缴纳个人所得税之前列支；所缴费用全部记入个人账户并归属个人所有。城镇个体工商户业主和灵活就业人员，以当地上年度在岗职工平均工资为缴费基数。对于无法确定月工资收入的，以本市职工月平均工资为缴费基数。城镇个体工商户和灵活就业人员参加基本养老保险的，由本人直接向征缴部门缴纳，个人缴费比例为当地社会平均工资的20%，其中12%进统筹基金，8%进个人账户。

学习笔记

（3）基本医疗保险缴费基数与薪酬扣除

按《社会保险法》规定，我国的基本医疗保险与基本养老保险基数与缴费方式相同，但缴费比例不同，单位缴费比例为 6%，个人缴费比例为 2%。单位缴费一部分用于建立统筹基金，一部分划入个人账户，划入个人账户的比例为 30%。

（4）失业保险缴费基数与薪酬扣除

失业保险与基本养老保险和基本医疗保险相同，分别由单位和个人按相同缴费基数供款，单位缴费比例为 2%，个人为 1%，与上述两类保险不同的是，失业保险不设个人账户，所有缴费全部计入个人统筹。

（5）住房公积金缴费基数与薪酬扣除

目前，住房公积金是我国住房保障制度的主要手段，在资金筹集方面，由单位和职工共同缴纳，不设统筹基金，全部计入个人账户。缴费基数为职工个人缴费工资总额，即职工上一年度月平均缴费工资，缴费比例单位与个人相同，为 5%～12%。

《住房公积金管理条例》规定，从职工参加工作第二个月开始，用人单位和职工个人开始缴存住房公积金，月缴存额为职工本人缴费工资额乘以职工住房公积金缴存比例。职工个人缴存的住房公积金，由所在单位每月从其工资中代扣代缴；单位应当于每月发放职工工资之日起 5 日内将单位缴存的和为职工代缴的住房公积金汇缴到住房公积金专户内，由受委托银行计入职工住房公积金账户。

上述社保缴费基数及薪酬扣除如表 3.1 所示。

表 3.1　我国社保缴费政策一览表

<table>
<tr><th>社保要素</th><th>单位缴费基数</th><th>单位缴费比例</th><th>企业职工个人缴费基数</th><th>职工个人缴费比例</th><th>账户</th><th>备注</th></tr>
<tr><td>养老保险</td><td rowspan="3">经有关部门核定的上年度单位职工工资总额</td><td>20%左右</td><td rowspan="4">有关部门核定的本人上年度工资，且在当地上年度职工平均工资的60%～300%</td><td>8%</td><td>个人缴费进入个人账户</td><td rowspan="5">个体工商户、灵活就业人员缴费为当地上年度在岗职工工资，养老保险的缴费比例为 20%，8%计入个人账户</td></tr>
<tr><td>医疗保险</td><td>6%左右</td><td>2%</td><td>个人缴费以及单位的30%左右划入个人账户</td></tr>
<tr><td>失业保险</td><td>2%</td><td>1%</td><td>无个人账户</td></tr>
<tr><td>住房公积金</td><td>职工个人缴费工资总额</td><td>5%～12%</td><td>5%～12%</td><td>双方缴费账户全部划入个人账户</td></tr>
<tr><td>工伤和生育保险</td><td>地方政府根据当地实际情况测算</td><td>不超过 2%</td><td></td><td>职工个人不缴费</td><td>无个人账户</td></tr>
</table>

5. 实发薪酬计算

个人实发薪酬等于应发薪酬扣除社保个人缴费额和所得税。我国目前关于个人所得税中于薪金部分采用九级超额累进税率，其计算公式为

应缴个人所得税＝应纳税所得额×适用税率－速算扣除数

具体计算步骤如下所述。

步骤 1：计算应发薪酬。

步骤 2：计算应纳税所得额。以应发工资为基础，扣除上述社会保障个人供款部分和所得税起征点（目前我国个人所得税起征点为 3 500 元/月）后计算。

步骤 3：计算应缴个人所得税。以应纳税所得额为基数，确定适用税率和速算扣除数，税率表如表 3.2 所示。

步骤 4：计算实发薪酬。应发薪酬扣除社会保障个人缴费额与应缴个人所得税后为实发薪酬。

表 3.2　个人所得税税率表

级数	全月应纳税所得额（含税所得额）	税率/%	速算扣除数/元
1	不超过 1 500 元的	3	0
2	超过 1 500 元至 4 500 元的部分	10	105
3	超过 4 500 元至 9 000 元的部分	20	555
4	超过 9 000 元至 35 000 元的部分	25	1 005
5	超过 35 000 元至 55 000 元的部分	30	2 755
6	超过 55 000 元至 80 000 元的部分	35	5 505
7	超过 80 000 元的部分	45	13 505

【示例 3-1】　张先生 9 月份薪酬工资共 8 000 元，社会保障个人缴费基数 7 500 元，住房公积金缴费比例 10%，其他社会保障项目按规定比例缴纳。计算张先生 9 月份实发工资、当期收入和延期收入以及总收入。

解析：1）实发工资计算如下：

步骤 1：计算张先生应发工资总额：8 000 元。

步骤 2：计算张先生应纳税所得：

张先生各项社保个人缴费额合计 7 500×（10%＋8%＋2%＋1%）＝1 575（元）；

张先生应纳税所得 8 000－1 575－3 500＝2 925（元）。

步骤 3：计算张先生应缴个人所得税：2 925×10%－105＝187.5（元）。

步骤 4：计算实发工资：张先生实发工资＝8 000－1 575－187.5＝6 237.5（元）。

2）计算当期收入：张先生的当期收入即为实发工资 6 237.5 元。

3）计算张先生延期收入：张先生延期收入为社保个人账户金额，其中，养老金账户 7 500×8%＝600（元）；医疗保险账户 7 000×2%＋7 000×6%×30%

学习笔记

=150+135=285（元）；住房公积金账户 7 500×10%+7 500×10%=1 500（元）；张先生延期收入总额为 600+285+1 500=2 385（元）。

4）张先生 9 月份总收入为 6 237.5+2 385=8 658.5（元）。

3.1.2　养老金待遇支付

1. 我国基本养老金资金管理

社会养老保险的基本养老金由统筹账户和个人账户养老金组成。统筹账户用于支付基本养老金和过渡性养老金，其管理遵循以支定收，现收现付，目前由省级统筹。个人账户用于支付基本养老金中的个人账户养老金部分，管理遵循完全积累，保值增值，随本人转移。

2. 基本养老金支付

（1）领取条件

基础养老金来自社会统筹基金，具体支付条件为达到法定退休年龄和累计缴费 15 年以上（含 15 年），个人缴费年限累计不满 15 年的，退休后不支付基础养老金，其个人账户积累额一次性支付给本人。

（2）领取人身份认定

目前我国的养老金计发是依据 2005 年国务院颁发的《国务院关于完善企业职工基本养老保险制度的决定》，依据该规定实行前后参加工作的时间不同，将养老金领取人分为三类：老人、中人和新人。老人是指实行养老保险改革之前已经离休或退休的人员；中人是指新的养老保险计划实施前参加工作、实施后退休的人员；新人是指在新养老保险制度下参加工作的人员。具体的判定时间为 2001 年 1 月 1 日。

（3）退休年龄界定

退休年龄是指达到法定时点，可以停止工作和领取养老金的年龄（根据居民身份证确定）。一般男满 60 周岁，女干部年满 55 周岁，女工人年满 50 周岁。从事井下、高温等特殊环境或特殊工种的，退休年龄男满 55 周岁，女满 45 周岁。因病或非因公致残，由医院证明并经劳动鉴定委员会确认完全丧失劳动能力的，退休年龄为男满 50 周岁，女满 45 周岁。退休年龄是领取养老金的起始年，该年度不计入缴费（如参保人员 55 岁退休，缴费至 54 岁末）。

（4）支付计算

1）老人的基本养老金。按国家原来的规定发给基本养老金，同时执行基本养老金调整办法。

2）中人的基本养老金。在发给基础养老金和个人账户养老金的基础上，再发给过渡性养老金。各省、自治区、直辖市人民政府按照待遇水平合理衔接、新老政策平稳过渡的原则，制订具体的过渡办法，并报劳动保障部、财

学习笔记

政部备案。现实中具体的政策有系数法和年功法（具体政策可参阅本地相关细则）。

3）新人的基本养老金。基本养老金由基础养老金和个人账户养老金组成。退休时的基础养老金月标准以当地上年度在岗职工月平均工资和本人指数化月平均缴费工资的平均值为基数，缴费每满 1 年发给 1%。个人账户养老金月标准为个人账户储存额除以计发月数，计发月数根据职工退休时城镇人口平均预期寿命、本人退休年龄、利息等因素确定，具体如表 3.3 所示。

具体计算公式为

$$基础养老金=\frac{当地上年度职工月平均工资+个人指数化月平均工资}{2}\times缴费年限（含视同缴费年限）\times 1\%+\frac{个人账户储存额}{计发月数}$$

表 3.3　个人养老金计发月数表

退休年龄/岁	计发月数/月	退休年龄/岁	计发月数/月	退休年龄/岁	计发月数/月
40	233	50	195	60	139
41	230	51	190	61	132
42	226	52	185	62	125
43	223	53	180	63	117
44	220	54	175	64	109
45	216	55	170	65	101
46	212	56	164	66	93
47	208	57	158	67	84
48	204	58	152	68	75
49	199	59	145	69	65

（5）特殊人群基本养老金

1）公务人员的基本养老金。公务人员包括国家机关公务员和财政拨款事业单位工作人员。目前，这类公务人员尚没有参加社会养老保险计划（仅在个别地方进行试点），而是在继续领取退休金。

2）居民养老保险。规定国家建立和完善城镇居民社会养老保险制度，同时授权省、自治区、直辖市人民政府根据实际情况，可以将城镇居民社会养老保险和新型农村社会养老保险合并实施，为逐步建立统筹城乡的养老保障体系奠定了法律基础。2014 年 7 月 30 日，国务院颁布《进一步推进户籍制度改革的意见》，我国城乡二元户籍制度将成为历史，为上述两种社会养老保险合并实施解除了户籍管理障碍。

【示例 3-2】　张先生 1975 年 7 月参加工作，单位于 1991 年 7 月参加了养老保险，2011 年 7 月张先生年满 60 岁在该市办理了退休手续。退休时张先生个人账户储存额为 117 600 元，当地对“中人”的过渡性养老金政策为参加社会养老保险以前的“全部年功补偿法”，1 年补偿 15 元。2011 年当地

学习笔记

职工年平均工资为 45 000 元，其本人月平均缴费工资指数为 2。计算张先生退休后第 1 个月的基本养老金。

解析：张先生在养老金政策改革前参加工作，改革后退休，属于“中人”。其基本养老金由三部分组成，一是统筹账户发放部分，二是个人账户发放部分，三是年功补偿部分。具体计算如下：

$$\begin{aligned}\text{张先生退休后首月领取养老金} &= \frac{\frac{45\,000}{12}+\frac{45\,000}{12}\times 2}{2}\times 37\%+\frac{117\,600}{139}+15\times(1991-1975)\\ &= 2081.25+846.04+240\\ &= 3167.29\text{（元）}\end{aligned}$$

3. 企业年金计划

企业年金是指企业及其职工在依法参加基本养老保险的基础上，自愿建立的补充养老保险制度。2004 年，人力资源和社会保障部以部门规章形式颁布了《企业年金试行办法》，并同中国银行业监督管理委员会、保险监督委员会和证券监督管理委员会共同颁布了《企业年金基金管理试行办法》，对企业年金建立、运营和实施进行监督。

（1）合格计划

我国企业年金享受税收优惠并按照“资产独立、三方制约、信息披露和全程监管”的模式建立，具有西方国家合格养老金计划的基本特征。

1）资金筹集。企业年金基金由下列各项组成：企业供款、员工个人缴费和企业年金基金投资运营收益。企业年金基金实行完全积累，采用个人账户方式进行管理。企业年金基金可以按照国家规定投资运营，其投资运营收益并入企业年金基金。

2）缴费方法。企业年金缴费包括员工个人供款和企业供款。员工个人供款方式通常为个人认可的个人工资的一定比例。企业供款方式通常为个人供款的一定配比，如 50%、100%、200%。企业为员工支付的企业年金配款可以在合法的条件下附带一定条件，如企业效益、工作年限、工作岗位和工作绩效等。

3）企业供款的归属方法和原则。企业供款归属即企业供款的产权向指定员工（受益人）的转移。通常，企业供款和该供款向指定员工进行财产权利转移的时间可以分离，以产生如下作用：确保企业供款对员工产生激励效应；使企业在供款承诺和执行二者之间有灵活处理的空间；对未能履行企业年金方案规定条件的员工保留取消受益权的资格。

4）企业年金基金的管理运营。企业年金基金是指企业年金计划筹集的资金及其投资运营收益形成的养老基金。企业年金基金必须与受托人、账户管理人、投资管理人和托管人的自有资产或其他资产分开管理，不得挪作其他用途，其管理和投资运营应当执行国家有关规定。

学习笔记

5）企业年金待遇支付。员工在达到国家规定的退休年龄时方可以从本人企业年金个人账户中领取企业年金。出境定居人员的企业年金个人账户资金，可根据本人要求一次性支付给本人。

（2）非合格计划

自 1995 年，原劳动部发布《关于印发（关于建立企业补充养老保险制度的意见）的通知》后，企业开始举办各类养老金计划，统筹补充养老保险。与企业年金相比，这些计划不需要遵守两个《办法》的严格规定，其缴费也不享有税收优惠政策，因而被统称为“非合格计划”，不过其财务运作和基金管理一定要符合相关法律法规。

非合格计划的主要类型包括团体养老金保险计划、企业养老储蓄计划、单位互助计划，以及退休人员补贴等。其中，团体养老金保险计划是主要的管理模式。企业养老储蓄计划是在工会互助计划基础上衍生出来的企业养老金计划，但是其覆盖范围已经超出企业范围，一些事业单位也举办了养老储蓄计划，如学校。单位互助计划也是在工会互助计划基础上衍生出来的企业养老金计划，其覆盖范围也已经超出企业范围，一些事业单位也举办了单位互助计划。

3.1.3 医疗保险待遇支付

1. 国家基本医疗保险计划

按照我国《社会保险法》制定过程中遵循的覆盖无遗漏和使全体人民在养老、医疗等方面有基本保障的原则，我国基本医疗保险制度覆盖面已经基本涵盖了全体人民，但只保障基本需求。具体内容包括以下几个方面。

1）保险品种和参保范围方面。

① 基本医疗保险。职工参加职工基本医疗保险，由用人单位和职工按照国家规定共同缴纳基本医疗保险费。无雇工的个体工商户、未在用人单位参加职工基本医疗保险的非全日制从业人员以及其他灵活就业人员可以参加职工基本医疗保险，由个人按照国家规定缴纳基本医疗保险费。

② 新型农村合作医疗制度。国家建立和完善新型农村合作医疗的管理办法，由国务院规定。

③ 城镇居民基本医疗保险制度。国家建立和完善城镇居民基本医疗保险制度，实行个人缴费和政府补贴相结合。

④ 享受最低生活保障的人、丧失劳动能力的残疾人、低收入家庭中六十周岁以上的老年人和未成年人等所需个人缴费部分，由政府给予补贴。

2）实行属地化管理，基本医疗保险原则上以地级以上行政区为统筹单位，也可以县（市）为统筹单位。

3）建立基本医疗保险统筹基金和个人账户，分别由医院和门诊承担医疗费用的支出。

4）采取有效措施控制医疗费用的过快增长，如在待遇支付方面划定统筹基金和个人账户的支付范围，分别核算，不得互相挤占；制定药品目录、诊疗项目、医疗服务设施标准，确定基本医疗保险的服务范围和标准；实行定点医疗机构（包括中医院）和定点药店管理。

2. 国家基本医疗待遇支付

（1）政策规定

根据 1998 年国务院发布的《国务院关于建立城镇职工基本医疗保险制度的决定》（以下简称《决定》），统筹基金和个人账户要划定各自的支付范围，分别核算，不得互相挤占。《决定》确定了统筹基金的起付标准、封顶线、支付目录和分担比例。

1）起付标准。社会统筹基金开始分担的医疗费用的金额起点，原则上控制在当地员工年平均工资的 10%左右；超过这个水平的医疗费用由社会统筹基金支付；起付标准以下的医疗费用从个人账户中支付或由个人自付。

2）封顶线。社会统筹最高支付限额，原则上控制在当地员工年平均工资的 4 倍左右，即超过这个水平的医疗费用社会统筹基金不再支付。根据新医改方案，最高支付限额将增加到 6 倍左右。

3）在规定的三目录（药品、设备和诊疗范围）以外发生的医疗费用，社会统筹基金不予支付。

由此可见，基本医疗保险不承担全部医疗费用，个人和用工单位要分担支付范围外的其余医疗费用。

（2）地方方案

《决定》对医疗保险“统账结合”模式作出了原则性要求，具体实施方案由各地方制定，由此形成“通道式”和“板块式”两种模式。

“通道式”即将个人账户和社会统筹打通，个人先支付一定比例，再进入社会统筹报销。“板块式”医疗保险方案将门诊费用归个人账户支付，住院费用由社会统筹报销。目前，全国各地医疗保险改革实施方案以板块模式为主。

基于板块模式，社会医疗保险住院费用分担公式如下：

医疗费用社会统筹报销额＝（两定点、三目录之内，起付线以上的金额）×（80%～90%）后不超过封顶线的住院费用

通常，社区医院治疗费用报销 90%，三级甲等医院治疗费用报销 80%。社会统筹基金仅报销住院费用，地方方案按照“一事一议”的原则规定部分门诊慢性病进入社会统筹支付范围。

可见，在三目录之外的、超过地方支付最高限额的、应当由个人分担的、大部分门诊发生的医疗费用为自付额。

（3）特殊群体的医疗待遇

1）离休人员、老红军的医疗待遇继续适用原制度的规定，医疗费用按

学习笔记

原资金渠道解决，支付确有困难的，由同级人民政府帮助解决。离休人员、老红军的医疗管理办法由省、自治区、直辖市人民政府制定。

2）二等乙级以上革命伤残军人的医疗待遇不变，医疗费用按原资金渠道解决，由社会保险经办机构单独列账管理。医疗费支付不足部分，由当地人民政府帮助解决。

3）国家公务员在参加基本医疗保险的基础上，享受医疗补助政策。具体办法另行制定。

4）农村新型合作医疗制度，即大病统筹，小病适当兼顾，一般的界定是，住院就是大病，门诊就是小病。至于慢性病和血液透析等医疗消费，一般可以累计计算，定期报销一定比例。目前，各地方已经逐步将农村新型合作医疗保险纳入城镇居民医疗保险体系。

3. 补充医疗保险计划

（1）公务员医疗补助

公务员医疗补助计划于 2000 年开始实行，覆盖范围包括国家公务员及原享受公费医疗的事业单位人员。医疗补助经费主要用于：基本医疗保险统筹基金最高支付限额以上，符合基本医疗保险用药、诊疗范围和医疗服务设施标准的医疗费用补助；在基本医疗保险支付范围内，个人自付超过一定数额的医疗费用补助；中央和省级人民政府规定享受医疗照顾的人员，在就诊、住院时按规定补助的医疗费用；补助经费的具体使用办法和补助标准，由各地按照收支平衡的原则作出规定。

（2）企业补充医疗保险

企业补充医疗保险即由企业举办的、以补充国家基本医疗保险为目的的健康福利计划。

1）资金来源。企业补充医疗保险的资金来源于企业、个人和地方政府，三方筹集资金的基本原则为企业税前缴费为主、个人缴费为辅、地方财政补贴托底。根据国务院《关于建立城镇职工基本医疗保险制度的决定》：“企业补充医疗保险费在工资总额 4%以内的部分，从职工福利费中列支，福利费不足列支的部分，经同级财政部门核准后列入成本。”

2）企业补充医疗保险的种类。具体分为以下几种：

① 政府扶持的计划。大额医疗保险是比较典型的政府扶持计划，即通过企业和员工缴费建立医疗互助基金，用于支付门诊、急诊和封顶线以上大额医疗费用。由于需求快于市场的发展，很多地方政府介入了大额医疗保险计划的发动和管理。

② 委托商业保险公司经办。当前，我国市场上已有上百种健康保险，如一系列低成本高保障的附加保障产品，涵盖了医疗保险、疾病保险和收入保障保险等多个领域，初步形成了商业医疗保险的产品体系。但是，中国商业医疗保险市场与发展企业补充医疗保险计划的需要比较，呈现相对落后的

学习笔记

局面，尚未建立医、患、保关系的协调机制，特别是商业保险公司与医疗服务机构之间的有效合作与风险控制机制。

③ 银行保险产品。伴随银行保险产品增多和市场加大的发展趋势，经营多产品并构成一揽子长期保障计划将成为银行竞争力的主产品。基于银行相对成熟的服务系统，企业补充医疗保险计划非常需要银行保障产品和服务。

④ 工会经营的职工互助医疗保险。职工互助医疗保险是全国总工会主办的，以职工互助形式运营的医疗分担计划。

【示例 3-3】 张先生生病，在某三级甲等医院治疗，住院费用共 16 万元，其中目录外用药 4 万元，上年度该市在岗职工平均工资为 2 000 元/月，按规定三级甲等医院报销比例为 80%，医疗保险报销起付线为 4 000 元，封顶线为该市职工上年度年平均工资的 4 倍，张先生单位为职工缴纳了补充医疗保险，按规定可以报销目录外费用的 30%，目录内的社保没有报销的部分（不包括起付线）可以再报销 60%。计算张先生可以报销的比例及个人负担率。

解析：1）计算张先生基本医疗保险报销金额：

不考虑封顶线，张先生 16 万元中，4 万元不能报销，只有 12 万元在报销范围内，其中 12 万元可以报销金额为(120 000－4 000)×80%＝92 800（元）;

该市基本医疗住院报销封顶线为 2 000×12×4＝96 000（元）;

张先生报销金额未超过封顶线，92 800 元可以全额报销。

2）计算补充医疗保险报销金额：

补充医疗报销目录外的费用为 40 000×30%＝12 000（元）;

社保未报销部分的费用为(120 000－4 000－92 800)×60%＝13 920（元）。

3）张先生可以报销的比例为(92 800＋12 000＋13 920)/160 000＝74.2%；

张先生个人负担率＝1－74.2%＝25.8%。

任务 3.2 税务筹划

3.2.1 个人所得税的计算与缴纳

1. 我国个人所得税纳税人

我国所得税纳税人的确定由属人原则和属地原则综合确定。根据《个人所得税法》第一条，中国个人所得税的纳税人为："在中国境内有住所，或者无住所而在境内居住满 1 年的个人，其从中国境内和境外取得的所得，依照本法规定缴纳个人所得税；以及在中国境内无所又不居住或者无住所而在境内居住不满 1 年的个人，其从中国境内取得的所得，依照本法规定缴纳个

学习笔记

人所得税。”

2. 我国个人所得税税基的确定

（1）应税所得确定

我国的个人所得税制度把以下 11 个类别的所得（无论是现金、实物，还是证券所得）定为应税所得。

1）工资、薪金所得。是指个人因任职或者受雇而取得的工资、薪金、奖金、年中加薪、劳动分红、津贴、补贴以及与任职或者受雇有关的其他所得。

2）个体工商户的生产、经营所得。个体工商户从事工业、手工业、建筑业、交通运输业、商业、饮食业、服务业、修理业以及其他行业生产、经营取得的所得；个人经政府有关部门批准，取得执照，从事办学、医疗、咨询以及其他有偿服务活动取得的所得；其他个人从事个体工商业生产、经营取得的所得；上述个体工商户和个人取得的与生产、经营有关的各项应纳税所得。

3）对企事业单位的承包经营、承租经营所得。是指个人承包经营、承租经营以及转包、转租取得的所得，包括个人按月或者按次取得的工资、薪金性质的所得。

4）劳务报酬所得。是指个人从事设计、装潢、安装、制图、化验、测试、医疗、法律、会计、咨询、讲学、新闻、广播、翻译、审稿、书画、雕刻、影视、录音、录像、演出、表演、广告、展览、技术服务、介绍服务、经纪服务、代办服务以及其他劳务的所得。

5）稿酬所得。是指个人因其作品以图书、报刊形式出版、发表的所得。

6）特许权使用费所得。是指个人提供专利权、商标权、著作权、非专利技术权以及其他特许权的使用权取得的所得；提供著作权的使用权的所得，不包括稿酬所得。

7）利息、股息、红利所得。是指个人拥有债权、股权而取得的利息、股息、红利所得。

8）财产租赁所得。是指个人出租建筑物、土地使用权、机器设备、车船以及其他财产的所得。

9）财产转让所得。是指个人转让有价证券、股权、建筑物、土地使用权、机器设备、车船以及其他财产的所得。

10）偶然所得。是指个人得奖、中奖、中彩以及其他偶然性质的所得。

11）经国务院财政部门确定征税的其他所得。个人取得的所得，难以界定应纳税所得项目的，由主观税务机关确定。

（2）扣除与宽免

1）免税所得。中国的个人所得税制把以下类别的所得定为免税所得：

① 省级人民政府、国务院部委和中国人民解放军军队以上单位，以及外国组织、国际组织颁发的科学、教育、技术、文化、卫生、体育、环境保护等方面的奖金。

学习笔记

② 国债和国家发行的金融债券利息。

③ 按照国家统一规定发给补贴、津贴。

④ 福利费、抚恤费、救济金。

⑤ 保险赔款。

⑥ 军人的转业费、复员费。

⑦ 按照国家统一规定发给干部、职工的安家费、退职费、退休工资、离休工资、离休生活补助费。

⑧ 依照中国有关法律规定应予免税的各国驻华使馆、领事馆的外交代表、领事官员和其他人员的所得。

⑨ 中国政府参加的国际公约、签订的协议中规定免税的所得。

⑩ 经国务院财政部门批准免税的所得。

2）享有税收优惠待遇的所得。

① 残疾、孤老人员和烈属的所得。

② 因严重自然灾害造成重大损失的。

③ 其他经国务院财政部门批准减税的。

3）宽免和扣除。

① 特殊宽免和扣除。捐赠可以在纳税人所申报纳税所得额的30%内减除。

② 针对不同所得类别应税所得的应税数额有不同的规定，具体如下所述。

a. 工资、薪金所得的标准扣除从 2011 年 9 月 1 日起调整为每月 3 500 元。在此基础上，按照国家规定，单位为个人缴付和个人缴付的基本养老保险费、基本医疗保险费、失业保险费和住房公积金，从纳税义务人的应纳税所得额中扣除。

b. 个体工商户的生产、经营所得的所有直接和间接经营成本，包括任何损失，均可减除。

c. 对企业事业单位的承包经营、承租经营所得，每月减除 2 000 元。

d. 劳务报酬所得按次计算，每次应税事件，对所得不超过 4 000 元的，减除 800 元，对超过 4 000 元的减除 20%。

e. 稿酬所得，同第 d 项。

f. 特许权使用费所得，同第 d 项。

g. 利息、股息、红利所得，没有减除。

h. 财产租赁所得，同第 d 项，并另外允许减除与租赁财产有关的纳税、缴费和修理费。

i. 财产转让所得，可减除财产原值及与出售财产相关的税费。

j. 偶然所得，没有减除。

（3）我国个人所得税税率

我国个人所得税根据所得类别不同，分别采用超额累进税率和比例税率两种形式。

1）超额累进税率。对工资薪金所得采用七级超额累进税率（税率如表 3.2

学习笔记

所示），对个体工商户的生产、经营所得和对企事业单位的承包经营、承租经营所得，采用五级超额累进税率（税率如表3.4所示）。

表3.4 个体工商户的生产、经营所得和对企事业单位的承包经营、承租经营所得税率表

级数	全年应纳税所得额	税率/%	速算扣除数/元
1	不超过15 000元的部分	5	0
2	超过15 000元至30 000元的部分	10	750
3	超过30 000元至60 000元的部分	20	3 750
4	超过60 000元至100 000元的部分	30	9 750
5	超过100 000元的部分	35	14 750

2）比例税率。特许权使用费所得，利息、股息、红利所得，财产租赁所得，财产转让所得，偶然所得和其他所得，税率为20%；稿酬所得，适用比率税率，税率为20%，并按应纳税额减征30%；劳务报酬所得，适用比例税率，税率为20%，一次应纳税所得额超过2万元的部分，加征五成，超过5万元的部分，加征十成，因此，劳务报酬所得实际也采用了超额累进税率（税率如表3.5所示）。

表3.5 劳务报酬所得税税率表

级数	每次应纳税所得额	税率/%	速算扣除数/元
1	不超过20 000元（含）部分	20	0
2	超过20 000元至50 000元（含）部分	30	2 000
3	超过50 000元部分	40	70 000

（4）我国个人所得税税制

从我国个人所得税采用的税率可以看出，我国个人所得税实行分类所得税制，对不同类别的应税所得分别征税，并对不同类别的所得实行不同的税率表。

综合我国个人所得税纳税税收政策，如表3.6所示。

表3.6 我国所得税纳税政策总括表

应纳税所得项目	扣除项目	税率	申报方法	税收优惠
工资、薪金所得	3 500 三险一金 2 800*	七级累进	按月计征	省级以上以及国外、国际组织颁发的奖金；按照国家统一规定发的补贴；福利、抚恤救济金；保险赔款；转业费、复员费；离退休干部工资等
个体工商户的生产、经营所得	成本、费用以及损失后的余额	五级累进	按月预缴，按年计征	
对企事业单位承包、承租经营所得	必要费用	五级累进	按次预缴，按年计征	

续表

应纳税所得项目	扣除项目	税率	申报方法	税收优惠
劳务报酬所得	每次收入≤4 000元，800元 4 000元以上，20%	三级超额累进	按次征收	
稿酬所得		20%	按次征收	应纳税额减征30%
特许权使用费所得		20%	按次征收	
财产转让所得	原值及相关税费	20%	按次征收	
偶然所得	—	20%	按次征收	
利息、红利、股利所得	—	20%	按次征收	国债利息免税

【示例3-4】 张先生9月份取得以下收入：工资所得8 000元（扣除社会保障部分后）；著作出版获得稿酬20 000元；出租自有住房获得租金收入3 000元；出售原价30万元房产，售价70万元，相关税费20 000元；彩票中奖收入5 000元，支出20元。计算张先生9月份应纳个人所得税。

解析：工资所得收入应纳税额：（8 000－3 500）×10%－105＝345（元）。

稿酬所得收入应纳税额：20 000×（1－20%）×20%×（1－30%）＝2 240（元）。

租金收入应纳税额：（3 000－800）×20%＝440（元）。

财产转让收入应纳税额：（700 000－300 000－20 000）×20%＝76 000（元）。

偶然所得应纳税额：5 000×20%＝1 000（元）。

张先生9月份应纳个人所得税：345＋2 240＋440＋76 000＋1 000＝80 025（元）。

3.2.2 税务筹划

1. 税务筹划概念

税务筹划是指在税法规定的范围内，当存在着多种纳税方案选择时，纳税人以税收负担最低方式来处理财务、经营、组织和交易事项。主要有以下几方面特点：一是不违反政策法规，从法律角度而言，是在对政府制定的税法进行认真比较后的纳税优化选择。二是符合政府的政策导向。政府税率征税往往根据经营者和消费者的“节约税款，谋取最大利润”的心态，有意识地通过税收优惠政策，引导投资者或消费者采取符合政策导向的行为，以实现政府在某些经济或社会领域的调控目的。三是表现形式多样化，一个国家的税收政策在地区之间、行业之间的差别越大，可供纳税者选择的余地就越大，税务筹划的形式也更多。

2. 税务筹划与税收规避、税法滥用

税务筹划是避税的一种合法方式，包括税务筹划在内，税收规避、税法滥用三者共同构成了避税的三种类别。但税收规避、税法滥用与税务筹划有

学习笔记

着本质区别，在税务筹划过程中，应注意区分。

税收规避行为往往是利用税法结构或法规上存在的漏洞、缺陷，或各国实施税收管辖权原则、税法规定的不一致或利用避税地做出有利于税负最优化的安排。这种行为虽然是不违法的，但也是法律所不提倡的，对此各国所采用的手段就是通过反避免进行防范。

税法滥用是利用税法与税收条约的某些优惠或漏洞，人为地设置了其纳税地位的低位位置，并使自己的应纳税事实符合这一位置而实现减轻税负的目的。这种减轻税负的行为，已经脱离了合法避税的范畴。

3. 税务筹划原则

（1）法律原则

1）合法性原则。在税务筹划中，首先必须严格遵循规划的合法性原则。偷逃税收可以减轻纳税人的税收负担，但是却违背了税务筹划的合法性原则。纳税人严格地按照税法规定充分地尽其义务、享有其权利，才符合法律规定，即才具有合法性。税务筹划只有在遵守合法性原则的前提下，才可以考虑纳税人少缴税款的种种方式。

2）规范性原则。税务筹划不单单是税务方面的问题，还涉及财务、会计等各领域，以及制造业、商业等各行各业的问题。税务筹划要遵循各领域、各行业、各地区约定俗成或明文规定的各种制度和标准，以规范的行为方式和方法，来制定相应的节减税收的筹划方案。

（2）财务原则

1）财务利益最大化原则。税务筹划的最主要目的，归根结底是要使纳税人的可支配财务利益最大化，即税后财务利益最大化。纳税人财务利益最大化除了要考虑节减税收外，还要考虑纳税人的综合经济利益最大化。

2）稳健性原则。各种节减税收的预期方案都有一定的风险，如税制变化风险、市场风险、利率风险、债务风险、汇率风险、通货膨胀风险等。一般而言，纳税人的节税利益越大，风险也越大。税收筹划要尽量使风险最小化，即要在节税收益与节税风险之间进行必要的权衡，以保证能够真正取得财务利益。

3）综合性原则。纳税人进行税务筹划不能只以税负轻重作为选择纳税方案的唯一标准，应该着眼于实现纳税人的综合利益目标。另外在进行一种税的税务筹划时，还要考虑与之有关的其他税种的税负效应，进行整体规划，综合衡量，力求整体税负和长期税负最轻，防止顾此失彼、前轻后重。

（3）经济原则

1）便利性原则。纳税人可选择的节减税收的方式和方法很多，税务筹划在选择各种节税方案时，选择的方案越容易操作越简单越好，这就是税务筹划的便利性原则。

2）节约性原则。税务筹划可以使纳税人获得利益，但无论是由自己内部规划，还是由外部规划，都要耗费一定的人力、物力和财力。税务筹划要

尽量使筹划成本费用降低到最小，使筹划效益达到最大。

4. 税务筹划步骤

步骤1：熟练把握有关法律规定。

理解法律精神，掌握政策尺度，是一项重要的税务筹划前期工作。在着手进行规划之前，要学习和掌握国家税法精神，争取税务机关的帮助与合作，尤其是对实施跨国税务筹划业务的规划人而言，熟悉有关国家的法律环境更显得重要。

步骤2：了解纳税人的基本状况和要求。

纳税人基本情况包括家庭状况、财务情况、投资意向、对风险的态度、纳税历史情况。纳税人对税务筹划的共同要求肯定是尽可能多地节税，节税的目的最终是为了增加纳税人的财务利益。但由于存在长期利益与短期利益及风险偏好程度的不同等各种因素，不同纳税人的要求可能有所不同，因此在税务筹划之前，必须充分了解纳税人的具体要求，以便使规划方案符合纳税人的意愿。

步骤3：签订委托合同。

在接受委托之前必须与委托人进行洽谈，就业务内容、规划的目标及酬金等达成共识，并分析委托事件及自身能力是否具备接受委托的实力，最终决定是否接受委托。

经过洽谈，正式受理客户的委托时，一般应签订书面的委托合同，明确双方的权利和义务。受托规划合同没有固定的格式。

步骤4：制定规划方案并实施。

1）制定税务筹划方案。制定规划方案的步骤应包括以下内容：

① 分析纳税人业务背景，选择节税方法。对纳税人的个案进行具体分析，分析纳税人所处的行业及所从事的业务按法律规定应该缴纳哪种税，是否享受税收优惠待遇等。根据纳税人所从事的业务及收支渠道情况确定可以节税的各种方法。

② 进行法律可行性分析。在制定规划方案的同时，汇集纳税涉及的可依据的法律、法规政策，以避免陷入法律纠纷。在具体问题把握不准的情况下，可以就具体问题咨询征收机关的意见。

③ 应纳税额的计算。在不同的规划方案制定出来以后，分别计算出应纳税额。

④ 各因素变动分析。对影响税收筹划效果的相关内部因素可能会发生的变动情况进行分析，以防止因内部因素变动产生风险。

⑤ 敏感程度分析。对影响规划实施的外部条件发生变化可能引起筹划预期效果变化的敏感程度进行分析，以防止因外部因素变化产生风险。

2）方案的选择和实施。受托方为委托方制定的筹划方案往往不止一个，在多个筹划方案中进行选择时，应主要考虑委托方的偏好，并随时听取委托

方的意见，以便根据委托方的需要进行修改并敲定最终方案。

5. 税务筹划方式

(1) 利用税收优惠政策

1) 最大化税收减免。

① 尽量争取更多的减免税待遇。

第一，充分利用起征点、免征额。起征点是指征收对象达到一定数额开始征税的起点。免征额是指征税对象的全部数额中免予征税的数额。起征点与免征额同为征税与否的界限，对纳税人而言，在其收入没有达到起征点或没有超过免征额的情况下，都不征税，两者是一样的。但是两者又有明显的区别。其一，当纳税人收入达到或超过起征点时，按其收入全额征税；而当纳税人收入超过免征额时，就要按其超过免征额的收入征税；当纳税人的收入恰好与免征额相同时，则免于征税。两者相比，享受免征额的纳税人就要比享受同额起征点的纳税人税负轻。其二，起征点只能照顾一部分纳税人，而免征额则可以照顾适用范围内的所有纳税人。

从我国税收制度来看，在减免税形式上同时采用了起征点和免征额两种优惠手段。例如，增值税、营业税和所得税都规定了起征点，具体规定如下所述。

增值税针对不同的行为，起征点不同，具体为销售货物的起征点为月销售额 2 000～5 000 元；销售应税劳务的起征点为月销售额 1 500～3 000 元；按次纳税的起征点为每次（日）销售额 150～200 元。各具体起征点由省级国家税务局在规定幅度内确定。

营业税的起征点为按规定纳税的起征点为月营业额 1 000～5 000 元；按次纳税的起征点为每次（日）营业额 100 元。

在进行规划时，应首先明确起征点、免征额不同之处，其次应充分了解各税种的起征点、免征额的具体规定，以便制定最优纳税方案。

【示例 3-5】 张先生开设了一家小规模电器维修店，适用增值税率为 3%，根据增值税起征点规定，月销售额 3 000 元（不含 3 000 元）以下免征增值税。为张先生作出税务筹划。

解析： a. 当地规定的纳税起征点是不含税起征点，由于张先生只能开具增值税普通发票，普通发票上的销售额是含税销售额，在确定起征点时，应将不含税起征点换算为含税起征点。

3 000/（1+3%）=3 090（元）即发票上开具的金额不超过 3 090 元即免征增值税。在此收入下，收入越多越好。

b. 若销售额达到或超过 3 090 元，则要考虑税收的负担情况。由于达到或超过 3 090 元要全额征税，有可能使征税后的收入小于 3 090 元。因此，在此情况下，要计算节税点。所谓节税点是指征税后所获得的销售净收入与等于起征点的含税销售额。

假设节税点为X，则

$$X-\frac{X}{1+3\%}\times(3\%+3\%\times7\%+3\%\times3\%)=3\,089.99$$

求得：X=3 192.27（元）。

其中，7%是在增值税基础上征收的城市维护建设税税率，3%是增值税税率和在增值税基础上征收的教育费附加。计算的含税销售额应低于起征点，因为达到起征点就要缴税。

c. 结论：当纳税人的月销售额低于3 090元或高于3 192.27元时，收入的增长会带来税后收益的增长，但在3 090元至3 192.27元之间，收入的增长会因征税反而使税后收益低于3 090元时所带来的收益。因此，纳税人应控制销售额不要落在此范围内。

第二，最大化减免税项目。在合法和合理的情况下，尽量争取尽可能多的项目获得减免税待遇。例如，购买国债和国家发行的金融债券所得利息免缴个人所得税、对股票转让所得暂不征收个人所得税、个人转让自用达5年以上并且是唯一的家庭生活用房取得的所得暂免征收个人所得税等。

② 合理安排收支形式。

第一，社会保险。纳税人应按当地政府规定的最高计缴比例缴纳各种基金，以取得最大化节税效果。财税[2006]10号规定，企事业单位按照国家或省（自治区、直辖市）人民政府规定的缴费比例或办法实际缴付的基本养老保险费、基本医疗保险费和失业保险费，免征个人所得税；个人按照国家或省（自治区、直辖市）人民政府规定的缴费比例或办法实际缴付的基本养老保险费、基本医疗保险费和失业保险费，允许在个人应纳税所得额中扣除。

企事业单位和个人超过规定的比例和标准缴付的基本养老保险费、基本医疗保险费和失业保险费，应将超过部分并入个人当期的工资、薪金收入，计征个人所得税。

第二，收入免税化。利用减免税有关规定，将应税收入尽量以免税收入的形式取得。

第三，员工股票期权。我国目前关于股票期权的税收法规①规定，员工接受实施股票期权计划企业授予的股票期权时，一般不作为应税所得征税。行权时，其从企业取得股票实际购买价（施权价）低于购买日公平市场价（指该股票当日的收盘价，下同）差额，是因员工在企业的表现和业绩情况而取得的与任职、受雇有关的所得，应按“工资、薪金所得”适用的规定计算缴纳个人所得税。对因特殊情况，员工在行权日之前将股票期权转让的，以股票期权的转让净收入，作为工资薪金所得征收个人所得税。员工行权日所在期间的工资薪金所得，应按下列公式计算工资薪金应纳税所得额：

① 中华人民共和国财务部. 2005. 财政部、国家税务总局关于个人股票期权所得征收个人所得税问题的通知.（财税[2005]35号）

学习笔记

股票期权形式的工资薪金应纳税所得额

＝（行权股票的每股市场价－员工取得该股票期权支付的每股施权价）×股票数量

对该股票期权形式的工资薪金所得可区别于所在月份的其他工资薪金所得，单独按下列公式计算当月应纳税额：

应纳税额＝（股票期权形式的工资薪金应纳税所得额/规定月份数×适用税率－速算扣除数）×规定月份数

公式中的规定月份数是指员工取得来源于中国境内的股票期权形式工资薪金所得的境内工作期间月份数，长于12个月的，按12个月计算。

员工将行权后的股票再转让时获得的高于购买日公平市场价的差额，是因个人在证券二级市场上转让股票等有价证券而获得的所得，应按照“财产转让所得”适用的征免规定计算缴纳个人所得税。员工因拥有股权而参与企业税后利润分配取得的所得，应按照“利息、股息、红利所得”适用的规定计算缴纳个人所得税。

【示例3-6】 张先生为某上市公司高级职员，2008年调入该公司，2003年12月31日被授予100 000股股票期权，授予价每股2元，2011年8月31日，张先生以每股2元的价格购买该公司股票100 000股，当日收盘价为每股10元，2011年9月10日，张先生以每股11元的价格将100 000股股票全部卖出。计算张先生股票期权应纳个人所得税。

解析：2008年12月31日，授予股票期权时不纳税；

2011年8月31日，行权时应纳所得税，其纳税所得为（10－2）×100 000＝800 000（元）；

应纳税额为$\left(\frac{800\ 000}{12}\times 35\% - 5\ 505\right)\times 12=213\ 940$（元）；

交易溢价（11－10）×100 000＝100 000（元）暂免征个人所得税。

第四，员工股份。根据国家有关规定，允许集体所有制企业在改制为股份合作制企业时，可以将有关资产量化给职工个人。为了支持企业改组改制的顺利进行，对于集体所有制企业在改制为股份合作制企业时，对职工个人以股份形式取得的仅作为分红依据，不拥有所有权的企业量化资产，不征收个人所得税；对拥有所有权的企业量化资产，暂缓征收个人所得税；待个人将股份转让时，就其转让收入额，减除个人取得该股份时实际支付的费用支出和合理转让费用后的余额，按“财产转让所得”项目计征个人所得税；对职工个人以股份形式取得的企业量化资产参与企业分配而获得的股息、红利，应按“利息、股息、红利”项目征收个人所得税。因此在企业进行股份制改造时，应首选采取股份形式将资产量化给职工个人，而不宜采取分配现金的形式，这种选择可以取得免缴所得税和递延缴纳所得税的好处。

第五，遗赠。个人税收的一个重要税种是遗产与赠与税，在开征遗产与赠与税的国家，在计算应纳税遗产额时允许扣除某些项目，这些项目中主要

有赠送未亡配偶的财产及捐献财产等，并对死亡保险赔付实行免税政策。因此在进行遗产税规划时应合理确定遗产的分配方式、遗产的分配数额等。

③ 尽量使减免期最长化。我国对于高新技术、新行业等企业有税收优惠政策，企业应通过技术改造，研发新产品等申请减免税收，并力求使减免期最长化。

2）选择合适的扣除时机。选择合适的费用扣除时机，在累进税率及减免税优惠期可以实现降低边际税率及减免税最大化的税收利益。

① 提前确认扣除项目。在正常纳税年度，提前确认扣除项目，使前期所得减少，进而应纳税款减少，合理利用货币的时间价值，以实现递延纳税的税收利益。

② 选择合适的扣除时机。

第一，在累进税率下扣除时机的选择。在累进税率下，尽量把费用安排在税率较高的时期进行扣除，以达到费用抵税的最大化。即如果预计未来收入会增加，可能带来边际税率的上升，在这种情况下应尽量推迟费用的扣除时间，反之亦然。

第二，在减免税期扣除时机的选择。在纳税人享受减免税期间，应尽量把费用安排在正常纳税年度进行扣除，以使正常纳税年度应税所得减少，从而实现少纳税款的税收利益。

③ 选择最小化税率。税率与应纳税额成正比。因此在筹划时，应充分利用税法规定中的各种优惠政策，降低纳税人所适用的税率，以减少应纳税额。

（2）递延纳税时间

1）收入实现时机的选择。在累进税及减免税优惠期内，合理选择收入的实现时间，可以获得降低边际税率及减免税的税收利益。

① 累进税率下收入实现时机的选择。在累进税率下，尽量把收入安排在税率较低的时期确认。如果预计未来收入会下降，可能带来边际税率的下降，在这种情况下应尽量推迟收入的实现时间；反之亦然。

② 减免税期收入实现时机的选择。在纳税人享受减免税期间，应尽量把收入实现时间安排在减免税或低税率年度，以使正常纳税年度应税收入减少，从而实现少纳税款的税收利益。

2）尽量推迟收入的实现时间。在正常纳税年度，应尽量推迟收入的实现时间，以实现递延纳税的税收利益。

3）加速累积费用的扣除。在正常纳税年度，对于固定资产折旧、无形资产摊销等，在不违背税法规定的前提下，应尽量采用加速摊销的方式，加大前期费用扣除金额，减少前期应纳税额，以实现递延纳税的税收利益。加速摊销方式可通过缩短摊销（折旧）年限、采用加速摊销（折旧）方法而进行。

（3）缩小计税依据

1）不可抵扣的费用、支出最小化。各国税法均明确规定了不得在税前列支的项目，如个人所得税有关法律规定中，明确指出个体工商户缴纳的个人所得税、税收滞纳金、罚金和罚款；被没收的财物、支付的罚款；各种赞

学习笔记

助支出；用于个人和家庭的支出、个体工商户业主的工资支出、用于个人和家庭的支出等不得在税前扣除。因此在进行税收筹划之前，应充分了解税法的相关规定，尽量缩小不得税前扣除的项目范围和金额。

2）扩大税前可扣除范围。扩大税前可扣除范围，直接缩小计税依据，以减少应纳税额。在税前扣除项目之中，应严格区分全额扣除、按标准扣除以及不能扣除的项目界限。例如，对于个人公益性捐赠支出，如果是直接对受益人的捐赠，其捐赠支出不得在税前扣除；如果是通过中国境内的社会团体、国家机关向农村义务教育的捐赠可全额进行扣除；如果是通过中国境内的社会团体、国家机关向遭受严重自然灾害地区、贫困地区的捐赠，捐赠额不超过其应纳税所得额30%的部分可以据实扣除。

（4）其他方面的考虑

我国某些地区为吸引资本和技术流入，弥补自身因资金短缺和技术水平低对经济发展的制约，会选择部分区域和行业，给予税收优惠待遇。因此，投资者应该重视对投资地的选择和将进入行业的甄别。

项 目 实 训

实训1 薪酬计算

【案例】 张先生所在单位参加了社会保险计划，2010 年 3 月，张先生的工资单如下：基本工资 3 000 元，职务补贴 500 元，年功津贴 300 元，月奖金 500 元，交通补助 200 元，有关部门核定的张先生上年度月平均工资为 4 000 元，单位代扣代缴的社保费包括养老保险 8%，医疗保险 2%，失业保险 1%，住房公积金 12%，税前费用扣除标准为每月 2 000 元。

要求：

1）计算张先生应发工资。

2）计算张先生各项社会保障代扣代缴额。

3）计算张先生实发工资。

实训2 基本养老保险金计算

【案例】 王女士 1985 年参加工作，其工作单位于 1991 年 1 月参加了基本养老保险，2009 年年底其个人账户储存额为 62 010 元，2010 年的月缴费基数为 3 000 元，年增长率为 3%，个人缴费年末一次性拨入个人账户，年投资报酬率为 4%。2015 年 1 月，王女士年满 50 周岁，在该市办理退休手续，根据当地养老保险政策，王女王缴费年限（含视同缴费年限）累计为 30 年，当地对“中人”的过渡性养老金政策为参加社会养老保险以前的“全部年功补偿法”（1 年＝15.6 元）。如果 2014 年当地职工年平均工资为 36 000 元，经社保部门测算，本人指数化平均工资缴费指数为 2。

要求：计算王女士退休后第一个月的基本养老金（个人账户投资按年复利，50 岁退休计发月数 195）。

实训 3　医疗保险报销计算

【案例】　张女士作了肾移植手术。在三等甲级医院进行手术并住院康复，其住院费用如下：在三个目录内的总费用为 20 万元，目录以外发生的医疗费用 5 万元，张女士参加了城镇职工医疗保险计划，当地采取了“板块式”医疗保险报销方案，在三级甲等类定点医院的住院费用可以由社会统筹基金按照 85%的比例分担。该地区上年度职工社会平均工资为 1 500 元/月，当地起付线为上年度职工年平均工资的 10%，封顶线为上年度职工年平均工资的 4 倍，张女士没有参加补充医疗保险。

要求：

1）计算张女士本次住院的报销金额及自付比例。

2）如果张女士参加了补充医疗保险，按规定报销目录外费用 40%，目录内社保没有的部分（包括起付线以下和封顶线以上的部分）可以再报销 50%，计算张女士补充医疗保险报销金额及自付比例。

实训 4　个人所得税筹划

【案例】　赵先生 2007 年全年取得如下收入：全年工资、薪金收入 8.4 万元（平均每月 0.7 万元，已扣除社保缴费）；出版图书一本取得稿酬收入 3 万元，转让房产取得收入 80 万元，房产原值 55 万元，转让过程中缴纳的税费 7 万元，股息收入 0.15 万元，赵先生在进行年所得 12 万元的申报时，向红十字会捐赠 1 万元。

要求：

1）计算赵先生所得税申报口径。

2）计算应缴纳所得税。

实训 5　企业税收筹划

【案例 1】　小张经营一个理发店，2010 年预计每月收入为 4 200～5 000 元，当地税务局规定的营业税起征点为 4 500 元/月。

要求：计算小张的理发店的节税点营业额。

【案例 2】　张华是华达股份公司的高级职员，2005 年 1 月调入该公司工作，2007 年 1 月张华从公司取得工资 7 000 元，上年度一次性津贴 34 000 元，如果华达公司没有向张华直接发放津贴，向其授予 34 000 股票期权，期限 1 年，施权价为 1 元/股，授权到期后，张华以每股 1 元的价格购买该公司的股票 34 000 股，当日该股票的收盘价为 10 元。

要求：计算张华应缴纳的个人所得税。

【案例 3】　王某经营一家餐馆，全年收入 10 万元，费用 2 万元，假设除此之外没有其他收入和费用，按照税法规定，老王餐馆的收入的费用既可计入今年，也可记入下一年，费用可在税前扣除，利率为 6%，老王今年适用的边际税率为 10%，预计明年适用的边际税率为 11%，假设按年缴税且在年底缴纳税款。

要求：为老王制定纳税策略。

通过本项目的学习我具备了哪些实践工作能力？掌握了哪些理论知识？

这些实践工作能力在整个课程学习过程中处于什么样的地位？

这些实践工作能力在我未来的工作和学习过程中可以用于哪些方面？

个人生涯目标规划

项目介绍

本项目包括个人理财规划中三个主要的规划项目：退休规划、居住规划和子女教育规划。在每个规划项目中，运用目标基准点法，合理测算了各个理财目标实现对资产的需求（负债）。

单一目标规划是投资规划、保险规划等金融产品投资规划乃至综合规划的基础。

教学目标

- 终极目标：

通过本项目的学习，学生应掌握退休、居住和子女教育规划的特点，能够运用目标基准点法正确测算个人理财目标实现的资金需求。

- 促成目标：

能够正确测算退休赤字，并提出赤字弥补方案。

能够利用现有资源对居住进行合理规划。

能够正确计算子女教育金需求，并正确选择子女教育规划工具。

工作任务

- 退休赤字估算
- 退休计划设计
- 租房、购房与换房规划
- 公积金购房（租房）规划
- 子女教育投资报酬率计算
- 子女教育金需求选择
- 子女教育规划工具选择

任务 4.1　目标基准点法应用

学习笔记

理财目标评价是考量客户目前资源和未来储蓄是否能够满足客户理财目标需求。理财目标评价方法按评价目标的数量可以分为单一目标评价和多目标评价，单一目标评价用目标基准点法，多目标评价有目标并进法、目标顺序法和目标现值法三种方法可供选择。本项目是单一目标规划，只讲解目标基准点法，多目标评价方法讲解见任务 4.3。

4.1.1　目标基准点法原理

只有一个理财目标需要规划时，理财规划师可以先找出该目标实现或者开始实现的时点作为基准点，通常是该目标开始持续支付现金流量的时间点。目标基准点的基本思想是把理财目标实现的时点作为基准点。基准点之前我们通过累积资产来实现理财目标，是用现值（比如现有可投资的金融资产）或年金（比如每期收入扣除支出剩余的储蓄额）来求复利终值或年金终值。基准点之后可以理解为先借贷一笔资金来实现理财目标，之后再分期摊还，是用终值（比如预留遗产额）或年金（比如每期学费、每期生活费、每期房贷）来求复利现值或年金现值。

目标基准点法是理财规划师处理客户单个理财目标时常用的规划方法。一般而言，退休规划的基准点是客户退休当年；子女教育金规划的基准点是子女接受非义务教育当年；购房规划的基准点是购房当年。使得前段现值与年金所累计的资产（可视为财富或资源总供给），等于后段终值与年金所算出的负债（可视为目标总需求）的时点，就是理财目标可以实现的时点。折现率的高低则是决定何时资产会等于负债的关键因素。

需要特别注意的是，只有同一个时点的货币价值才能相加减。根据目标基准点法，在基点之前准备的终值，与基准点之后现金流量的折现值，都是基准点那一个时点的货币价值，所以可以互相比较或相加减。目标基准点法下，在基准点之前准备的终值大于或等于基准点之后的现金流量折现值时，理财目标可以实现，否则不能按时实现理财目标。

4.1.2　目标基准点法应用示例

1. 退休规划

退休规划基准点应选为退休当年。此前为准备退休金阶段，可称为积累退休金资产；此后开始准备支付退休生活所需的年或月现金流量，直到终老

学习笔记

为止的退休后年生活费的折现值，可称为退休金负债，如图 4.1 所示。退休金资产大于退休金负债的那一年，就是可退休之时。若以预定退休的年龄为基准点，但算出来退休金资产小于退休金负债时，表示如期退休的目标无法达成。若算出来退休金资产远大于退休金负债时，则可以比原定的退休年龄提早退休。

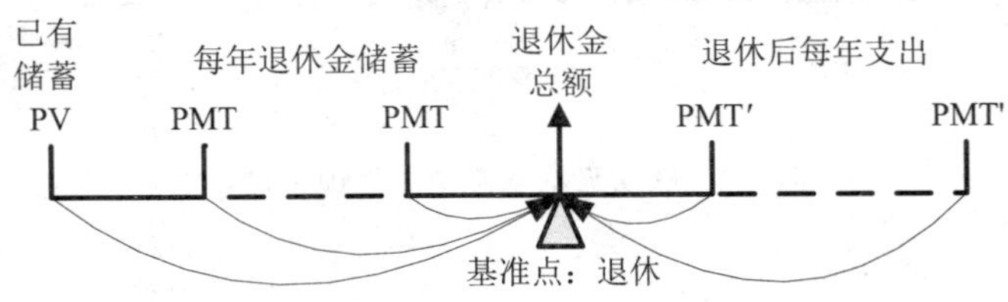

图 4.1　退休目标基准点法流量图

具体计算过程如下：

步骤 1：确定希望退休年龄作为基准点并预期个人寿命；

步骤 2：计算退休后每年的支出的现值作为退休金总额；

步骤 3：计算现在已经提拨入养老金账户的金额在退休点的终值；

步骤 4：计算二者差异，如第二步计算的结果大于第一步，则要增加储蓄或延迟退休，相反，则表明目前储蓄能满足退休要求。

【示例 4-1】　张先生今年 30 岁，准备 60 岁退休，退休后每年生活开支现值为 5 万元，预计寿命 85 岁，假设通货膨胀率 3%，工作期间投资报酬率为 8%，退休后为 5%，已经为退休储蓄资产 10 万元，以后各年还可储备退休金 1 万元，试评价张先生退休目标能否实现。

解析：按目标基准点法原理，选取张先生退休当年为目标基准点，在目标基准点，只要张先生退休金资产大于负债，即可实现退休目标。

相对目标基准点，首先计算退休后每年支出的现值：

退休后各年开支是增长型年金，年金增长率为通货膨胀率 3%，

其实质报酬率＝（1＋5%）/（1＋3%）－1＝1.94%

退休后各年开支现值＝PV（1.94%，25，FV（3%，30，50 000），1）

＝2 432 494.84（元）

其中：FV（3%，30，－50 000）为退休当年生活开支，由于退休金支付是期初年金，所以参数 TYPE 取 1。

退休前积累资产的终值＝FV（8%，30，－10 000，－100 000）

＝2 139 097.80（元）

退休金资产小于负债，退休目标无法完成。

2. 购房规划

购房规划的基准点是购房当年，此前为准备首付款阶段，此后开始准备

支付房贷月供额。可购买的房屋总价＝购房时可准备的首付款+购房后有能力负担的贷款。如图 4.2 所示。

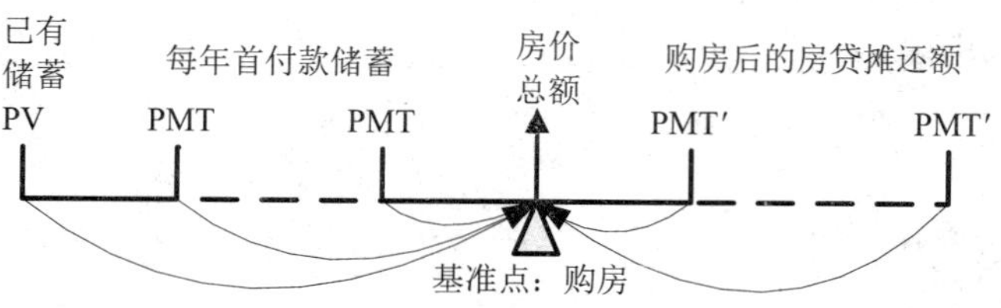

图 4.2　购房目标基准点法的现金流量图

具体计算过程如下：

步骤 1：依据理财目标确定购房时间作为基准点，同时确认总价；

步骤 2：计算为购房已准备的储蓄和以后每年储蓄的终值至购房日；

步骤 3：依据自身的贷款负担能力确定购房后每年的房贷摊还额并计算其现值至购房日；

步骤 4：将第二步和第三步两者金额相加和第一步总价比较，确定房款差额，决定采取措施。

【示例 4-2】　李先生今年大学刚毕业，准备在工作 5 年后购买一套两室一厅、面积 80 平方住房作为婚房。当地目前房地产市场价格均价在 12 000 元/平方米，李先生目前年收入 40 000 万元，准备每年储蓄 20 000 元用作购房款。假设房价按每年 5%增长，李先生收入 5 年内不变，投资收益率 8%，按目前房地产政策，李先生可以按揭贷款 7 成，贷款利率 6%，贷款期限 20 年。评估李先生购房目标是否能够实现？如不能实现，计算李先生能够购买的住房总价。

解析：按目标基准点法，选取李先生购房时点作为基准点，在基准点，李先生需要准备房价首付，在基准点之后，李先生需要每年归还房贷，基准点之前准备的首付与购房后房贷摊还额之和即为可购房总价。

按目前市场价格，李先生 5 年后理财婚房房价总额＝FV（5%，5，12 000*80）
＝1 225 230.30（元）

按贷款七成计算，李先生至少要准备首付款＝1 225 230.30×30%
＝367 569.09（元）

李先生基准点所能筹备的购房首付款＝FV（8%，5，－20 000）
＝117 332.02（元）

李先生无法实现购房目标。

李先生基准点可以贷款总额＝PV（6%，20，－20 000）＝229 398.42（元）

李先生可购房总价＝117 772.02＋229 398.42＝346 730.44（元）

其中：首付款 117 332.02>346 730.44×30%，购房总价 346 730.44 元目标可以实现。

学习笔记

3. 教育金规划

子女高等教育金规划通常设在子女 18 岁准备上大学那一年，此前为准备子女教育金阶段，此后开始准备支付子女上大学以后的高等教育金阶段。与退休规划的原理相同，只是高等教育金的持续支付年数要比退休后生活年数少一些，如图 4.3 所示。在子女教育金规划中，所需准备的届时金额与年数目标，与退休及购房目标相较弹性较小，但在如何准备的策略上仍然可以在高储蓄率低报酬率，与低储蓄率高报酬率之间做取舍，正视自己的风险属性与收入水准，比较适合采取哪一种方式来实现目标。

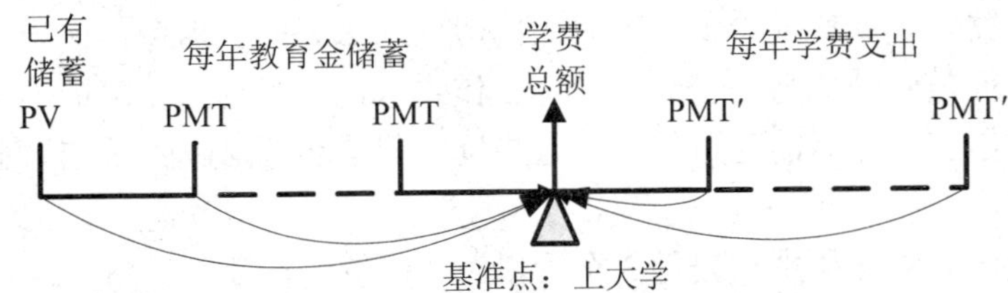

图 4.3　子女教育目标基准点法的现金流量图

具体实施步骤如下：

步骤 1：确定资助子女上学的年龄和时间作为基准点；

步骤 2：依据教育类别确定每年的教育费用；

步骤 3：将每年的教育费用折算现值至基准点；

步骤 4：将现有储蓄和至基准点之间每年的教育储蓄折算终值至基准点；

步骤 5：比较上述两个值确定应采取的措施。

【示例 4-3】　王女士刚刚生养一女儿，按目前大学学费标准，大学每年学杂费 20 000 元，学杂费年增长率 5%，上大学后学杂费不再增长。假设 19 岁时女儿上大学，投资报酬率为 8%，王女士准备每月储备 700 元用于女儿上大学的费用，评估王女士子女教育目标是否能够实现。

解析：按目标基准点法，王女士子女教育目标基准点应选取女儿上大学时，在女儿 19 岁上大学时所积累的教育金资产大于教育金负债，目标即可实现。

在目标基准点，

王女士积累的子女教育金资产＝FV（8%/12，19*12，－700）

＝211 789.93（元）

女儿上大学所需的教育金负债＝PV（8%，4，FV（5%，19，，－20 000），1）

＝180 782.92（元）

教育金资产大于教育金负债，目标可以实现。

任务4.2　退休规划

4.2.1　退休生活认知

1. 退休生活的收支特征

按家庭生命周期理论，退休后人们即进入家庭的衰退期，这一时期最为明显的特征是劳动能力的丧失，没有工作收入，所有支出全部依赖于工作期的资产积累和退休后的理财收入。这些资产积累和理财收入决定了退休后的生活水平。

一般可以将退休生活分为3个阶段：退休生活初期（1～5年）为高消费阶段、退休生活中期（1～10年）为平稳消费阶段、退休生活晚期（最后1～3年）为健康支出阶段。由于退休后不再工作，工作方面的支出减少，如交通费等，退休后不再有工作方面的支出，维持退休生活的基本条件仅包括现金、住房和医疗。

现金是解决退休生活中的衣、食、行等问题，是保障退休后基本生活的第一物质要素，是保障老年生活的最低保障。现金的需求通常有三级核定标准：具有住房和医疗计划条件下的养老现金最低标准；住房和医疗条件缺项条件下的养老现金最低标准和退休人员供养亲属的考虑。作为基本保障，和其他保障不同，需要有持续性现金供款。基于此，养老金一般由政府提供，并具有以下四个特征：具有稳定的资金来源、以年金方式支付、年金随着物价等指数的变化而调整以及以生存为支付条件。

拥有住房的方式可以是购买、租赁或依靠福利。住房作为退休后基本生活需要，应当在人们进入老年之前解决，依赖养老金购房一般并不现实。通过购买方式获得住房且在退休之前结束所有购房贷款，是拥有住房方式中的最佳选择。

退休后的健康状况下降，医疗服务需求上升，特别是在退休生活的第三阶段。在退休之前，应当制订一个比较完善的医疗保障计划。解决退休后医疗问题主要有三种方式：政府提供免费医疗、社会医疗保险和个人医疗储蓄或商业保险。

2. 退休后生活目标

退休后的生活期望值是个人对退休后生活方式和水平以及成本付出的考量，是确定退休后生活成本的直接依据。根据退休后生活不同方面的不同要求，退休后的生活目标大体分为三个类型：保障型、小康型和享乐型，如表 4.1 所示。

表 4.1 退休后生活目标特征表

生活类型	特 征
享乐型	维持较高档的衣食水平；国内外旅游或移居国外；有舒适的住房和私家车；聘请全职家庭服务工人；经常进行较高档的休闲活动；学习或进修；较高的医疗保健支出；频繁的社交活动等
小康型	中等的衣食水平；有较舒适的住房或住较舒适的养老公寓；聘请家庭服务小时工；偶尔国内旅游；经常从事一般健身休闲活动；具有基本医疗费用储备；有较丰富的文化活动安排等
保障型	衣食以温饱为标准；有住房或与子女同住，或住养老院；基本无任何旅游计划；依赖基本医疗保险；其他生活开支很少等

4.2.2 退休计划理财认知

1. 退休计划理财概念

退休计划即筹集养老金的计划。退休计划理财是一个以筹集养老金为目标的综合性金融服务。专业人员通过分析和评估客户财务状况，明确客户退休生活目标，为客户制订合理的、可操作的退休财务计划。养老金具有债务特征，退休计划需要在对特定人的养老债务精算的基础上，筹集资金、投资运营和支付养老金，做到收支平衡。退休计划理财作为一种特殊的理财服务，具有如下特征：

1）终身理财。包括合理安排客户一生，特别是职业生涯每个阶段的资产、负债分析，现金流量预算等，帮助客户进行风险管理和筹集养老金。

2）标准化服务程序。包括建立客户关系、分析客户财务状况、确定客户退休规划目标、提出退休规划方案、管理退休规划方案和监督退休规划方案执行。

3）专业人员提供服务。专业人员要受过严格训练，具有良好的业绩与素质，最好取得专业证书。

2. 退休规划法则

退休规划由于具有较大的弹性空间，在退休规划时遵循三大法则可以提高退休规划的效果。

1）越早越好。及早建立退休计划一方面可以用较长的在职期分摊退休生活成本，且不降低在职生活水平，另一方面可以充分利用复利的“滚雪球”效应达到养老金翻倍的目标。所以，在个人理财规划时，要及早投资，享受复利的“滚雪球”效应。例如，在每月投资 100 元，年利率为 10%的条件下，

一个人如果从20岁开始进行此项投资，在60岁退休时能获得632 408元，但如果30岁才开始此项投资只能获得226 049元，在40岁才开始此项投资只能获得75 937元。

2）敢于投资。精心进行退休理财规划，进行多样化投资，渐进式投资，依据年龄调整投资策略，实现稳健策略和激进策略在不同时期和不同情况下的有效运用，争取以最小的投入实现最大的产出。

3）拥有住房。在拥有足够收入时完成购房计划，既是投资同时也是分摊养老成本。

4.2.3　个人退休规划

1. 个人退休规划步骤

退休后养老金的支付具有生存年金的特点，一般具体实施的步骤如下所述。

步骤1：发现客户。了解客户养老需求、期望目标和筹资能力。

步骤2：评估资产。了解客户目前和今后的收入以及储蓄和资产分布状况，并为其作资产状况评估。

步骤3：估算赤字。根据客户退休后的生活目标，测算其需求总量和在扣除国家基本养老金和企业年金后的差额。

步骤4：设计计划。即设计个人退休计划和风险控制措施，展示退休计划的设计思想、结构和养老金支付水平。

2. 发现客户

（1）发现潜在客户

理财师是带着职业目光进入养老市场的人。人人都需进行养老储蓄和投资，但由于种种原因还是被分为以下三类：

1）有钱人和穷人。理财规划师可以毫不犹豫地帮助有钱人理财，也不要忽略帮助穷人找钱的服务，如零存整取。

2）理智的人和不理智的人。理财师需要向理智的人展示专业理财效果，也要帮助不理智的人理智起来，如老年经济风险分析。

3）政府供养的人和政府不供养的人。理财师需要帮助政府供养的人认识未来风险和保障不足，为政府不供养的人建立生存年金计划。

总之，需要针对上述三类人设计退休理财产品和提供理财服务。

发现潜在客户需要发挥理财师团队的作用，一般进行如下工作：

1）进行养老市场的调研，掌握比较全面和具有代表性的信息和数据。

2）根据人群的风险心理状况、财务状况、职业状况进行分类。

3）在此基础上选择本团队的主攻目标。

发现潜在客户的工作步骤包括根据养老市场需要设计产品，利用产品优势吸引客户，根据客户需要设计退休计划，一般工作流程如下：了解市场需要—设计理财产品—吸引客户登门—满足客户需求—设计退休计划。

学习笔记

（2）与客户沟通

制定个人退休规划的重要基础就是通过与客户的沟通全面地了解客户，收集客户的基本信息以及客户在财务状况、投资偏好、风险态度和承受能力等方面的信息，据以判断客户的目标与期望，分析客户当前的财务状况，制定出科学合理的个人退休规划。同时，有效的客户沟通还会在理财师与客户之间建立起相互理解和信任的关系，为服务的开展打下良好的基础。与客户沟通包括服务窗口对话、“走出去”专程拜访、发放调查表、举办专题研讨会等多种方式。

3. 客户评估

客户评估即在了解客户目前和今后收入以及储蓄和资产分布状况的基础上为其作资产状况评估。理财师需要关注作退休计划和理财规划前的资产评估的特殊性。

客户的个人和家庭资产通常是不披露的，即使对理财师披露也有所保留。根据客户需要制作家庭资产负债表是一项一举多得的服务。与退休计划相关的个人或家庭资产负债表主要覆盖长期项目，不用考虑当前的短期收入和债务内容。在了解了个人或家庭资产和负债之后，需要进行客户财务状况诊断。了解客户财务状况需要进行资产负债分析，了解客户收支情况需要进行现金流量分析，掌握客户隐性债务需要对客户参加社会保险和商业保险的情况进行分析。分析个人或家庭资产和负债状况需要注意如下问题：个人产权和产权转移的时间与方式、资产和负债结构、资产的可变现价值或重置价值、人力资本状况和风险发生概率。

4. 赤字估算

养老金赤字即养老金需求总额和既定养老金的差额。养老金的测算依赖于需求总额与既定养老金的确定。养老金需求总额依据退休后生活的不同阶段的不同目标从现金、住房以及医疗三个方面综合确定。既定养老金是人们参加退休计划中已经享有的既定权益，如国家基本养老保险计划和企业年金。

（1）养老金总需求的计算步骤

首先，基于目前生活支出，考虑费用增长率和复利终值，预算退休第一年的生活成本。其次，预算退休后预期余命的生活成本，如 20 年的生活费用。最后，根据客户情况调整支出项目再进行预算。在考虑需求时，还须注意以下风险：退休后的实际寿命比预计寿命更长、医疗支出费用增加、物价持续上涨以及其他意外事件。

【示例 4-4】 张先生今年 40 岁，目前生活支出在当地城市居民中属于小康型，其家庭年支出包括饮食 18 000 元，衣着 20 000 元，子女教育 24 000 元，医疗费 2 000 元，房贷 24 000 元，旅游 8 000 元，汽车使用费 25 000 元，

学习笔记

杂费 8 000 元。张先生退休后的生活目标如下：饮食下降 20%，衣着下降 30%，子女教育和房贷支出为 0，汽车使用费上涨 20%，医疗费上涨 300%，旅游费上涨 150%，杂费下降 20%。假设各项费用年上涨率均为 5%，退休后投资报酬率与费用上涨率相等。计算张先生退休后生活费用总需求。

解析：基于张先生目前的年支出，考虑费用变化，其退休后的年支出如表 4.2 所示。

表 4.2　退休后年支出计算表

序号	A	B	C	D	E	F	G	H	I	J
1	支出项目	饮食	衣着	子女教育	医疗	房贷	旅游	汽车使用费	杂费	合计
2	目前年支出/元	18 000	20 000	24 000	2 000	24 000	8 000	25 000	8 000	129 000
3	项目调整/%	−20	−30	−100	300	−100	150	20	−20	
4	退休后年支出现值/元	14 400	14 000	0	8 000	0	20 000	30 000	6 400	92 800
5	退休后年支出终值/元	38 207.49	37 146.17	0.00	21 226.38	0.00	53 065.95	79 598.93	16 981.11	246 226.03

其中，退休后年支出现值 B4＝B2×（1＋B3）；

退休后年金支出终值 B5＝FV（5%, 20,－B4）。

由于张先生退休后费用上涨率与投资报酬率相同，因此，退休后生活费用总需求＝246 226.03×20＝4 924 520.60（元）。

为简化计算，本示例中将投资报酬率与费用上涨率假设为相等，在实际计算过程中，如果费用上涨率与投资回报率不同，将会形成一个增长型年金模型，需依据公式计算实质报酬率，再计算退休后年金支出终值。

另外，本示例中将各项费用的年增长率都设定为 5%，实际计算过程中，要依据不同费用的具体情况分别设定。

（2）养老金赤字估算基本步骤

步骤 1：基于个人（家庭）资产负债状况估算养老金的储备情况，包括既定养老金和其他形式的养老金，具体计算参见项目 4。

步骤 2：测算养老金总需求。

步骤 3：用退休生活费用总需求减养老金总供给。估算养老金赤字可能出现的盈余、平衡和不足三种结果。

【示例 4-5】　承示例 4-4，张先生退休时每月可领取养老金 10 000 元，企业年金补充养老保险 5 000 元。计算张先生退休时的养老金赤字。

解析：张先生目前的养老金储备终值＝（10 000＋5 000）×12
＝180 000（元）；

退休后年养老金赤字＝246 226.03－180 000＝66 226.03（元）；

养老金赤字总量＝66 226.03×20＝1 324 520.60（元）。

学习笔记

4.2.4 退休计划设计

1. 退休计划设计流程

设计退休计划包括确定目标、筹资规划和待遇支付计划。设计退休计划的两个基石即职业生涯状况和退休生活目标，因为职业生涯状况决定终身收入状况，退休生活目标决定退休费用支出情况。

制订退休计划的基本目标是实现个人的养老金积累水平与个人的养老金需求总量的大体平衡，在实际操作中，还可能有比较谨慎或想为继承人留下较多遗产的客户会希望其退休规划能在收支相抵后留有余额。理财师在收集了上述信息后，即可根据客户的不同要求和客户收入水平及风险承受能力等约束条件为客户制定恰当的个人理财目标，进而拟订详细的退休规划和理财方案。具体流程如图 4.4 所示。

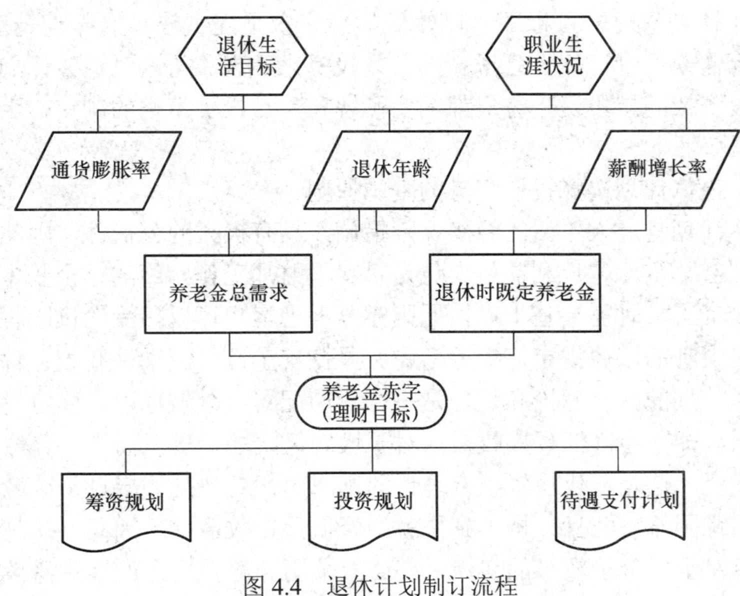

图 4.4 退休计划制订流程

2. 确定退休目标

制定个人退休规划的基本目标是实现个人的养老金积累水平与个人的养老金需求总量，确定目标即根据客户需求、客户的资产状况和心理状况以及相关法律政策等理财环境和理财能力来决定退休计划的运营方式和目标。退休目标的确定由退休后生活的三要素、三类型和三阶段决定。具体详见本任务前述内容。

退休计划运营目标由三个主要部分组成，即待遇支付目标、基金运营目标和计划参与人供款目标。其中，待遇支付是标杆，即核心目标的最终目标，如果待遇支付目标已经确定，设计退休计划的主要工作即基于“以支定收”

学习笔记

原则进行筹资规划。

3. 筹资规划

要实现客户的理财目标，有效的筹资规划是关键环节。退休计划的供款方式很多，最常用的包括收入比例法、固定数额法、一次性或分几次趸缴法。收入比例法，即根据收入的一定比例确定向退休计划的供款额；固定数额法，即通过供款合同规定供款的周期和数额，如每月供款 1 000 元；趸缴法，即在限定期限内一次或分几次向退休计划大额供款。选择供款方式取决于退休计划的待遇支付目标、委托人（参与人）的职业状况和供款能力以及理财产品的特性。

4. 投资规划

根据投资策略对退休计划的资产进行配置，是退休计划理财的核心环节。退休计划理财的目标即“以较低的费率水平提供较高的养老金水平”，这一目标需要通过退休计划资产的有效投资来实现。无论对退休计划资产进行直接投资或间接投资，客户都需要了解和参与投资策略的制定，至少需要分享信息。

（1）退休计划选择投资工具的基本原则

退休计划是老人生活的经济保障措施，具有极大的公益性，因此非常强调客户利益至上，客户利益最大化是贯穿理财师工作始终的一个基本原则。在选择投资工具时需要基于审慎原则充分考虑客户可以接受的风险程度，并遵守投资限制的法律规定，统筹考虑并坚持安全性、流动性和收益性原则。

退休计划的投资理论和技巧是进行资产配置以分散风险，分散投资能够降低风险，却不会降低预期收益，对于厌恶风险的投资者而言，分散投资优于集中投资，这是现代投资组合理论的基本思想。但是如果过于分散，会使得投资追踪困难，一旦分析不到位就会降低预期收益率。因此，在具体操作时，建议对于资金量较多的客户，有必要采用分散投资资产以规避风险，但对于资金不多的投资者，过于分散资金，可能不会使收益达到最大化。

（2）退休计划制定投资策略的工作步骤

步骤 1：针对客户需求确定投资目标。在实际工作中，如果出现了退休金赤字，只有通过提高贷款水平、降低待遇支出水平和提高投资回报率三种途径解决。提高贷款水平和降低待遇支付往往是客户所不愿意接受的，提高贷款水平可能客户的能力达不到，降低待遇支付也是理财师所不愿意提出的方案。只有提高投资回报率才是两者都可接受的方式，因此，投资回报率往往是由前两者确定后才最终确定的。

步骤 2：运用现代投资组合理论进行组合设计。一个均衡的资产组合应该力图在低风险低回报和高风险高回报的组合之间建立一种平衡。一般而言，资产配置都将投资收入与资本增长进行有效组合。投资收益可以作为工

资以外的补充收入，以防范通货膨胀的风险。对于预期的投资收益和资本增长也要作一个预测和分析。理财师可以对客户进行风险心理测试，为客户设计不同风险和不同收益的可选账户，以便客户选择，或者在与客户协商或信息披露的基础上代理客户进行投资选择。

步骤3：综合分析和形成方案。综合分析即对客户的全部资料进行分析，统筹考虑收入、支出、储蓄和投资等问题，全面规划退休理财方案。

5. 待遇支付

待遇支付即向退休计划受益人支付养老金的具体安排。待遇支付是退休计划的第三个阶段，也是实现客户目标和理财规划目标的检验阶段。支付养老金的计划安排涉及以下三个具体问题：承诺支付和非承诺支付、支付方式、税收政策。

（1）承诺支付和非承诺支付

承诺支付即退休计划预先规定待遇支付方式和水平。待遇确定计划属于承诺支付计划，生存年金是最典型的承诺支付计划。支付养老金的承诺可以是：

1）完全承诺，从支付方式到金额的承诺，并不可改变。

2）保底承诺，只保最低养老金支付。

3）可变承诺，可以进行调整，但是必须按照规定条件进行调整。

完全承诺支付的退休计划需要考虑死亡风险，即长寿导致的风险。为了预防死亡风险，在养老金的支付方式上可以采取如下措施：

1）靠利息收入支付养老金。但只能在积累数额大，投资回报率高的情况下执行。

2）购买保险年金产品。在使用年金系数的条件下设计养老金的支付方案。年金系数是通过预期寿命、当前年龄、投资回报等因素计算出来的系数。

3）建立共同基金以分担风险。

4）拇指法，即根据金融市场和资本市场过去的表现规定养老金的支付速度。

（2）支付方式

退休计划的支付方式包括：

1）一次性支付，即在受益人达到退休年龄时一次性结算全部积累。另外，在受益人出国定居或死亡时也可以一次性结算。在法律和政策或者有合同约定的条件下，可能会发生提前一次性结算的情况。

2）阶段支付，即在一定期限内分几次结算。例如，在购房、生病等重大事件发生时支取部分现金以备不时之需。

3）年金支付，即按照一定节奏的定期支付，包括周、月、季度等。间隔时间不宜太久，否则即失去年金的作用。

4）混合支付，即具有弹性的支付安排。例如，安排部分资金购买保险公司的年金产品，部分资金留在账户中，部分资金一次性结算。

学习笔记

如今，在 IT 技术的支持下，退休计划可以采取分立账户的方式管理，为了适应客户的各类需求，可以组合出多种支付方式，甚至对多种支付方式实行“一站式”服务。

（3）税收政策

待遇支付环节有三类税收政策需要关注：

1）为了提高退休计划的养老保障功能，国家依法采取高税率手段限制一次性结算的方式；反之，以优惠税政策鼓励人们在退休时将个人养老金账户资产转换为年金。

2）区分退休计划账户资产哪些来自税后供款，是否可以减免纳税额。

3）个人退休计划积累与社会保障和企业福利一同考虑养老金纳税问题。

总之，在设计退休计划的待遇支付问题时，应当充分考虑税收政策，最大限度地为客户合法避税，以保证受益人利益最大化。

6. 退休计划评价指标

退休计划由资金筹集、管理基金和待遇支付三个方面组成。与此对应，退休计划的成功与否，可以通过三个方面进行评价，即缴费率、投资回报率和养老金替代率。

1）缴费率。缴费率即供款水平占当期薪酬的比率。该比率是对当期收入和退休收入进行分配的指标。

2）投资回报率。投资回报率是退休计划资产投资收益与本金的比率，客户通常考虑净回报率（扣除管理成本）和一段期限内的平均回报率。

3）养老金替代率。养老金替代率是养老金与员工在职当期薪酬收入的比率。该比率取决于缴费率和投资回报率。

上述三项评价指标中投资回报率是退休计划理财绩效的关键指标，如果投资回报率高，应可用较低的缴费率获得较高的养老金替代率。

任务 4.3 居住规划

4.3.1 居住规划的必要性

居住是生活的最基本条件，居住规划是人生规划包括养老、教育的三大规划之一，居住规划包括购房、租房、换房及房贷规划。作为人生的一个大项目支出，居住规划如果不恰当或缺乏居住规划，可能会使家庭陷入财务窘境或一生都未能实现购房梦想。这种情况通常有以下几方面原因：

1）购房时只关注首付和房产面积，导致贷款压力过大，成为“房奴”。在

学习笔记

购房时过于依赖银行贷款，选择最低首付条件下能够买到最高房价的房产，导致在房贷还款时压力过大，如果没有考虑收入变化弹性，在购房后不敢跳槽或创业，严重影响自己的职业生涯规划，甚至有的人房产交付后处于无钱装修，依然租房的尴尬境地。

2）没有进行房涯规划，一味追求居住一步到位，结婚首次购房因追求大面积而选择离市中心较为偏远的市郊，在周边配套设施较差的情况下，影响了后期孩子的教育、医疗等，每年还必须为多余的大面积房产支付高额的物业费。

3）没有一个具体可行的购房规划，从未针对购房进行强制储蓄，以致首付款迟迟未能备齐，在购房时通过负债方式筹集首付款，导致负债压力过大，甚至购房愿望可能随着房价上涨不能筹齐首付而最终成为奢望。

4.3.2 租房与购房决策

1. 租房与购房定性比较

在作租房与购房决策时，首先要清楚租房与购房各自的优势和局限性。

1）在住房面积方面，同样的预算，租房比购房有能力使用更多的空间。不考虑首付的情况下，从收入中划拨出的居住支出用于租房房租往往比购房房贷的偿还要获得更大的面积。例如，在每月 2 400 元房贷、20 年期房贷的情况下，贷款总额约为 40 万元（按 2011 年房贷计算），以我国一线城市 2011 年平均房价计算，4 成首付情况下，可以购买约 40～60 平方米的房产，而用于支付房租可以居住 100 平方米左右的房产。

2）在相同资金投资效益方面，租房居住，该项资金用于投资，但丧失了利用财务杠杆效应获取房价上涨带来的资本利得和杠杆收益。租房不用支付首付，可以将首付款用于其他投资项目，以获取收益，如果房价下跌，对于租房者而言，一方面获得了收益，另一方面规避了房价下跌风险；但房价上涨至一定程度，上涨所带来的收益远高于租房节约的首付款投资收益，且购房通过房贷利用财务杠杆效应实现了财富的快速积累，房屋这一商品特殊性决定了其同时具有自用资产和投资性资产的特征。

3）在资金运用的弹性方面，租房比购房更具有弹性，但往往无法实现强制储蓄，影响财富积累速度。购房后成本固定，以后不管收入如何都要负担同样的房贷，偿还房贷后负债减少的同时，家庭资产逐年增加，财富在强制性增长。租房在家庭收入不稳定时，可以在房产选择上有较大的弹性，不至于因为房贷而面临强制性储蓄，但租金和房贷不同，租金是一项消费性支出，而房贷是一项负债，负债的偿还会增加净资产，而消费性支出不会增加净资产。

4）在使用成本方面，租房的使用成本会随着房租价格的波动而波动，当房租上涨时，租房不得不面对房租上涨带来的成本压力；在房贷利率上涨时，购房者可能会面临房贷成本增加的风险，同时还要对房屋进行维护而产生维护成本。

学习笔记

5）在持有风险方面，租房的风险较购房风险小。购房后如果房价下跌、房屋毁损，购房人需要承担相应风险，而租房则可以规避此类风险。

6）在税收方面，购房时需要交纳与房产交易相关的营业税、印花税等税收，在持有期间还可能缴纳房产税，而租房不需要交纳与房产交易相关的税收，但可能要承担出租人转嫁的房产税。

7）在其他方面，租房具有一定的迁徙自由度，租房人不会由于房产交易成本而影响自由迁徙，在此方面比购房具有更大的自由度，但租房不能按照自己的意愿对房屋进行装修改造，可能无法实现自己的居住期望。购房可以使人拥有住房后的人生成功感受而且根据自己的意愿装修，实现居住的最大效用，同时在信贷方面会增加信用积分。

2. 购房与租房定量决策

上述购房与租房的比较只是在定性方面对两种方案进行了比较，从理财角度考虑，对两种方案的选择还要依赖于定量分析。由于居住规划主要是考虑自用性，因此，选择的标准是使用成本，比较两方案的成本大小，再作出合理的决策。依据成本考量时是否考虑货币时间价值，有两种方法可供选择，一是年成本法，该方法只考虑年使用成本，不考虑货币时间价值；二是净现值法，该方法使用货币时间价值概念计算净现值来对两种方案进行选择。

（1）年成本法

年成本法是比较租房或者购房的年成本，成本小的更为划算。以自住而言，购房者的使用成本是首付款机会成本、房屋贷款利息与住房维护成本。而租房者的使用成本是房租与房租押金的机会成本。

租房年成本＝押金×机会成本率＋年租金

购房年成本＝首付款×机会成本率＋贷款余额×贷款利率

＋年维修费及税金－房价每年涨幅

年成本法只是基于当前状况的一个比较，在作租房或者购房决策时还应该考虑将来的其他因素的改变，如房租是否呈增长趋势，房价是否呈增长趋势。另外，购房后总价固定，如果贷款利率不变，随着每年还款，贷款余额逐渐减少，因此，购房年成本逐渐降低；如果将来房租不断上涨，则租房年成本逐渐上升。

【示例4-6】 张先生看上了位于宁波市海曙区的一套面积120平方米的房屋，该房屋可租可售。如果租用，房租每月4 000元，押1个月租金；如果购买，总价200万元，可申请120万元、利率4.8%的房贷，首付80万元。假设房屋的维护成本是5 000元/年，预计房价每年涨100元/平方米。押金与首付款的机会成本均为5%。计算张先生租房和购房成本。

解析：张先生租房与购房的成本分析如下：

租房年成本＝押金×机会成本率＋年租金＝4 000×3%＋4 000×12

＝48 120（元）；

购房年成本＝首付款×机会成本率＋贷款余额×贷款利率
　　　　＋年维修费及税金－房价每年涨幅
　　　　＝800 000×3%＋1 200 000×4.8%＋5 000－100×120
　　　　＝74 600（元）。

两者相比较，租房比购房年成本低 26 480 元，租房比较划算。不过，如果预期房价会大幅上涨，宁可购房，而不要租房。因此，租房与购房究竟何者划算，决策者对未来房价涨跌的判断是决定性因素。

（2）净现值法

所谓的净现值法是指，在一个固定的居住期间内，将租房及购房的现金流量折现为现值，比较两者的净现值较高者为划算。

【示例 4-7】　承示例 4-6，如果张先生确定要在该处住满 5 年且 5 年后决意换房，若租用，月房租每年调升 500 元，租金每年年初支付，租期满后收回押金 4 000 元，若购买，假设房贷利率不变，维护成本每年 5 000 元。为张先生作出购房与租房决策。

解析：

1）租房方案。各年的现金净流量：

CF_0＝押金＋第 1 年租金＝－4 000－4 000×12＝－52 000（元）；

CF_1＝第 2 年租金＝[－4 000＋（－500）]×12＝－54 000（元）；

CF_2＝第 3 年租金＝[－4 000＋2×（－500）]×12＝－60 000（元）；

CF_3＝第 4 年租金＝[－4 000＋3×（－500）]×12＝－66 000（元）；

CF_4＝第 5 年租金＝[－4 000＋4×（－500）]×12＝－72 000（元）；

CF_5＝取回押金＝4 000（元）；

租房方案下净现值＝NPV（5%, －52 000, －54 000, －60 000, －66 000,
　　　　－72 000, 4 000）
　　　　＝－273 692.16（元）。

2）购房方案。

每年的房贷还款额＝PMT（4.8%, 20, 1 200 000, 0, 0）
　　　　＝－94 664.97（元）；

5 年后房贷余额＝PV（4.8%, 15, PMT（4.8%, 20, －1 200 000, 0, 0）, 0, 0）
　　　　＝－996 009.30（元）。

首付款在第 1 年期初支付，房贷与维修成本期末支付，各年的现金净流量：

CF_0＝首付款＝－800 000（元）；

CF_1＝第 1 年房贷本利摊还＋第 1 年维护成本
　＝－94 664.97－5 000
　＝－99 664.97（元）；

CF_2＝第 2 年房贷本利摊还＋第 2 年维护成本
　＝－94 664.97－5 000
　＝－99 664.97（元）；

学习笔记

CF_3＝第 3 年房贷本利摊还＋第 3 年维护成本
＝－94 664.97－5 000
＝－99 664.97（元）；
CF_4＝第 4 年房贷本利摊还＋第 4 年维护成本
＝－94 664.97－5 000
＝－99 664.97（元）；
CF_5＝第 5 年房贷本利摊还＋第 5 年维护成本＋第 5 年底房屋出售额－第 5 年底房贷余
＝－94 664.97－5 000＋（2 000 000＋100×120×5）－996 009.30
＝964 325.73（元）；
购房方案下净现值＝NPV（3%，－800 000，－99 664.97，－99 664.97，－99 664.97，－99 664.97, 964 325.73）
＝－328 765.68（元）。

因此，租房净现值比购房高，租房划算。

需要说明的是，合理的折现率应在首付款资金机会成本 3%与房贷利率 6%之间，可以在这个区间内作敏感度分析。另外，第 5 年年底的售房价格是影响购房净现值的主要因素，也可以以原价为基准作敏感度分析，张先生的购房与租房决策的敏感度分析如表 4.3 所示。

表 4.3　房价涨幅与折现率对净现值敏感度分析

租房 NPV/元 \ 折现率 / 房价涨幅	3%	4%	5%	6%
100 元/年	－328 765.68	－354 969.17	－378 888.20	－400 706.95
200 元/年	－278 516.63	－307 550.30	－334 115.27	－358 409.31
300 元/年	－228 267.57	－260 131.43	－289 342.35	－316 111.68
400 元/年	－178 018.52	－212 712.56	－244 569.43	－273 814.05
500 元/年	－127 769.46	－165 293.69	－199 796.50	－231 516.42
购房 NPV	－273 692.16	－265 700.39	－258 061.04	－250 754.50

4.3.3　购房规划

1. *购房能力分析*

购房能力分析是购房规划的一个重要的环节，在购房规划中，不仅要考虑到首付款的筹备，同时还要考虑购房后的房贷还款能力，两者共同决定了购房能力，如果只考虑到首付，很可能会陷入到低首付的陷阱，成为房奴。购房能力分析的方法有两种，即年收入概算法和目标精算法。

学习笔记

（1）年收入概算法

年收入概算法是依据房贷在收入中所占的比重来估算可负担的房价总额。具体估算公式为

可负担房价＝[（年收入×负担比率）/房贷利率]/贷款成数

【示例4-8】 张先生年收入25万元，扣除其他费用后有10%可用于房贷偿还，房贷利率5.2%，贷款20年，贷款成数60%。计算张先生可购房总价。

解析：可负担房价＝[（25万元×10%）/（5.2%）]/60%＝80.13万元，但前提是必须事先准备30.10万元（80.13×40%）的首付款。

需要注意的是，上述方法是将每年的可用于支付房贷的收入用来支付利息，而实践中房贷是按年金支付（以等额本利摊还法为例），即每年的收入是用来偿付本利平均摊还额。基于此，上述公式转换为

$$可负担房价＝\frac{房贷现值}{贷款成数}$$

房贷现值为购房日现值＝PV（RATE, NPER, 年收入×负担比率）

接上例，购房日房贷现值＝PV（5.2%, 20, 25×10%）＝30.63（万元）

可负担房价＝30.63/60%＝51.05（万元）。

年收入概算法的运用是从房贷总额来推算可负担的房价总额，在此过程中，并未考虑到首付款，因此，此方法在计算出可负担房价总额后，还应再依据首付比例来考察首付款的筹备额，如果首付筹备额不足，则要依据实际首付款除以首付比例确定可负担房价总额。

（2）目标精算法

目标精算法是利用目标基准点法原理，将购房缴款日作为基准点，在缴款日前为购房筹备首付款，在缴款日后，为购房偿还房贷，其计算过程如下：

首先，计算可负担首付款总额＝FV（RATE, NPER, PMT, PV）。

其中，RATE为投资报酬率，NPER为购房目标实现年数，PMT为每年用于首付款的储蓄额（目前年收入×负担比率），PV为已有可用于购房的资产额。

其次，计算可负担房贷总额＝PV（RATE, NPER, PMT）。

其中，RATE为房贷利率，NPER为房贷年数，PMT为房贷本利摊还额（年收入×负担比率）

可负担房价＝首付款总额＋房贷总额

【示例4-9】 张先生打算5年后购房，目前有资产5万元可用于首付，每年储蓄额投资报酬率为10%。用目标精算法计算张先生可购房总价。

解析：可负担首付款总额＝FV（10%, 5, 25×10%, 10）＝31.37（万元）；

可负担房贷总额＝PV（5.2%, 20, 25×10%）＝30.63（万元）；

可负担房价＝31.37＋30.63＝62（万元）。

2. 购房区域选择

在可负担房价确定后，考虑购房区域取决于两大因素：区位和大小。两个因素中，房子的大小取决于购房需求，弹性较小，因此一般先确定购房的大小和房间套型，其次再依据面积和或负担总价确定区位。当然也有特殊情况，如购房的目的是为了孩子教育，在购房总价确定后，应首先解决的是区位，然后牺牲面积换优势区位。另外，在区域选择时，还应考虑下列因素：

1）所居住社区附近的生活设施，如超市、商场、公园、医院的便利性。

2）离上班地点或子女就学地点远近及学校教学质量等。

3）是否邻近地铁站。同一城市的住房房价可以市中心为圆心画同心圆，越往外扩散房价越低。但市郊地铁站附近或区域型的商圈房价，也有可能比未翻新改造且无地铁可达的老旧市区房价高。

4）附近是否有不利设施，如公墓、电视发射塔、垃圾场等。

5）该区位是否有自然灾害的风险，如处于泥石流危险的山坡地、地震断层带、逢台风大雨就水淹的低地。

4.3.4 换房规划

1. 房涯规划

房涯规划是指购房要配合负担能力，且在一生中随生涯阶段的改变而换房的规划。成家前或新婚族的首次购房，以一居至二居小面积住房为主，使用 3～5 年。当小孩需要独立房间时，可考虑换购二居至三居住房，同时注重周边小学、中学的质量与小区配套设施，至少住 10 年以上。到中年时，如果能力足够，可考虑以居住品质与休闲功能为主，进行二次换房，以三居至四居住房为主，让已上中学、大学的孩子有较好的居住环境与较大的独立空间，或把届时已年迈的父母亲接过来一起住，尽孝养之道。到退休后，子女已独立居住，可换购较小面积但兼顾医疗、休闲、景观的住宅，变现部分资金供退休后的生活需求。

2. 换房能力概算

换房时，如果是将小面积换大面积，会涉及换房的支付能力问题，换房与购新房类似，需综合考虑首付款和房贷支付能力，不同的是，换房有旧房净值作为首付款的补充。换房首付款计算公式为

需筹首付款＝新房净值－旧房净值

＝（新房总价－新房贷款）－（旧房总价－旧房贷款）

【示例 4-10】 张先生有旧房价值 60 万元，贷款尚有 30 万元，新房价值 100 万元，拟贷款 60 万元。为张先生作换房规划。

解析：张先生在换房过程需首先考虑首付款：

学习笔记

需筹首付款＝（100－60）－（60－30）＝10（万元）。此时要考虑的是，手边可变现的资产有无 10 万元，同时需考量未来是否有能力负担 60 万元房贷月供额。

3. 换房的步骤

换房过程中，不可能同时实现买卖行动，在换房过程中必然要选择是先买后卖，还是先卖后买。

（1）先买后卖

先买后卖，要解决资金的缺口问题，即使只隔几个月，也要先借到一笔钱来缴首付款，且需要负担资金成本。例如，旧房 50 万元，换新房要 100 万元，新房可贷款 70 万元，首付款 30 万元。如先买后卖，中间隔 3 个月，这时若旧房无房贷，可用旧房抵押贷款 30 万元，作为新房的首付款。等到卖旧房之后，再还此笔贷款。若旧房还有房贷 20 万元，且增贷不易，此时若无其他财源，要想办法另外借得 30 万元来当新房首付款。若资金成本为 10%，需额外支付 300 000 元×10%×3/12＝7 500 元的利息。若没有借贷渠道，除非在换房前已经积蓄了一笔钱足以支付首付款，否则换房时还是以先卖后买为宜。

（2）先卖后买

先卖后买，要解决居住的接续问题，即使只隔几个月，卖房后买房前，将住在哪里，除非两边买卖合约都已经谈妥，只差几天可住旅馆，否则通常还是要租房居住。因为租期不长，不到 1 年，谈租约时，可能不像签 1 年租约一样容易，或者每月租金可能较高。如果旧房卖给投资者而非自住者，可以售后回租的方式，卖旧房后仍住在里面，付给旧房买主租金，直到搬入新房后为止。

4. 其他换、购房成本的考虑

在作购房或换房规划时，还应该将以下几项成本加入期初费用一起考虑。

（1）中介费用

通过中介公司，租赁房屋一般要付一个月的房租作为中介费，购买房屋一般要付房价 1%的中介费，销售房屋一般要付房价 2%以上的中介费。

（2）装潢费用

毛坯房的房价较低，但需要花更高的费用装修，适合于自己决定厨具、地板等基本装修形态的购房者。若是首次购房，所有家具、电器全部要买新品，因为装潢费用是购房后就要付出的，且不包含在总价及房贷额中，因此，在筹备首付款时一定要扣除装修费用。

（3）搬家费用

目前我国搬家费用低廉，同城搬家，搬运费 300～500 元足够，异地则要考虑拖动费等，但通过铁路搬运，费用相对也较低，3 000～5 000 元预算应该足够。

学习笔记

（4）相关税费

在房产交易过程中，有印花税、契税以及中介机构收取的阶段性担保费用、房屋权属登记机关收取的抵押设定费用，二手房的评估费用及房屋财产保险费用等。

4.3.5 置产贷款规划

1. 个人信用控制

（1）信用额度测定

信用额度是指对借款人征信之后，银行可贷给借款人的额度。在合理的利率成本下，信用额度主要取决于收入能力与资产价值，但在实际操作中，银行首先要通过个人征信系统和信用评分表确定是否给予信贷或是否需增提抵押品等。一般情况下，个人信用额度的计算公式为

最大信用额度＝最大信用贷款额度＋最大抵押贷款额度

＝收入×信贷倍数＋资产×借款成数

① 收入能力。银行在核贷时信用贷款以收入为最主要的考察因素，通常是以月收入的3～10倍为基准，即年薪的30%左右。如果是等额本息还款方式，如房贷、车贷，因为每期流量固定，额度可能高一些。另外职业（主要影响收入的稳定度）、保证人等因素也是影响额度的重要因素。

除考虑还款能力比重外，绝对收入也是考虑的重要因素，因为个人支出有其基本额度，收入高者储蓄率高，而储蓄是还本的资金来源。因此绝对收入低者的信贷倍数也相应较低。因为在相同信贷倍数条件下，绝对收入高的客户其偿还贷款的保证额度也高。然而绝对收入高者的信贷倍数并不随着绝对收入的增长无限提高，银行对个人信贷具有规定的上限。

② 资产价值。以抵押方式取得贷款的额度取决于抵押品的类别和资产价值。以资产质押或抵押借钱，本金变动不大的存单与保单一般可借到现金价值的90%，市价变动幅度大的股票与房地产一般可借60%～70%。而快速折旧的旧车或到当铺借钱一般都在50%以下。需要说明的是，在计算资产抵押贷款额度时，以该项资产的净值作为计算基础。

【示例4-11】 崔先生是某单位公务员，月收入10 000元（税后），经银行评分，崔先生信用贷款额度为月收入的4倍。有价值150万元的住房一套，该住房原贷款60万元，期限20年，等额本息偿还，利率6%，已还款3年，该住房可向银行申请70%的贷款，汽车一辆，目前市价10万元，可向银行申请30%的贷款。计算崔先生的最大信用额度。

解析：最大信用额度取决于崔先生的收入和资产价值。

最大信用贷款额度＝10 000×4＝40 000（元）

每月房贷还款额＝PMT（6%/12, 12×20, 600 000）＝4 258.59（元）

房产净值＝1 500 000－PV（6%/12, 12×174 258.59）＝951 081.33（元）

最大贷款额度＝951 081.33×70%＋100 000×30%＝695 756.93（元）

最大信用额度＝40 000＋695 756.93＝735 756.93（元）

（2）信用控制评价

1）贷款安全比率。贷款安全比率测定的是流动负债的偿债能力，反映净现金收入偿还当月负债的能力。计算公式为

$$贷款安全比率=\frac{每月偿债现金流量}{每月净现金收入}$$

其中，每月偿债现金流量＝当月应付利息＋计划偿付的本金；

每月净现金收入＝当月税前收入－所得税扣缴额－三险一金扣缴额。

消费性贷款安全比率上限，若包括房贷一般可设定为50%，不包括房贷可设定为20%。若每月只还银行规定的最低还款金额，则贷款安全比率应该在10%以内，且这种情况不应持续3个月以上。若卡债最低还款额占净现金流入的比率已达30%以上，则信用危机迫在眉睫。

2）贷款计划还清年数。低利率的房屋贷款建议用等额本息偿还法，20年还清。高利率信用卡循环信用或信用贷款余额，建议用等额本金偿还法在一年内加速还清，以免影响长期理财计划。

3）借款额度运用比率。信用额度已经运用超过50%，应该开始踩刹车，不要再增加新增贷款。假如已经超过70%，则必须开始采取加速还本计划，否则额度用到100%刷爆卡只是时间问题。

【示例4-12】 承示例4-11，崔先生目前还有信用卡负债20 000元，年利率18%，按月等额本息平均摊还，12个月还清。计算崔先生贷款安全比率并对崔先生信用控制进行评价。

解析：信用卡负债每月还款额＝PMT（18%/12, 12, 20 000）＝1 833.6（元）。

贷款安全比率：

不包括房贷的贷款安全比率＝1 833.36÷10 000＝18.33%；

包括房贷的贷款安全比率＝（1 833.6＋4 258.59）÷10 000＝60.92%。

崔先生目前包括房贷贷款安全比率已经超过50%，还款压力已经超越上限，不包括房贷的贷款安全比率未超过20%，还在可控范围内。因此，崔先生房贷压力较大，建议适当提前还本或以后降低消费信贷额度，以减少还款压力。另外，崔先生的信用卡负债采用的是按月等额本息还款，对于高利率的贷款方式而言，应采用等额本金法。

2. 个人贷款还款方式选择

贷款的还款方式要根据客户的具体情况进行规划，通用的还款方式有以下几种：

1）随借随还。对于高利率的消费贷款，应该随借随还，优先偿还来降低利息负担。除非有明显利率差，可以利用利率较低的贷款来偿还高利率贷款的余额，从而减轻利息负担，一般不适合用以债养债，即借新债还旧债的

学习笔记

方式延长整个消费借贷的时间，如信用卡借款。

2）平时只还利息或最低还款额，年终时可利用年度的自由储蓄，一次还清短期消费借贷，或提早还清中长期置产贷款。

3）等额本息/本金还款。对于借款金额较大的房贷或创业贷款，通常采用等额本息偿还的方式，在 5～20 年内还清。

3. 置产贷款产品选择

置业贷款一般采用封闭式贷款方式，即本利平均摊还。但对于一些有特殊需求的客户，银行设置了不同的贷款产品。

（1）抵利型房贷

抵利型房贷是指住房按揭贷款和存款账户的一个组合产品，存款账户按贷款利率水平计息，即抵利。通过这种抵利模式，相当于允许以存款提前还贷。该产品适用于在每期平均摊还额基础上，仍有一定现金流量的客户（该现金流量可以稳定也可以不稳定），超出的现金流量进入可抵利账户后，可达到节省利息支出并提前还清贷款本金的效果。

【示例 4-13】 张先生今年 28 岁，自营事业者，张先生刚购买一套住房，贷款 500 000 元，期限 20 年，利率 6%，考虑张先生的职业特点，银行为张先生提供的是抵利型房贷。张先生每月可保证可抵利存款账户余额为 100 000 元。计算张先生月供额以及提前还款期。

解析：通过抵利型房贷产品，该房贷还款情况如下：

不考虑抵利账户余额情况下，月供款如下：

月供款＝PMT（6%/12, 240, 500 000, 0）＝3582 元；

其中，本月偿还利息 IPMT＝500 000×6%/12＝2 500 元，本月偿还本金 PPMT＝1 082 元

本月抵利存款账户有 100 000 元余额，存款利息按贷款利率 6%计息，存贷利息相抵，则实际贷款利息按 400 000 本金计算：

计息贷款本金余额 400 000 元，利息 400 000×6%/12＝2 000 元，当月本金还 3 582－2 000＝1 582 元。

本金还款差异：1 582＞1 082。

若存款账户余额维持 100 000 元，则还款期限＝NPER（0.5%,－3 582, 400 000, 0）＝164 月。164/12＝13.67＜20，若到期一次性将存款账户余额 100 000 元全部用于偿还贷款本金，则可提前 6 年把本金还清。

（2）气球贷

气球贷是指先少量、分期偿还贷款利息和部分本金，剩余本金再到最后一期一次偿清，整个还款的模式就像气球一样“头大尾小”。这种贷款方式可任意选择与银行约定期限来计算月供，不受实际贷款期限的限制。该产品适用于收入稳定，可以按期还款或提前还款，想减轻利息负担的客户。例如，预期未来较短年限内资金实力显著增强或是后期将有大额资金进账者；计划

学习笔记

在短期内换房；借款期内仅想偿还较少月供，而将节余下的款项运用至其他具有更高投资回报的领域者。但风险是如果中间曾迟延缴款或收入降低，5年后贷款到期可能无法续贷，需一次还款造成届时财务压力。

【示例4-14】 承示例4-13，如银行为张先生提供的是气球贷，5年期利率5%，期限30年。计算张先生的月供额并说明气球贷过程。

解析：月供款＝PMT（6%/12, 30×12, 500 000, 0）＝－2 997.75元。

5年后贷款余额＝PV（6%/12, 25×12，－2 997.75, 0）＝465 271.79元。

5年后贷款余额可续贷5年，用25年贷款计算，若利率仍为6%，月供额仍为2 997.75元，第二个5年后要还贷款余额418 428.63元。

以此类推，可用5年期的贷款利率比长期贷款利率低的优势来省息。

（3）住房反向抵押

住房反向抵押也称倒按揭，是指把房产抵押给债权人，获得一笔持续的现金流量，当设定年限或条件达到时，房产的所有权依合约规定转让给债权人。倒按揭可解决老龄化社会中普遍存在的有房但无现金流量的问题。2013年9月6日，国务院出台了《关于加快发展养老服务业的若干意见》，其中明确提出"开展老年人住房反向抵押养老保险试点"，所谓的住房反向抵押贷款，是指拥有房屋产权的老年人将房屋产权抵押给金融机构，金融机构进行综合评估后，按月或按年支付现金给借款人，一直延续到借款人去世。借款人在获得现金的同时，将继续获得房屋的居住权。"以房养老"在现实中会遇到很多难题，如房子如何估值，房子抵押后子女无法继承遗产所牵扯出来的伦理问题，（投保人的）寿命有长有短，养老金和房子的现有价值、潜在价值如何测算等。但随着我国老龄化加剧，住房反向抵押将成为一种重要的养老产品。

4. 还本计息方式与还款频率选择

（1）还本付息方式选择

目前我国各商业银行对于置产贷款计算主要有两种方式，一是等额本息偿还，二是等额本金偿还。等额本息偿还法以年金方式计算每期应还款额，每期还款等额还款中包括本金和利息。等额本金还款法每期还款本金相同。

【示例4-15】 张先生贷款100万元，期限10年，利率10%，按年还款，分别制定等额本息还款与等额本金还款计划并说明两种方法的区别。

解析：

1）等额本息还款法：

年供款=PMT（10%, 10, 100）＝16.27万元；

第1年利息＝IPMT（10%, 1, 10，－100）＝10万元

……

第n年利息＝IPMT（10%, n, 10，－100）

第1年本金＝PPMT（10%, 1, 10，－100）＝6.27万元

……

学习笔记

第 n 年本金＝PPMT（10%, n, 10, －100）

2）等额本金还款法：

每年偿还本金＝100 万元/10＝10 万元

第 1 年利息＝100 万元×10%＝10 万元

第 2 年利息＝（100 万元－10 万元×1）×10%＝9 万元

第 3 年利息＝（100 万元－10 万元×2）×10%＝8 万元

……

10 年内两种方法还款计划如表 4.4 所示。

表 4.4 等额本息与等额本金还款法比较表

等额本息还款法			等额本金还款法		
还款期/年	本金/万元	利息/万元	还款期/年	本金/万元	利息/万元
1	6.27	10.00	1	10.00	10.00
2	6.90	9.37	2	10.00	9.00
3	7.59	8.68	3	10.00	8.00
4	8.35	7.92	4	10.00	7.00
5	9.19	7.09	5	10.00	6.00
6	10.11	6.17	6	10.00	5.00
7	11.12	5.16	7	10.00	4.00
8	12.23	4.05	8	10.00	3.00
9	13.45	2.82	9	10.00	2.00
10	14.80	1.48	10	10.00	1.00
合计	100.01	62.74	合计	100.00	55.00

两种方法还款过程如图 4.5 和图 4.6 所示。

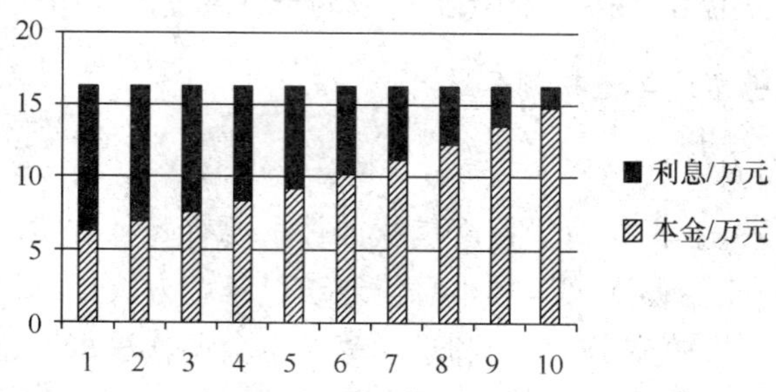

图 4.5 等额本息还款法

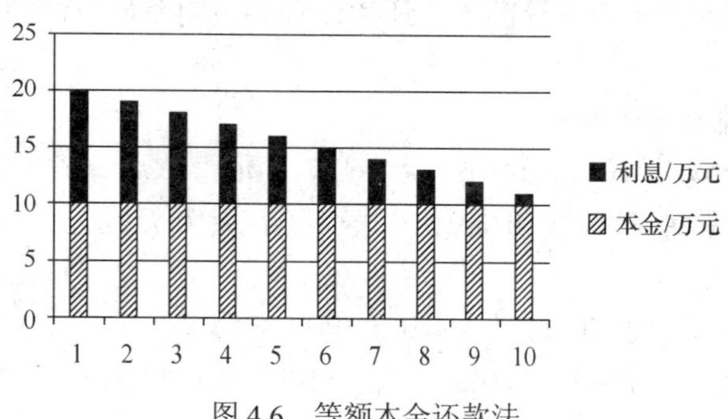

图 4.6 等额本金还款法

学习笔记

通过对比，两种方法计算对还款人有以下意义：

1）最终所还本金相同，两种方法下贷款的本金都要偿还，采用的计息方法不影响本金的大小；

2）两种方法第一期所还利息相同，两种方法各项利息都是用期初的本金乘以利率来计算，第1期本金都是100万元，因此，利息也同为10万元；

3）两种方法每年所还利息都在逐年下降，但本金平均摊还法下降速度快于本利平均摊还法，原因在于本金平均摊还法在前期所还本金高于本利平均摊还法；

4）等额本息平均摊还法本金每年在上升，随着本金的偿还，利息逐年减少，而在该方法下，每年供款额相等，因此，利息减少的同时，所还本金增加，而本金平均摊还法每年不变；

5）等额本息摊还每期所还本利和几乎相同，本金摊还法逐年下降；

6）等额本金平均摊还法所还利息总额低于本利平均摊还法，这是因为在还款的前期，等额本金平均摊还法所还本金大于等额本息平均摊还法，因此，所产生的利息小。

（2）还款频率选择

目前银行除提供按月还款置产贷款产品外，有些银行还提供双周供产品，两种产品在选择过程中最为明显的就是双周供利息总额低于月供，但比较资金成本的标准应是成本率而不是成本的绝对值。

【示例4-16】 张先生贷款100万元，期限一年，年利率10%，银行为张先生提供了双周供和月供两种还款方案，为张先生选择还款频率。

解析：按月供款，累积还息＝CUMIPMT（10%/12，12，100，1，12，0）

＝5.5（万元）；

按双周供款，累积还息＝CUMIPMT（10%/26，26，100，1，26，0）

＝5.28（万元）；

按双周供款利息低于月供。但比较两者的有效年利率如下：

月供有效年利率＝EFFECT（10%，12）＝10.47%；

双周供有效年利率＝EFFECT（10%，26）＝10.49%。

双周供有效年利率高于月供，反而对贷款人不利。

5. 转贷决策

在置产信贷过程中，由于政策的变化或其他原因，可能会出现通过转贷降低贷款成本的机会。但转贷也是需要付出成本，且转贷金额往往与目前贷款额度不符，当不同银行间利率差异加大时，应综合考虑以下几项因素作出转贷决策：

首先要计算转贷的期初成本，包括评估费、保险费、抵押设定费、新贷款银行收取的其他费用、旧贷款银行可能收取提前清偿的违约金等。

其次看转贷后的额度是否相同（即平转）。若房价较初次贷款时低，则

学习笔记

转贷时额度可能降低（降转）；若房价较初次贷款时高，则转贷时额度也可能调高（升转）。若额度降低，则必须从其他来源补足额度差额，这时需考虑其他来源的资金成本。

【示例 4-17】 张先生在 A 银行贷款 30 万元，按优惠利率 6.12%上浮 10%，期限 20 年；现有一家银行愿意下浮 10%，以 5.51%放贷，但额度只有 25 万元，期限 20 年，差额 5 万元张先生可用 5 年期信用贷款筹集，利率 12%，5 年等额本息摊还，转贷费用 6 000 元。为张先生作出是否转贷的决策。

解析：原贷款 PMT＝（6.12%/12, 240, 300 000, 0）＝2 278（元）；

新贷款 PMT＝（5.51%/12, 240, 250 000, 0）＝1721（元）；

差额 PMT＝（1%, 60, 50 000, 0）＝1 112（元）。

转贷后前 5 年月供 1 112 元＋1 721 元＝2 833 元，后 15 年月供 1 721 元。

新贷款的内部报酬率如下：

CF_0＝294 000，CF_1＝－2 833，N_1＝60，CF_2＝－1 721，N_2＝90，CF_3＝－1 721，N_3＝90，IRR＝0.515 2%，有效年利率（1＋0.515 2%）^{12}－1＝6.36%。

6.36%低于原贷款的（1＋6.73%/12）^{12}－1＝6.94%，所以可以转贷。

4.3.6 住房公积金购房（租房）规划

1. 我国的住房公积金制度

建立住房公积金制度是我国城镇住房分配制度的一项重大改革，是构建城镇职工住房保障体系的基础性制度。1999 年 4 月，国务院颁布了《住房公积金管理条例》，标志着我国住房公积金制度进入了法制化、规范化的轨道。2002 年，国务院又对该条例进行了修订。在该条例中对住房公积金缴存、提取、使用、管理和监督作出了各项规范。在具体实施过程中，住房和城乡建设部根据房地产市场的发展状况又陆续出台了相关的通知或指导意见。

（1）住房公积金实行单位

我国的住房公积金实行单位包括国家机关、国有企业、城镇集体企业、外商投资企业、城镇私营企业及其他城镇企业、事业单位、民办非企业单位、社会团体（以下统称单位）及其在职职工。有条件的地方，城镇单位聘用进城务工人员，单位和职工也可缴存住房公积金；城镇个体工商户、自由职业人员可申请缴存住房公积金。但在实务过程中，目前只有国家机关、事业单位和部分企业（主要是国有企业）缴纳住房公积金，其他单位鲜有缴纳。

（2）住房公积金缴存

本内容详见项目 3。

（3）住房公积金提取

1）基本规定。《住房公积金管理条例》第 42 条规定，职工有下列情形之一的，可以提取职工住房公积金账户内的存储余额：购买、建造、翻

学习笔记

建、大修自住住房的；偿还购房贷款本息的；房租超出家庭工资收入规定比例的；离休、退休的；完全丧失劳动能力，并与单位终止劳动关系的；出境定居的。其中后三款提取职工住房公积金的，应当同时注销职工住房公积金账户。职工死亡或者被宣告死亡的，职工的继承人、受遗赠人可以提取职工住房公积金账户内的存储余额；无继承人也无受遗赠人的，职工住房公积金账户内的存储余额纳入住房公积金的增值收益。提取公积金用于偿还购房贷款本息时，每次提取额不得超过当期应还款付息额，提前还款的提取额不得超过住房公积金贷款余额。

2）调控政策影响。2010 年，为配合国家对房地产市场的调控政策，住房和城乡建设部出台了《关于规范住房公积金个人住房贷款政策有关问题的通知》，在该通知中，强调了住房公积金保障基本住房的需求，并严禁使用住房公积金个人住房贷款进行投机性购房。

在购房套数方面，规定第二套住房公积金个人住房贷款的发放对象，仅限于现有人均住房建筑面积低于当地平均水平的缴存职工家庭，且贷款用途仅限于购买改善居住条件的普通自住房。第二套住房公积金个人住房贷款首付款比例不得低于 50%，贷款利率不得低于同期首套住房公积金个人住房贷款利率的 1.1 倍。停止向购买第三套及以上住房的缴存职工家庭发放住房公积金个人住房贷款。

在首付款方面，规定使用住房公积金个人住房贷款购买首套普通自住房，套型建筑面积在 90 平方米（含）以下的，贷款首付款比例不得低于 20%；套型建筑面积在 90 平方米以上的，贷款首付款比例不得低于 30%。

在额度方面，规定城市住房公积金管理委员会要根据当地住房价格、人均住房建筑面积和住房公积金业务发展状况，以支持缴存职工购买普通自住房的贷款需求为原则，合理确定住房公积金个人住房贷款最高额度。

2. 住房公积金贷款与商业银行贷款的比较

（1）住房公积金贷款利率比商业银行住房贷款利率低

住房公积金是国家社会保障性质，因此，通常住房公积金贷款利率低于商业贷款利率。以 2011 年 2 月 9 日为利率调整为例，住房公积金贷款 5 年以下（含 5 年）利率为 4%，5 年以上为 4.5%，商业银行同期贷款利率 3～5 年（含 5 年）为 6.45%，5 年以上为 6.6%。

（2）贷款对象不同

公积金贷款对象必须是公积金系统公积金缴存人，而商业贷款则不受此限制。

（3）贷款的担保方式不同

商业银行贷款一般是在房产证抵押前采用开发商阶段性连带责任保证的担保方式，在房产证抵押登记后采用抵押的担保方式，公积金贷款担保方式主要是地方贷款担保中心所提供的连带责任担保。

学习笔记

（4）所需要的费用不同

商业银行住房贷款需要律师费用、保险费用，而住房公积金贷款一般需要担保费、评估费和保险费。

（5）对单笔贷款最高额度的规定不同

一般而言，商业银行住房贷款对单笔贷款的最高额度没有限制，而对于公积金贷款每笔限额各地的住房公积金管理中心均有相关规定。

3. 公积金购房决策

住房公积金制度作为社会保障制度，为职工住房提供了一定的保障，在购房决策时需考虑并最大化住房公积金的效用。

按照《住房公积金管理条例》，房租超出家庭工资收入规定比例的，可以提取住房公积金。未来打算购房，住房公积金可以提取用作购房首付款，备齐首付款是购房的前提，如果现在租房，将住房公积金提取作为房租，将收入中的节余部分用作更为高效的投资会提前实现购房目标（住房公积金存款利率介于存款与国债之间，收益相当低），反之将收入的节余部分用于消费，则会延迟购房目标的实现。如果暂时没有购房计划，则可以考虑将住房公积金提取用来支付房租。

利用住房公积金贷款购房，虽享受了利率优惠，但在购房性质与首付比例方面受到限制，这是公积金住房贷款必须考虑的因素。

【示例 4-18】 张先生夫妻二人在宁波参加了住房公积金缴存计划，单位按宁波市住房公积金缴存比例上限 10%缴存公积金。张先生月收入 10 000 元，已缴存 10 年，当前账户余额为 250 000 元，妻子月收入 6 000 元，已缴存 10 年，当前账户余额为 150 000 元，按 2011 年住房公积金存贷款利率，存款利率为 2.6%，贷款利率为 4.5%，商业贷款利率为 6.6%（均为 5 年以上），贷款额度通过公式计算：可贷额度＝借款人及参与计算贷款额度人员的缴存基数之和×40%×12 个月×贷款期限，且最高额度为 40 万。两人准备在 5 年后购房，两人均可贷 20 年。为张先生作出公积金购房决策。

解析：

1）在只考虑住房公积金条件下，其可购房总价计算如下：

张先生每月缴存住房公积金＝10 000×（10%＋10%）＝2 000（元）；

妻子每月缴存住房公积金＝6 000×（10%＋10%）＝1 200（元）。

首先将购房前住房公积金作为首付款：

张先生可累积首付款＝FV（2.6%，5，－2 000*12，－250 000）

＝410 638.87（元）；

妻子可累积首付款＝FV（2.6%，5，－1 200*12，－150 000）

＝246 383.32（元）；

合计可积累首付款＝410 638.87＋246 383.32＝657 022.20（元）。

如果只用公积金偿还贷款，可负担贷款额度＝PV（4.5%/12，20*12，

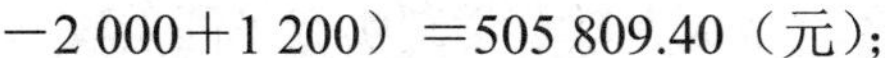

学习笔记

−2 000＋1 200）＝505 809.40（元）；

可贷额度＝（10 000＋6 000）×40%×12×20＝1 536 000（元）；

而最高贷款额度只有 40 万元，只依靠公积金张先生可购房总价＝657 022.20＋400 000＝1 057 022.20（元）。

2）若 5 年后购房目标总价 150 万元，贷款额度 50%，则除住房公积金外，假设自己投资报酬率为 5%，计算每月需增加储蓄、商业贷款额和每月还款额。

首付款赤字＝1 500 000×50%－657 022.20＝92 977.80（元）；

每月需增加储蓄＝PMT（5%/12，5*12，0，92 977.80）＝1 367.20（元）；

商业贷款额＝1 500 000×50%－400 000＝350 000（元）；

公积金每月还款额＝PMT（4.5%/12，20*12，400 000）＝2 530.60（元）；

商业贷款每月还款额＝PMT（6.6%/12，20*12，350 000）＝2 630.15（元）；

每月还款额＝2 530.60＋2 630.15＝5 160.75（元）。

任务 4.4　子女教育规划

4.4.1　中国子女教育金需求计算

1. 中国教育体制

中国的学校教育体制按学制系统分为学前教育、初等教育、中等教育、高等教育。按类别分为普通教育和职业教育，按学习形式分为成人教育和全日制教育。理财规划中，子女教育是指全日制教育，我国目前全日制教育各个阶段的学习年限与招生对象如表 4.5 所示。

表 4.5　子女教育各阶段学习年限与招生对象

学习阶段		
幼儿园		
小学和初中		
职业初中		
普通高中		
技工学校		
职业高中	2～3 年，少数为 4 年	入学年龄 15～16 岁
中等专科学校		
续大学	全日制为 4 年或 5 年，有些医科院校为 7 年或 8 年	入学年龄一般为 18～19 岁
专科学校	2 年或 3 年	入学年龄一般为 18～19 岁
研究生	硕士学习年限为 2～3 年	硕士研究生的入学年龄规定不超过 40 周岁
	博士学习年限一般为 3 年	博士研究生的入学年龄规定不超过 40 周岁

学习笔记

此外，还有成人系列的教育体系。各类型成人教育学制实行“同层次同规格”的原则：成人中等学校，全脱产的学习年限一般与同类性质的全日制学校相同，半脱产或业余的，学习年限一般比同类性质的全日制学校长1年左右；成人高等学校，本科教育的学习年限一般为4～5年，专科教育形式较多，学习年限一般在2～4年之间。

由表4.4可知，按我国高等教育体制，在接受高等教育时，子女已经独立，从法律角度而言，父母对子女的抚养义务已经完成，按照“谁投资，谁受益”的原则，上大学的投资主体都应该是大学生本人，上大学的费用应该由本人出面融资。然而，受中国传统文化的影响，中国学生的高等教育费用一般都是由父母承担，加之我国教育经费投入结构不合理，如整体投入偏低、高等教育的高投入影响了初等和中等教育等，使子女教育占家庭收入比例过高，甚至成为家庭财务的沉重负担。基于此，子女教育规划就成为中国家庭理财的核心内容之一。

2. 子女教育金支出

（1）子女教育必要性支出——学杂费

1）九年义务教育免学费。1986年《中华人民共和国义务教育法》颁布以来，各级政府依法实施九年义务教育。小学6年与初中3年为义务教育，目前采取一费制，免学费，只缴杂费、制服费等，随着政府对义务教育加大投入力度，目前许多省份已经全面取消了各项收费。例如，宁波市目前以自愿原则，对提供住宿条件的学校可按规定继续收取住宿费，具体标准为小学每生每学期100元，初中每生每学期150元。对民办教育也只是按成本收费。

2）高中后实行收费制。高中后进入收费教育阶段，根据高中的层次和性质不同，收费不同，以宁波市为例，宁波市高中收费标准如表4.6所示。

表4.6　宁波市公办普通高中收费标准

收费项目	收费标准
学费	省一级重点高中1 150元/年；省二级重点高中1 000元/年；（综合、特色高中）省三级重点高中850元/年；一般高中700元/年
住宿费	普通宿舍160元/年
	公寓化宿舍250元/年
	公寓化宿舍350元/年
择校费（三限生）	省一级重点高中26 900元；省二级重点高中22 000元；省三级重点高中21 100元；其他普通高中20 200元

3）高校学费。我国高校学费依据地方、学校性质和专业不同，学费也有所不同，一般在京津地区、长三角和珠三角地区，普通本科学校平均学费4 200～5 000元/年，私立和非重点大学学费则更高，平均达16 000元/年，高职院校6 500元/年。高校住宿费最高1 200元/年。对于不同专业，艺术类、表演类、机械

类、机械类专业沉重由于培养成本高，其学费也比一般专业高出 1 000～3 000 元不等。

4）研究生。我国目前研究生还是不用缴费，国家一般还提供一定的补贴。但是，目前自费研究生越来越多，由公费转向自费是大势所趋。事实上，目前每年约有一半的研究生（包括硕士生和博士生）是自费生，各大高校和科研院所收费标准为每年 8 000～10 000 元。由于研究生阶段用于买书与论文写作的费用较高，预计公费生扣除每月 200 元的补助后每年还要支付 8 000 元，自费研究生平均每年的费用在 18 000 元左右。

（2）子女教育选择性支出

1）学前教育支出。幼儿园教育是非义务教育，城市中 3～6 岁小孩多数要上幼儿园。公办幼儿园的平均费用每月 400 元左右，有入学区域限制，每年费用约 5 000 元。民办幼儿园的费用大致是公办幼儿园的 3 倍，每年费用约 15 000 元。有些中外合办、双语教学的幼儿园，每年收费高达 1 万美元。宁波地区幼儿园 2010 年收费标准如表 4.7 所示。

表 4.7　宁波市幼儿园 2010 年收费标准

收费项目	收费标准/（元/月）				
	班别 / 级别	小小班	小班	中班	大班
	六星级	370	350	330	310
	五星级	270	240	215	195
	四星级	230	210	195	185
	三星级	190	175	160	145
	二星级	150	140	130	120
幼儿园保育费、餐点费	一星级	120	90	80	70
	星外级	100	80	70	60
	备注：新生新标准，老生老标准。 今秋，幼儿园保育费收取将实行“新生新标准，老生老标准”的收费政策。餐点费按实际发生费用计收。 此外，加时托在日托收费标准上加收 30%，全托在日托收费标准上加收 60%，日托必须保证幼儿在园每天 9 个半小时，并建立教师早晚值班制度，以方便幼儿家长正常工作，对早送晚接不得加收费用。加时托延时至晚 9 点。 民办幼儿园保育费标准由幼儿园自行制定，报价格主管部门备案并公示。假期举行困难班的，由幼儿家长自愿选择参加，幼儿园不得强制				

2）兴趣班支出。兴趣班包括从绘画、舞蹈、乐器等艺术类兴趣班到围棋、跆拳道等体育类项目班，各类兴趣班支出相关很大，一对一辅导班收费远高于一对多辅导，辅导学生越少，费用越高。例如，钢琴每小时 100 元，一周一次，每月 400 元，二胡等乐器初学一对多辅导每月 200 元，后期一对一辅导同钢琴费用相差无几。

3）辅导班、实习班和家教支出。中学阶段学校附设的辅导班，按一学

期一科500元计算，辅导一科每年约需要1 000元。如果英语、数学、物理、化学都要辅导，每年约需要4 000元。如果请大学生做家教，每小时30～50元，请老师做家教，每小时100～150元。按每科每个月500元计，如果补两科，家教费就要1 000元。

3. 子女教育金需求计算

(1) 子女教育金需求计算

子女教育金需求的计算首先应确定目前各学程教育年支出现值，在此基础上，考虑子女接受各学程教育时的终值，即考虑学费增长率后接受各学程教育时的实际支出，所有这些支出的资金筹备可以一次性用现有资产备齐，也可以通过年金方式在子女接受教育前逐年提备，提备的资产可以通过投资实现价值增值，以满足孩子各学程的教育需求，因此孩子的教育金需求应为各学程教育金以投资收益率折现后的现值。

【示例 4-19】 张先生儿子刚满一岁，2年后上幼儿园。各学程费用如表4.8所示。假设学费成长率为5%，教育金投资报酬率为8%。计算张先生需为儿子准备的教育金。

表4.8　张先生儿子各学程教育费支出现值表

学　程	每年支出/元	就学年数/年	合计/元	累计/元
幼儿园	20 000	4	80 000	80 000
小学	10 000	6	60 000	140 000
初中	10 000	3	30 000	170 000
高中①	28 000	3	84 000	254 000
大学	20 000	4	80 000	334 000
研究生②	20 000	6	120 000	464 000

注：① 考虑了择校费。

② 包括硕士和博士教育。

解析： 计算过程如表4.9所示。

表4.9　子女教育现金需求计算表

序号	A	B	C	D	E	F
	子女年龄/岁	学程	教育金支出/（元/年）	学程教育开销	年支出现值/元	就学年数/年
1	1			幼儿园	−20 000	4
2	2			小学	−10 000	6
3	3	幼儿园	22 050.00	初中	−10 000	3
4	4	幼儿园	23 152.50	高中	−28 000	3
5	5	幼儿园	24 310.13	大学	−20 000	4

学习笔记

续表

序号	A	B	C	D	E	F
	子女年龄/岁	学程	教育金支出/（元/年）	学程教育开销	年支出现值/元	就学年数/年
6	6	幼儿园	25 525.63	研究生	-20 000	3
7	7	小学	13 400.96	学费成长率/%	5	
8	8	小学	14 071.00	投资报酬率/%	8	
9	9	小学	14 774.55	目前年龄/岁	1	
10	10	小学	15 513.28	教育金需求 NPV/元	324 649.74	
11	11	小学	16 288.95	教育金需求 PMT/元	29 688.60	
12	12	小学	17 103.39			
13	13	初中	17 958.56			
14	14	初中	18 856.49			
15	15	初中	19 799.32			
16	16	高中	58 209.99			
17	17	高中	61 120.49			
18	18	高中	64 176.51			
19	19	大学	48 132.38			
20	20	大学	50 539.00			
21	21	大学	53 065.95			
22	22	大学	55 719.25			
23	23	研究生	58 505.21			
24	24	研究生	61 430.48			
25	25	研究生	64 502.00			
26	26	研究生	67 727.10			
27	27	研究生	71 113.45			
28	28	研究生	74 669.13			

1）各年教育金支出。

幼儿园第 1 年教育金支出＝FV（学费成长率，子女年龄－目前年龄，幼儿园年支出现值）＝FV（E8，A3－1，E$2）＝22 050.00（元），

通过复制 C3 可以得出幼儿园第 2～4 年支出；

小学第 1 年支出＝FV（学费成长率，子女年龄－目前年龄，小学年支出现值）＝FV（E8，A7－1，E$3）＝13 400.96（元），

通过复制 C7 可以得出幼儿园第 2～6 年支出；

后续学程同幼儿园与小学。

学习笔记

2）一次性筹备教育金。

教育金需求现值＝NPV（投资报酬率，幼儿园第一年教育金支出：最后一年教育金支出）＝NPV（E8，C3:C28）＝324 649.74（元）。

3）通过年储蓄筹备教育金。教育金需求各年储蓄＝PMT（投资报酬率，子女教育最后年龄－目前年龄，教育金需求现值）＝PMT[E8，A28－1，NPV（E8, C3:C28）]＝29 688.60（元）。

（2）子女教育金需求计算应用

教育金需求现值是未来保险计划的重要指标，在保险计划中，要以子女为受益人，投保寿险，保险金额为教育金现值，以保证收入中断时能够继续履行子女教育责任，上述张先生需在保额中包含教育金现值 324 649.74 元。以教育金需求现值计算的教育金需求各年储蓄，需从现在起直到子女教育最后一期学费支付，需为子女教育提拨相应储蓄，父母不能轻言退休。

4.4.2 子女教育投资决策

1. 子女教育投资收益分析

（1）教育的经济分析

个人把受教育看做投资，是市场经济条件下一种必然产物。政府投资教育，主要是从社会效益考虑，看到的是教育对社会生产和人民生活的全面而有益的影响；而个人通常注意的是教育投资所带来的个人收入的增加。在现代人事工资制度中，工资收入与学历直接挂钩；而且学历已成为干部任聘、晋升以及各种技术职务职称评定的重要条件。总之，受过高等教育在就业和晋升方面能够取得优势地位，这种优势地位就是个人教育投资的动力，而这种优势的取得正是受教育者获取收入的保障，因为受教育而额外获得的收入即为受教育的收益。因此，从经济学角度分析个人教育投资并不失为一个良好的视角。作为投资，受教育也有成本付出，从成本角度考量，教育的成本主要有直接成本和间接成本两项内容：直接成本包括学生及其家庭为教育所支付的一切直接支出，即应有的书籍费、学费、往返学校的交通费和额外的衣、食、住等费用；间接成本则是由于受教育而放弃就业机会所丧失的就业收入。

（2）教育的价值观分析

如上所述，尽管我们可以作教育成本收益分析，但是，在制定教育金规划时，不能只考虑经济问题。教育投资，有可能无法完全回收，因此，把子女当做一个事业进行投资一样是有风险的。其中，最大的风险是投入庞大的教育支出后，子女仍然没有预期般成功的事业。但教育毕竟与其他投资不同，教育投资更注重的是人价值观形成的教育。

2. 子女教育投资决策

（1）国内子女教育投资决策

子女教育投资决策建立在教育的经济分析基础上，通过计算投资高一级学历所获得的净效益或投资报酬率来决定是否需要投资教育。当净效益大于 0 或投资报酬率高于必要报酬率时，该学程教育即可投资。需要说明是，如前所述，教育投资不能仅考虑经济效益，对子女价值观的形成也是考虑教育投资必要因素。

计算子女教育投资报酬率，首先要计算高等教育的成本，包括学杂费等直接成本与教育期间不工作的机会成本。而后计算获得学位后可望增加的收入水准，可以用简算法（不考虑货币时间价值）与精算法（考虑货币时间价值）两种方法计算。

1）简算法下，不考虑货币时间价值。

攻读高学历的净效益＝薪资总差异－学费成本－机会成本

其中，薪资总差异＝两学历薪资年差异×后段毕业后可工作年数；

学费成本＝后段学历年学费×后段就学年数；

机会成本＝前段学历薪资×后段就学年数。

【示例 4-20】 表 4.10 列示了宁波市 2010 年分学历工资指导价位，以此表中中位数为基准，计算不同学历间的薪资差异。以表 4.8 中的各学程年支出现值作为教育费用，假设工作到 60 岁，用简算法计算硕士教育投资收益。

表 4.10 宁波市 2010 年分学历工资指导价位 单位：元/（人・年）

学历	高位数	中位数	低位数	平均数
硕士	480 746	93 141	29 975	142 822
本科	250 797	53 173	18 768	75 667
大专	141 708	35 892	16 405	48 204
高中、中专、技校	81 879	24 764	13 930	31 419
初中及以下	55 574	20 524	12 811	24 155

解析：简算法下净收益＝（93 141－53 173）×（60－25）－（20 000×3＋53 173×3）＝1 179 361（元）。

2）精算法考虑货币时间价值，计算各学程教育投资报酬率。

攻读高学历的年报酬率＝RATE（NPER, PMT, －PV）。

其中，NPER＝后段毕业后可工作年数；

PMT＝两学历薪资年差异＝后段学历薪资－前段学历薪资；

PV＝总成本现值＝学费成本＋机会成本。

【示例 4-21】 承示例 4-20，用精算法计算硕士教育投资报酬率。

解析：精算法下年报酬率＝RATE（60－25, 93 141－53 173, －（20 000＋53 173）*3, 0, 1）＝18%。

（2）国外留学的投资决策

出国留学的投资报酬率可以用同样的方法进行计算，还可以计算国外留学之后年薪增加多少才比国内大学毕业划算。若能取得公费留学资格，或获

学习笔记

得全额奖学金，直接成本可降低很多，但奖学金名额毕竟有限。在国外边学习边打工，可能延缓学成的时间或降低学习效果，因此一般并不提倡这种建议。因为最终在就业后还是要依赖于真才实学，单靠一个海归的名分在国内找工作已经不如以前有优势，以后随着出国留学日益便利，海归的身份所能带来的就业优势更加难以体现。

4.4.3　子女教育规划工具的选择

1. 子女教育金特性

与购房和退休两个理财目标相比，子女教育金有如下特性。

（1）缺乏时间弹性

子女到了一定年龄（18 岁左右）就要念大学，不像购房规划，若财力不足可延后几年购房。至于退休规划，若储备的养老金不足也可以延后几年退休。随着宏观经济进一步发展及大学的普遍设立，大学学位变成迈向社会工作的基本门槛，也成为父母必须培养子女到达门槛的义务。因为没有时间弹性，所以更需要提早准备，以免陷入窘境。

（2）没有费用弹性

对于退休规划，若财力不足，降低退休后的生活水平也能保证；对于购房规划，若财力不足，选择偏远一点房价较低的区位也还可以接受。但是，与退休规划或购房规划的弹性相比较，子女高等教育的学费相对固定，这些费用对于每一个学生都是相同的，不会因为家庭经济情况不同而有所差异。在费用方面不能寄希望于奖学金和助学金，因为这两项资金的取得都是有条件的，可能会由于达不到条件而面临学费不足的困境。

（3）子女的资质无法事先掌握

在子女教育方面，最后要花费多少财务资源，与可以由自己决定的退休规划和购房规划相比，更难掌握。子女出生时，很难知道这个子女在独立前，会花掉父母多少钱，这与子女的资质、注意力和学习能力有关。父母希望子女能考上师资较佳、学费也较便宜的公办大学，子女不见得考得上。学习自觉的子女与漫不经心的子女，在求学期间所花费的家教、补习甚至陪读费用也差距甚大，这些都不是父母可以事先控制的。有些小孩在音乐、美术上有天分，如果父母为了不埋没子女的天分，计划送其子女去专门才艺学院深造则花费更惊人。因为不管资质太高或太低都无法事先控制，一样要花费很多的钱，所以应该从宽来规划子女教育金。

（4）没有专门针对子女教育的强制性储蓄账户

目前在政府或企业单位就职的人，有两笔特定用途的强制性储蓄，即用于退休规划的个人养老金账户和用于购房规划的住房公积金账户，然而。并没有专门为子女教育而强制储蓄的账户。因此，一般而言，子女教育金要靠自己主动准备。

学习笔记

（5）子女教育支出持续时间长、金额大

对一般家庭而言，子女教育每年支出的金额虽然不是最多，但持续时间长，子女从小到大，将近 20 年，因此，总金额可能比购房支出还多。

此外，教育支出的成长率比一般通货膨胀率高。在 2004 年，一般物价成长率仅为 1.1%，但教育费用成长率达到 4.3%。一般而言，教育金的投资收益率至少应高于学费成长率。由于学费成长率较高，学费需要的时间与金额又相对固定，因此，不能冒太高风险，也不能不冒一点儿风险。投资报酬率以 5%～8%较为适合，在安排教育金投资时，需特别小心，建议以投资平衡式基金为主。

2. 子女教育金规划的原则

（1）宁松毋紧

父母期望与子女的兴趣能力可能有差距，在小学初中阶段，子女性格和发展方向还没有完全确定，应该从较宽松的角度使准备的教育金可以应付未来子女不同的选择。在留学深造方面，更应与已成年的子女沟通，子女是否愿工作几年后才计划出国留学，一方面以社会历练确定自己深造意愿，一方面自筹部分出国深造经费，来减轻父母的负担。

（2）宁多毋少

宁可多准备，届时多余的部分可留做自己的退休准备金。父母一般以需要住宿的大学全额学费做准备，但如果子女能够考上离家近的公办大学或争取到奖学金，或子女独立性较强，以寒暑假打工赚取学费，已准备的钱也可以当作自己未来的退休准备金，降低退休后对子女的依赖程度。因为对一般小康家庭而言，退休金与子女教育金规划很难兼顾。培养子女独立性且亲子之间能互相为对方着想的话，才有可能以有限的投资与储蓄，在父母的退休金与子女的教育金间取得平衡。在求学阶段完全依赖父母资助的子女也应有感恩反哺之心，父母的资助可能使自筹退休金的部分降低，尤其是对子女留学深造方面的资助。应把这部分的资助当作向父母借贷的助学金，在完成深造踏入社会工作后，分期摊还给父母，或在父母退休后负担起部分养育父母的责任。

（3）合理利用教育年金或储蓄保险

可以利用子女教育年金或 10～20 年的储蓄保险来准备一部分的子女教育金。由于储蓄险具有保证给付但报酬率不高的特性，所以购买的保险额度以可支付大学的学杂费为宜，进一步深造及住宿费部分还是以报酬率较高的基金来准备。当子女有能力考上大学时，至少这部分的学费已以保险强迫储蓄的方式获得充足的准备，不会因经费问题阻断子女的上进心，造成亲子间无法弥补的遗憾。即使基金部分投资获利不如预期，对不足部分，已上大学的子女也可以利用打工或以先就业的方式来筹措住宿或出国深造的经费。

学习笔记

（4）千万不能忽略自己的退休金

支付子女高等教育金阶段与准备自己退休金的黄金时期高度重叠，要避免全力投入子女教育金时忽略自己的退休金。以 30～35 岁生子女，且子女高等教育期间可能长达6年来算，48～59 岁为支付子女高等教育金的高峰期，但此时也是准备自己退休金的黄金时期。有些父母为了送子女出国念书，耗费的资源过多，没有留下足够的金钱为自己准备退休金。如果未在子女念小学时，就开始以 10 年以上的时间来准备这笔高等教育基金，届时可能会因为不忍看着有上进心的子女因经费问题而无法达成深造的意愿，则不得不为筹学费而四处告贷，这时就可能动用到原来为自己晚年所准备的退休基金。因此有远见的父母，不妨以子女的名义，在其年幼时在银行开户做定期定额投资储蓄，由父母的账户拨款开始累积 10 年以后的高等教育基金。在子女18 岁准备念大学时就先把这笔经费筹足，才不会动用到以后为自己累积退休金的目标储蓄额。

（5）把子女教育金作为保险规划的重要一环

若在子女成年之前，收入可保持稳定，则算出总需求金额后，就可以算出目标储蓄额开始执行。但万一因疾病或意外导致收入中断，可能连一般的生活费都无法应付，高等教育金的大额支出则更是无法负担。

3. 子女教育金投资工具

（1）教育年金保险

子女教育年金主要是以最确定的方式储备教育金，因此，此种保单的投资报酬率并不高，适合高储蓄能力的保守投资者。

子女教育金保险的优势在于：第一，具有强制储蓄的作用，保证性大，家长可以根据自己的预期来为孩子选择险种；第二，分多次给付，回报期相对较长，而且可为投保人和被保险人提供意外伤害或疾病身故以及高度残疾等方面的保障。一般而言，保险公司的教育金保险所针对的对象为出生满 30 天至 14 周岁的少儿。

教育金保险的缺陷在于其流动性较差，即资金一旦投入，就要按约定定期支付保费给保险公司，如果家庭在三五年后有较大的支出项目，如买车买房，比较容易受到影响。不过教育金保险属于储蓄险的一种，所缴的保费可累积保单现金价值，万一有其他急用，可以以保单贷款救急，但切记要在短期内偿还，以免影响到需要教育金支付时的现金流量。

由于小学与初中阶段属义务教育，需要支付的学费不多，典型的子女教育年金保险，是从出生或幼年阶段开始投保缴纳保费，大多数儿童保险产品在孩子出生 60 天或 90 天后即可投保，也有个别的产品对投保年龄有所限制，如 3 岁以上。同一险种投保同样的保险金额，被保险人年龄越小保费越便宜。因此，有计划给孩子买保险的父母，可以及早规划。教育金的领取最早从上高中的 15 岁开始，如被保险人（子女）生存至 15、16、17 周岁的生效对应

学习笔记

日，每年按基本保额的 10%给付高中教育保险金。被保险人生存至 18、19、20、21 周岁的生效对应日，每年按基本保额的 30%给付大学教育保险金。也有只规划大学教育金的保单，从 18 周岁开始领取 4 年，在被保险人 21 周岁的生效对应日给付教育保险金后，本合同终止。有些保单还规划在子女满 22 周岁时给付一笔留学备用金，或满 25 周岁时给付一笔创业资金，为孩子在事业初创时期打下经济基础。当然，后阶段的现金流量越高，前阶段所要缴纳的保费也越高。若子女不幸在约定期内死亡。则自死亡时起终止给付年金，将当时的保单现金价值退还给投保人（父母）。若保险期间，父母无力继续缴纳保费，在购买主险时，可以同时购买豁免保费附加险，这样万一父母死亡或高度残疾时，由保险公司代缴保费，使孩子的保障继续有效。同时，父母作为投保人，在保单有效期内享受红利。

（2）中低风险的基金产品

如果仅仅以财富增值为目的，而不考虑保障项目，筹备教育金往往可以通过投资货币市场基金、短期债券基金与平衡型基金等中低风险的金融产品来实现。一般而言，目标的投资报酬率高于学费成长率。依照过去的经验，学费成长率为 4%～6%，只依靠存款或货币市场基金、短债基金，难以达到 4%以上的报酬率，可以采取定期定额购买平衡型基金的方式，将储蓄转化为投资。定期定额购买基金具有投资起点低、管理水平高、收益共享、分散风险和灵活方便等特点。能积少成多，平摊投资成本，降低整体风险，有自动逢低加码、逢高减码的功能，无论市场价格如何变化。总能获得一个比较低的平均成本。

（3）子女教育金信托

子女教育金信托，比较适合的对象有以下几种。

1）有整笔资金，想送子女出国留学，可以找一个境外受托人管理此笔资产，设立一个子女教育金信托，指定投资标的范围与预期收益率以及受益人。

2）夫妻离婚时，对未成年子女，可以以离婚前的共同财产，或由必须给付子女抚养金的一方，找一个独立专业的受托人，成立一个子女教养金信托，以子女为受益人。这样，可以保证子女抚养金确实用来支付子女的养育与教育费用。

（4）投资工具综合应用

教育年金保险的到期现金流量都是确定的，没有弹性，可用来支付学费。由于生活费、住宿费等其他额外费用的目标弹性较大，可利用投资证券或基金产品投资来实现。

项目实训

实训1 目标基准点法应用

【案例】 张先生目前40岁，年收入12万元，每年生活费用8万元，养老金账户余额7万元，每年提拨1.5万元至养老金账户。假设退休前养老金账户投资报酬率为9%，退休后为5%，通货膨胀率为4%。张先生希望60岁时正常退休并保持目前的生活水平不变。

要求： 预计张先生寿命85岁条件下，用目标基准点法评估张先生的退休目标是否能够实现。

实训2 退休计划赤字估算

【案例】 李先生为外企职工，2006年参加工作，当年28岁，除养老保险外，李先生2008年还参加了企业年金。假设60岁退休，退休时个人养老金账户储存额15万元，企业年金账户累积额10万元，退休后第一年每月生活支出3 200元，预计退休后余寿20年，退休前一年当地平均工资额3 000元，李先生退休时经社保部门测算的本人月平均缴费工资指数为1.7，通货膨胀率4%，投资报酬率8%，退休后预计能领取的养老金的年增长率5%。

要求：

1）计算李先生退休时第一个月养老金领取额。

2）测算退休时点李先生的养老金赤字。

实训3 退休计划设计

【案例】 承实训1案例。

要求： 为李先生规划弥补养老金赤字的方案。

实训4 租房、购房与换房规划

【案例1】 小王目前面临购房还是租房的选择，如果租房，房租每年60 000元，押金5 000元，如果购房，总价100万元，贷款70万元，20年期，房贷利率为7%，按年等额本息方式还款。假定房屋维护成本为8 000元/年，押金与首付款机会成本率均为4%。

要求：

1）如果未来房价不变，根据年成本法，为小王作出租房与购房决策。

2）如果小王打算居住5年，5年后房价将涨至120万元，根据净现值法，假定贴现率为4%，为小王作出租房与购房决策。

3）比较上述两种决策方法的决策依据和结论。

【案例2】 李先生年收入15万元，打算3年后购房，用生息资产10万元和每年收入的20%筹集首付款，投资报酬率为8%，按年复利。首付款比例最低为30%，贷款利率6%，贷款年限20年，按年等额本息还款，购房后李先生每年可用收入的40%偿还贷款（不考虑收入成长率）。

要求：

1）用年收入概算法计算李先生可负担房价总额。

2）用目标精算法计算李先生可负担房价总额。

3）对上述两种方法作出比较并评价。

【案例3】 孙先生目前有一套价值50万元的房产，每月还贷款2 000元，贷款年利率5%，还需偿还15年，孙先生想换一套价值100万元的房屋，准备使用出售旧房余额作为首付款，其余部分贷款，贷款年利率4.5%，期限20年，按月等额本息还款。

要求：

1）计算孙先生换房后每月还贷额度。

2）为孙先生换房过程做出大致规划建议。

实训5 信用额度测定与信用控制评价

【案例】 2010年5月31日王先生资产中可用于担保贷款的资产包括自用房屋一幢，价值100万元，汽车一辆价值20万元，按银行信用额度核定标准，王先生信用贷款额度为月收入的5倍，抵押贷款房屋为贷款的70%，汽车为50%。2010年6月王先生税前工资薪金所得为10 000元，社保部门核定的缴费基数为8 000元，根据规定，养老保险缴费费率8%，医疗保险缴费费率2%，失业保险缴费费率1%，住房公积金缴费费率5%，目前其信用卡负债2万元，年利率18%，房屋贷款40万元，年利率7%，如果信用卡负债采用按月本金平均摊还法，1年还清，房屋贷款按月本利平均摊还20年还清。

要求：

1）计算王先生的最大信用额度。

2）计算王先生该月的贷款安全比率。

3）对王先生的信用控制情况进行评价。

实训6 置产贷款规划

【案例】 王先生今年40岁，是一位小企业主，儿子15岁，父母均年事已高，其所经营的企业受到产品周期性和订单不确定性的影响，其收入存在一定的不确定性。2010年9月30日王先生准备从银行贷款60万元用于购房，咨询了三家银行，A银行可提供期限20年，利率6%的贷款，目前利率可享受7折优惠，按月等额本息还款，在还款方式上为王先生提供了本利平均摊还和本金平均摊还两种方式，还款频率可按月或双周；B银行提供一款抵利型产品，期限20年，利率6%，按月等额本息还款；C银行提供了一款气球贷，5年期利率5.8%，期限20年。虽然企业经营存在不确定性，但王先生能保证每个月还款账户余额达15万元。

要求：

1）假设王先生选择A银行贷款，结合王先生实际情况，为王先生选择合理的还本付息方式和还款利率，并解释。

2）为王先生在A、B、C三家银行提供的贷款产品中选择适合王先生的贷款产品。

3）现有一家银行愿意为王先生按6%的利率下浮10%放贷，但额度只有40万元，期限20

年，差额 10 万元王先生可用 5 年期信用贷款筹备，年息率 12%，期初转贷费用为 6 000 元，按月平均摊还，为王先生作出转贷决策。

实训 7 公积金购房（租房）规划

【案例】 张先生目前公积金账户余额为零，当月住房公积金缴费基数为 8 200 元，缴存比例为 12%，企业对等供款，账户年收益率为 2%，张先生准备 3 年后购买住房，用住房公积金账户余额作为首付，其余部分利用公积金贷款来解决，贷款利率 5%，期限 20 年，准备用当月全部住房公积金缴存偿还贷款，另外，根据相关规定，住房公积金贷款购房的首付款不能少于房屋总价的 30%。

要求：

1）不考虑住房公积金贷款上限，计算张先生 3 年后可购买房屋的总价。

2）计算每月还贷后，公积金账户的增加额。

3）计算还清贷款后，住房公积金账户的余额。

实训 8 子女教育投资报酬率计算

【案例 1】 小赵大学毕业时找到一份年薪 5 万元的工作，同时被某大学研究生院录取，就读研究生每年学费 3 万元（共 2 年），小赵放弃工作而选择了读研并通过贷款来支付所需费用，贷款 6 万元，每年年初银行划转 3 万元至指定账户，年利率 6%，在校期间不计息，毕业后于每年年末，按等额本息方式还款 5 年，小赵研究生毕业后还可工作 35 年，每年年薪 8 万元。

要求： 为小赵计算读研这项教育投资的年内部报酬率。

【案例 2】 张先生今年 29 岁，在一家国际公司做研究助理，年薪 10 万元，最近张先生越来越感觉到自己的学历方面和其他同事有差距，影响了自己的进一步发展，因此，准备出国深造，希望用 5 年的时间拿到博士学位，然后回国工作，直到 60 岁退休，留学的准备费用为 3 万元，国外求学的费用每年大概 20 万元人民币。

要求： 张先生对此项投资的预期回报率为 10%，为张先生计算回国后的年薪应达到多少（不考虑求学期间货币时间价值）。

实训 9 子女教育金需求计算

【案例 1】 刘女士想从外地调入本地工作，年满 1 周岁儿子的教育是其作为调动工作考虑的主要因素。

要求： 以当地各阶段教育为例，为刘女士列出幼儿园到大学毕业各个阶段的选择性支出和必要性支出项目，并完成表 4.11（项目名称要求尽可能详细）。

表 4.11 子女教育需求计算

教育阶段	项目类别	项目名称	金额
幼儿园	必要性支出		
	选择性支出		
	合计		

续表

教育阶段	项目类别	项目名称	金　额
小学	必要性支出		
	选择性支出		
	合计		
初中	必要性支出		
	选择性支出		
	合计		
高中	必要性支出		
	选择性支出		
	合计		
大学	必要性支出		
	选择性支出		
	合计		

【案例 2】 王女士的女儿 7 年后读大学，目前大学学费为每年 2 万元，学制 4 年，学费年成长率为 4%，多年前，王女士为女儿购买了教育金保险，保费已缴清，在女儿上大学期间，每年年初可领取 8 000 元。

要求：

1）计算王女士女儿上大学费用赤字。

2）年投资回报率为 8%，王女士打算用 7 年时间通过每年定期定额投资来弥补学费缺口，计算王女士每年的投资额。

实训 10　子女教育规划工具选择

【案例】 小周夫妇的女儿刚满 3 岁，正准备上幼儿园，夫妇俩预计女儿的基本教育金开支（按目前价格）如下：幼儿园 3 年，每年 1.5 万元，小学 6 年和初中 3 年每年 1 万元，高中 3 年每年 2 万元，大学 4 年每年 2.5 万元，为此，小周夫妇计划用 10 年时间每年进行等额投资，预计年报酬率为 6%，教育费用年增长率为 3%。

要求：

1）为小周夫妇解释教育规划的原则。

2）按教育规划步骤，为小周夫妇测算教育金需求与供给。

3）为小周选择子女教育规划工具。

通过本项目的学习我具备了哪些实践工作能力？掌握了哪些理论知识？

这些实践工作能力在整个课程学习过程中处于什么样的地位？

这些实践工作能力在我未来的工作和学习过程中可以用于哪些方面？

项目5

家庭保障与遗产规划

项目介绍

本项目包括紧急备用金储备寿险需求分析、人身保险规划以及遗产规划四方面的内容，紧急备用金储备包括紧急备用金储备原因分析、测算及储备方式；寿险需求分析是对寿险需求额的测算；人身保险规划通过分析客户具体情况，针对不同的保险目的和不同的产品特点选择保险产品；遗产规划部分包括遗产与遗产规划相关概念和遗产转移方式。

紧急备用金储备是家庭风险保障的首要手段，保险规划为理财目标的实现提供风险保障，是综合理财规划的核心内容，也是综合理财规划的学习基础。遗产规划是对身后财产的具体安排，是理财规划方案的重要内容之一。

教学目标

- 终极目标：

通过本项目的学习，学生能够结合客户的理财目标和财务状况制定合理的紧急备用金储备计划，正确分析寿险需求，对保险与遗产作出合理的规划。

- 促成目标：

结合理财目标实现要求，对客户风险控制作出合理的规划方案。

结合客户遗产筹划目标，为客户选择合理的遗产规划工具。

工作任务

- 紧急备用金储备计划
- 寿险需求分析
- 人身保险规划
- 遗产规划

任务5.1 紧急备用金储备

学习笔记

5.1.1 紧急备用金储备原因分析

个人家庭的风险虽然可以通过社会保障和商业保险进行一定程度的保障，但出于经济或风险控制不力等原因，有些风险仍然没有得到充分的控制，一旦风险事件发生，家庭立即陷入财务困境。因此，为家庭储备紧急备用金是家庭风险控制的最后屏障，也是最重要屏障。一般家庭发生紧急备用金需求主要有以下两个方面的原因。

1. 失业或失能导致的工作收入中断

失业主要是由于企业裁员或员工疾病。企业如果倒闭或裁员，失业者虽然在一定时期内能够领到失业保险金，但作为社会保障，失业保险金只是保障人的最基本生活需求，这部分保障并不能完全满足生活及债务支付需要；另外在经济景气指数下降时，就业难度较大，可能会较长时间找不到新的工作，这一期间可能会长达 3 个月甚至半年。 如果因意外伤害或身心疾病因素导致失业，这种失业伴随着失能，虽然可以投保失能保险来获取生活费用，但失能保险主要保障的是长期失能的风险，因此最少也有3个月的免责期间，也就是说失能的前3个月没有月保险给付金，需自己负责。因此即使认为自己不可能失业，若已投保失能险者仍要针对失能状况，准备至少3个月免责期间固定支出的紧急备用金，未投保失能险者可准备6个月。

2. 紧急医疗或意外灾变所导致的超额费用

家庭成员的突发疾病或因为天灾、遭窃等导致财产损失而需要重建或重购支出时，一时的庞大支出可能远超过收入能力，此时也要有一笔紧急备用金才能用以应对这些突发的状况。但这一费用往往难以估计，需要依靠对客户的身体状况以及家庭安全保障状况等给予综合评价。

5.1.2 紧急备用金测算

依据紧急备用金需求原因，家庭预备紧急备用金的金额由失业保障和意外风险控制两方面决定。

1. 用于失业保障的紧急备用金测算

失业后没有了工作收入，但每月的固定支出并未减少，固定支出包括每

学习笔记

月基本生活费、固定的债务支出以及续保保费。这些固定支出的保障可通过三个层次来进行保障：一是存款，二是可变现资产，三是净资产。

存款保障是最基本和最保守的保障，按经验估算，一般 3 个月足够，从家庭基本保障出发，家庭存款应该占有家庭月固定支出的 3 倍。除家庭存款外，其他可变现资产也可用于固定支出，只是存在变现风险，这些资产包括定期存款、股票、基金等流动性较强的投资性资产，不包括汽车、房地产、古董字画等变现性较差的长期性资产。当失业持续时间超出 3 个月时，家庭将不得不将这些资产变现，按经验估算，可变现资产应保障失业期为 6 个月。当持续失业超过半年时，不仅要取出存款或变现股票、基金，可能还要卖掉自用资产，还清房贷后以余额来支付生活费用。此为最广义的失业保障定义，即用净资产总额作为失业保障，其保障期间应高于 12 个月以上。

上述保障可用公式表达为

$$存款保障月数=\frac{存款}{月固定支出}$$

$$可变现资产保障月数=\frac{可变现资产}{月固定支出}$$

$$净资产保障月数=\frac{净资产}{月固定支出}$$

上述公式一方面可用来作为家庭资产储备的参考公式，另一方面可用来对家庭资产配置的合理性进行评价。可依据客户的具体情况估算客户如果失业再次就业的时间，来确定紧急预备金总额；同时对目前客户的家庭资产配置是否能够满足失业保障做出评价。

在享受社会保障前提下，工作离职后可领取 6 个月以上的离职金，或已到可领取退休金的资格，那么为预防失业的最低可变现资产额度也可降低。如果是因伤病或意外而失能时，投保失能险或意外险，获得的保险赔付扣除医疗赔付后也可作为失业紧急备用金。上述公式中的分子应扣除保险赔付额。

【示例 5-1】　王女士 27 岁，在事业单位，先生 30 岁，国企上班，两人年收入 10 万元左右，无其他收入来源。儿子刚出生，现在家庭月支出 6 000 元（已考虑孩子支出）。家庭资产包括存款 10 万元，房屋一套，价值 150 万元，其中贷款 40 万元，月还款额 4 200 元（用公积金偿还 2 000 元，其余用家庭月收入偿还），夫妻双方均缴纳五险一金。测算王女士应为失业而储备的紧急备用金并评价王女士家庭的目前储备。

解析：不考虑社会保障，王女士家庭支出 6 000 元，房贷月还款额虽然用公积金偿还一部分，但在失业后，将无法用公积金偿还，因此，月还款额应全部作为家庭支出考虑。在分别按存款保障、可变现资产保障以及净资产保障三个层次，其家庭失业保障储备分别应为

存款保障＝（6 000＋4 200）×3＝30 600（元）；

可变现资产保障＝（6 000＋4 200）×6＝61 200（元）；

学习笔记

净资产保障＝（6 000＋4 200）×12＝122 400（元）。

王女士目前家庭存款 10 万元，除存款外，无其他可变现资产，可变现资产为 10 万元，净值 120 万元（150－40＋10），在未考虑失业金以及王女士夫妇两人工作稳定的情况下，失业储备金额远远超过经验估算额，因此，王女士家庭的失业保障是充分的。

2. 用于应对意外事故或自然灾害紧急备用金测算

应对意外事故和自然灾害应通过保险规划来解决，但一方面在出险后保险公司可能会出现赔付时滞，另一方面有些损失额较小的风险可以以自留风险的方式来解决，因此，在应对意外事故或自然灾害方面，留有一定的紧急备用金还是必要的。

就该方面紧急备用金金额，可以通过下列公式来测算：

应对意外事故或自然灾害紧急备用金

＝（可变现资产＋保险理赔金或保险给付－现有负债）

－（5～10 年生活费＋房屋重建装修成本）

公式中，可变现资产加保险理赔金或保险给付可以视为意外事故或自然灾害而准备的资产，扣除负债是可用于意外事故或自然灾害的资产。负债的扣除可以预防因意外事故和自然灾害的发生而导致的资不抵债的情况发生。事故或灾害发生后准备的生活费要视亲人病故后遗属需要多久才能从意外打击中重新振作起来而定，短则 5 年，最长可达 10 年。

【示例 5-2】 承示例 5-1，王女士单位买了意外险、重疾 15 万元，补充住院医疗 10 万元，家属、家财附加险，先生单位买了意外险 40 万元，儿子暂无任何保险，王女士房产是刚刚装修的婚房，5～10 年内不考虑房屋重建装修成本。测算王女士应对意外事故或自然灾害而应储备的紧急备用金额度。

解析：应对意外事故或自然灾害的紧急备用金＝（10 000＋100 000＋150 000＋400 000－400 000）－6 000×12×5＝－110 000（元）。

王女士家庭为应对意外事故和自然灾害的紧急备用金为负，不能满足应对要求，因此，王女士家庭应再增加应对意外风险的保险产品投资，保额 110 000 元。

5.1.3 紧急备用金的储备形式

从资产配置角度，紧急备用金储备主要考虑存款保障，可变现资产保障与净资产保障是投资的中长期规划考虑，存款保障可以用两种方式来储备：一为安全且流动性高的活期存款或短期的定期存款，二为备用的贷款额度。

1. 在机会成本方面的比较

按一般投资规律，安全且流动性较高资产其收益率较低，而投资长期项目可以平滑风险，而投资收益较高，以存款筹备紧急备用金，会由于丧失长期投资机会而发生机会成本。以备用的贷款额度作为紧急备用金储备，则可以将原用于紧急备用金的存款资产用作长期投资而避免机会成本的发生，但

可能会因为使用贷款额度而支付较高利率的利息。因此，使用何种方式储备紧急备用金，要视不同情况作不同配置，如长期投资环境不佳，则持有现金是最好决策，反之，利用贷款额度更佳。另外，需要说明的是，作为紧急备用金，一般持续的时间不会太长，而投资是个长期获利的过程，如果将资金长期作为存款以备短期的紧急备用，可能丧失获得的机会成本大于贷款额度带来的利息成本，即使贷款利率大大高于存款利率。

2. 两者搭配的方式

在存款与贷款额度搭配时，要梯度搭配，即存款用来应对发生频率较高的紧急需要，而贷款额度应对偶发事件的需要。例如，月固定支出为 5000 元，拟定的紧急备用金为 6 个月的固定支出，即 3 万元，此时可将 1 万元放在活期存款当作第一笔紧急备用金，另外再向银行设定紧急备用额度 2 万元。一般情况下，可能有 70%以上概率即使当月收入无法支付当月支出，1 万元的活期存款额度可以随时挪用应急，待有收支结余时再补回。也可能有 30%以内的概率是一时的大笔支出连 1 万元的存款余额也不够应对，此时就要用到预先设定的备用额度，虽需支付较高的利率，但预期时间不会太长，整体而言这种搭配较为稳健。

任务 5.2　寿险需求分析

5.2.1　寿险需求分析原理

寿险需求是以家庭风险为基础，基于稳健原则，一般以家庭主要成员万一不幸作为分析背景，分析该家庭为实现既定理财目标的资源缺口，该资源缺口即为寿险保障需求。

1. 以家庭风险分析为基础

家庭风险包括人身风险、财产风险和责任风险。寿险保障需求主要是基于人身风险，而人身风险包括生命风险（生与死）和身体风险（健康风险、意外风险）。生命风险与身体风险发生，将会影响家庭的收入能力，同时使家庭产生应急的现金需求，从中长期来看，还会影响家庭既定的理财目标的实现。

2. 以家庭主要成员万一不幸为条件

基于寿险保障规划的稳健原则，在确定客户的寿险需求时，一般是以客

户家庭成员的最大风险万一发生为条件。例如，在实际规划中，理财规划师可以假定某家庭主要收入者第一发生死亡，在保持客户家庭原有较合理的理财目标前提下，客户家庭如果有最大风险的“万一发生”，测度客户家庭的资源缺口。在实际的寿险需求测度中，如在客户家庭的现金流敏感性测试和需求的敏感度分析中，理财规划师还可以假定客户在不同年度发生最大风险对家庭现金流所产生的影响，以及在不同现金流情形下最大风险发生的资源缺口。

3. 测度继续实现主要家庭财务目标所需的资源缺口

理财规划师的主要任务之一是要在基于客户收入与家庭资源的条件下，与客户充分沟通，帮助客户建立合理可行的理财目标。为了保证理财目标的实现，分析在最大不幸发生时，客户在既定理财目标前提下因风险发生而产生的资源需求，然后考虑已有的风险保障（已经购买的寿险保障）、家庭生息资产状况，便可得到客户家庭继续实现理财目标所产生的资源缺口。换言之，如果理财规划师提前帮助客户做好人身风险可能发生的风险保障（寿险保障需求），即使最大风险发生，客户家庭的理财目标仍然可以实现。

4. 主要保障型保险需求

主要保障型保险需求包括债务余额、子女教育金现值、家庭未来生活费用现值、婚嫁金及丧葬费用等。

5.2.2 寿险需求估算方法

1. 倍数法则

倍数法则是指以简单的倍数关系估计寿险保障的经验法则。如根据“十一法则”，家庭需要的寿险保额约为家庭税后收入的十倍，保费支出占家庭税后收入的1/10，该法则又称为“双十法则”。“十一法则”与理财规划中的6∶3∶1法则具有一致性，即家庭税后收入中，60%用于生活消费，30%用于储蓄投资，10%用于保费预算。

倍数法则在理财情况不明或理财规划师只知晓客户基本收入时，可简便测算客户寿险保障需求，同时作出保费预算，由于方法简便，客户也容易理解，便于与客户沟通。但此方法是在对客户信息未能充分把握的情况下所作的一般性规划，因此，只能作为对保险规划的一个参考。具体在为客户作保险规划时，还是要依据客户的具体情况反映不同个体之间的收入、支出及需求差异，使得保险规划更能切合客户需求。与倍数法相比较，能够反映客户个体实际需求的寿险保额计算方法有生命价值法和遗属需求法。

2. 生命价值法

生命价值法是以生命价值理论为基础计算人的生命价值的方法。生命价

学习笔记

值理论认为，人的生命价值是个人未来工作期间净收入的资本化价值（又称收入法）。本质上是个人经济价值创造的源泉。在既定的工作期限内将创造经济价值，作为其个人或者家庭的经济保障。相关风险（残疾或死亡）发生，人寿保险应替代上述经济保障功能，满足家庭或个人理财目标需求。因此，估算家庭成员不幸给家庭造成的净收入损失，就是生命价值的损失。也是寿险保障的需求基础。用生命价值法计算保额的影响因素包括年龄、个人净收入（收入－支出）、个人收入成长率和投资报酬率。其中，前三个因素与保额成正比，投资报酬率与保额成反比。

运用生命价值法计算寿险需求一般有以下四个步骤：

步骤 1：确定个人的工作或服务年限。

步骤 2：估计未来工作期间的年收入。

步骤 3：预期年收入扣除税及本人消费。

步骤 4：选择贴现率计算前项的余额的经济价值，即生命价值。

【示例 5-3】　张先生今年 24 岁，预计 60 岁退休，目前年收入 4 万元（税后），年支出 3.5 万元，预计年通货膨胀率 3%，收入增长率 5%，投资报酬率为 10%，按生命价值法计算其寿险保障需求。

解析：用 Excel 运算工具计算张先生寿险需求，如表 5.1 所示。

表 5.1 生命价值法 Excel 应用表

序　号	A	B
1	投保人年龄/岁	24
2	退休年龄/岁	60
3	离退休年数/年	36
4	投资报酬率/%	10
5	当前个人年收入/元	40 000
6	收入增长率/%	5
7	未来工作期间收入现值/元	682 617.16
8	当前个人年支出/元	（35 000）
9	年通货膨胀率/%	3
10	未来工作期间支出现值/元	（466 715.18）
11	个人未来净收入的年金现值/元	215 901.98
12	弥补收入应有的寿险保额/元	215 901.98

注：（）内数字为负数。

其中，离退休年数＝退休年龄－投资人年龄＝B2－B1＝60；

未来工作期间收入现值＝PV（(1＋投资报酬率）/（1＋收入增长率）－1，离退休年数，－当前个人年收入）＝PV（(1＋B4）/（1＋B6）－1, B3, －B5）＝682 617.16（元）；

学习笔记

未来工作期间支出现值＝PV（(1＋投资报酬率)/（1＋收入增长率）－1，离退休年数，－当前个人年收入）＝PV（(1＋B4)/（1＋B9）－1, B3, －B8）＝466 715.18（元）；

个人未来净收入的年金现值＝未来工作期间收入现值－未来工作期间支出现值＝B7＋B10＝215 901.98（元）；

弥补收入应有的寿险保额＝个人净收入的年金现值＝B11

＝215 901.98（元）。

与倍数法相比较，生命价值法能够反映出不同个体的预期收入差异和支出差异，体现出不同生命周期的收入与消费特征，对生命个体的寿险需求具有相对较好的适应性。但生命价值法同样存在以下几个方面缺陷：对未来工作收入成长率、生活消费的通货膨胀率、贴现率的假设要求较高，需求测度的参数假设与实际很难保持一致；不是基于对整个家庭的收入情况进行考虑；未考虑遗产需求、家庭接受捐赠、目前生息资产的资源状况。遗属需求法则能够较好地弥补上述缺陷。

3. 遗属需求法

遗属需求法是从需求的角度考虑某个家庭成员不幸后给家庭带来的现金缺口。该方法假定家庭（主要）收入者发生万一不幸，遗属一生支出现值的缺口状况（遗属一生支出现值－已累计的生息资产净值）。为预防万一不幸的发生，该收入者提前通过寿险保障准备未来可能发生的遗属一生支出现值缺口，因此又称（收入者）养生负债法或（遗属一生）支出法。该方法一般包括家庭或遗属的以下保障需求：还债需要、子女独立前所需费用、配偶终身所需收入其他。

遗属需求法计算保额过程如下所述。

步骤1：确立理财目标。在遗属需求法下，客户理财目标包括还贷、奉养、子女教育、退休养老、丧葬、家属生活费用等目标。在实务过程中，客户有自己预期的理财目标，理财规划师根据刻画家庭资源状况以及客户风险承受力等因素，引导或帮助客户建立合理有效的理财目标。

步骤2：参数假设。结合客户的理财目标，根据客户家庭的既有收入、支出状况，要求对未来现金流进行测试，因此需要对与支出相关的通货膨胀率、收入增长率、贴现率进行假设。一般而言，参数假定的有效性与理财规划师对宏观经济的分析判断能力有关。基于寿险需求测度的稳健性，在实务过程中，往往需要对参数进行多种假设，通过敏感度分析来判断相关测度与规划的可行性与稳健程度。

步骤3：确认现有资源与责任。根据客户家庭目前收入、资源与负债状况，编制家庭资产负债表、收支储蓄表、现金流量表，对客户的家庭财务状况进行财务诊断，分析客户家庭目前存在的家庭财务风险状况。理财规划师应特别关注家庭企业或家族企业的风险与家庭资产风险传递的风险分析，

学习笔记

以及家庭主要收入者从事特定职业责任的风险分析。

步骤 4：计算不同事件下遗属所需收入现值与资源现值的缺口。在以上步骤的基础上，假定风险事件发生在不同时点，计算遗属所需收入现值与资源现值的缺口。

步骤 5：得出寿险保障需求。

【示例 5-4】　基本资料：张先生今年 32 岁，预计 60 岁退休，妻子 30 岁，预计 55 岁退休，儿子 5 岁。家庭收支及资产状况如下：

收支情况：张先生税后年收入 18 万元，妻子 6 万元。家庭年生活费用 12 万元。

资产状况：储蓄 8 万元，房屋一幢，价值 120 万元，其中房贷余额 60 万元，利率 5.2%，还款期限尚余 15 年。汽车一辆，价值 18 万元，车贷余额 4 万元。

理财目标（现值）：张先生欲建立应急资金 6 万元，儿子教育基金 20 万元，养老基金 50 万元，临终及丧葬支出 5 万元。

用遗属需求法计算张先生及张太太应有寿险保额。

解析：

1）依据张先生家庭目前状况，家庭理财目标（现值）包括如下内容。

紧急备用金：6 万元；

儿子教育基金：20 万元；

养老基金：50 万元；

临终及丧葬支出 5 万元；

还贷：60 万元＋4 万元＝64 万元。

2）依据目前宏观经济趋势及张先生家庭收支结构，作出如下假设。

张先生投资报酬率：10%；

通货膨胀率：3%；

收入增长率：5%；

张先生去世家庭支出调整率：70%；

妻子去世家庭支出调整率：80%。

3）依据目前家庭现有资源及责任，计算张先生及太太应有保额。如表 5.2 所示。

表 5.2　遗属需求法 Excel 应用表

序号	A	B	C
1	弥补遗属需要的寿险需求	张先生	张太太
2	被保险人当前年龄/岁	32	30
3	预计退休年龄/岁	60	55
4	投资报酬率/%	10.00	10.00
5	通货膨胀率/%	3.00	3.00

学习笔记

续表

序号	A	B	C
6	收入增长率/%	5.00	5.00
7	家庭生活费用实质报酬率/%	6.80	6.80
8	家庭收入实质报酬率/%	4.76	4.76
9	配偶当前年龄/岁	30	32
10	家庭未来生活费准备年数/年	25	28
11	当前的家庭生活费用/元	120 000.00	120 000.00
12	保险事故发生后支出调整率/%	70	80
13	调整后家庭年生活费用/元	84 000.00	96 000.00
14	家庭生活费用现值/元	（1 064 913.53）	（1 269 232.70）
15	配偶的个人年收入/元	60 000.00	180 000.00
16	配偶个人收入现值/元	866 190.77	2 752 464.14
17	家庭未来生活费用缺口现值/元	（198 722.76）	1 483 231.44
18	紧急备用金现值/元	（60 000.00）	（60 000.00）
19	教育金现值/元	（200 000.00）	（200 000.00）
20	养老基金现值/元	（500 000.00）	（500 000.00）
21	临终及丧葬支出现值/元	（50 000.00）	（50 000.00）
22	目前贷款余额/元	（640 000.00）	（640 000.00）
23	家庭生息资产/元	80 000.00	80 000.00
24	遗属需求法应有的寿险保额/元	（1 568 722.76）	113 231.44

注：（）内数字为负数。

其中（以张先生为例），家庭生活费用实质报酬率＝（1＋投资报酬率）/（1＋通货膨胀率）－1＝（1＋B4）/（1＋B5）－1＝6.8%；

家庭收入实质报酬率＝（1＋投资报酬率）/（1＋收入增长率）－1＝（1＋B4）/（1＋B6）－1＝4.76%；

家庭未来生活费用准备年数＝配偶退休年龄－配偶当前年龄＝C3－C2＝23；

调整后家庭生活费用＝当前家庭生活费用×保险事故发生后支出调整率＝B11×B12＝840 000（元）；

家庭生活费用现值＝PV（家庭生活费用实质报酬率，家庭未来生活费准备年数,调整后家庭生活费用, 0, 1）＝PV(B7, B10, B13, 0, 1)＝－1 064 913.53(元)；

配偶个人收入现值＝PV（家庭收入实质报酬率，家庭未来生活费准备年数，配偶的个人年收入）＝PV（B8, B10, B15）＝866 190.77（元）；

家庭未来生活费用缺口现值＝家庭生活费用现值＋家庭个人收入现值
＝B14＋B16＝－198 722.76（元）；

遗属需求法应有的寿险保额＝Σ（家庭未来生活费用缺口现值，教育金现值，养老基金现值，临终及丧葬支出现值，目前贷款余额，家庭生息资产）＝Σ（B17:B23）＝－1 568 722.76（元）。

5.2.3　寿险需求计算方法的选择

学习笔记

在计算保险需求时，倍数法则只能作为保障需求的大致估算方法，生命价值法与遗属需求法的选择则应考虑以下几个原则：

1）在客户未婚、没有依赖人口时，可以根据生命价值法计算所需保额。在开始工作时，针对未来收入能力进行投保，投保时不需要专门考虑收入成长率，在以后职位升迁或加薪时加买保额即可。遗属需求法则在结婚、生子、购房时要针对增加的家庭生活费与负债额，加买保险。

2）生命价值法的原理是以理赔金弥补保险事故发生引起收入下降的负面影响。因此，通过生命价值法计算出来的保额需求一般不需要扣除过去已累积的资产净值。遗属需求法的原理是以理赔金保障遗属未来生活开支所需，由于已累积的资产净值可以供养遗属生活开支，所以，通过遗属需求法计算出来的保额需求一般需要扣除过去已累积的资产净值。

3）对于以自我为中心的客户而言，更适合用生命价值法计算应有保额，对于以家庭为中心的客户，更适合用遗属需求法计算应有保额。

4）对于生命价值法，可以根据夫妻的净收入分别计算其所需保额；对于遗属需求法，通常先算出家庭的总保额需求，然后再根据夫妻的收入比例进行分摊。

任务 5.3　人身保险规划

5.3.1　客户情况分析

在为客户进行保险规划时，保险品种由保险公司事先设计，对不同客户，保险品种都是相同的，保险公司不会针对个别客户设计差异化的产品。理财规划师所要做的就是针对客户的具体情况为客户选择最适合客户的保险产品。在分析客户情况时，主要考虑以下几个方面因素。

（1）年龄

客户不同的年龄，意味着客户处于不同的人生生命周期阶段，其风险状况与保险需求有所不同。同时，客户不同的生命周期阶段，意味着其收入水平有所不同，客户的风险承受能力也有所不同，其收入状况与保费负担能力也存在差异。基于保险产品的供给方，客户年龄不同，其保费定价、投保年龄、保额限制等承保条件也会不同。

（2）教育程度

寿险影响客户的收入水平，进而影响基于倍数法则、生命价值法则与遗

学习笔记

属需求法则所计算的寿险需求，高收入群体发生风险的收入损失更高，进而要求其风险保障水平更高。教育程度会影响客户的保险意识和保险理念，受教育程度较高者，对风险的认知可能更加充分，对保险需求、保险产品选择等保险规划有更好的可接受度。理财知识丰富且资金充足的客户，理财意识比较强，有较强的能力分析自己的理财需求，而且比较清楚自己的需求，并能根据需求和目标选择合适的金融产品，即能从理财的角度对财富进行有目标的管理，这些客户会有更多机会主动参与财富管理。

（3）财富水平

人寿保险成为客户财富的一部分，客户财富水平影响保险需求。客户的财富水平越高，对财富有效管理的要求越高，其遗产规划的终身寿险就更大。客户的财富结构与保险需求也有关，物质性财富存量越高，对财产保险的保障需求越高。如果客户财富的创造是通过家庭封闭式企业形成的，将会产生对封闭式企业保险规划的寿险需求。如果人寿保单成为客户财富的一部分，人寿保单的现金价值功能成为客户资信证明的重要基础。财富水平高的客户担心因债务负担或者法律纠纷导致其财富难以保全，或者其死后遗产难以有效分割而又必须分割，通过拥有高额寿险保单可以实现相应目标。人寿保险、信托、遗产规划是私人银行与财富管理的重要内容。

（4）财务纪律性

客户的理财纪律性对客户的保险规划有重要影响。对那些理财纪律较好的客户，在风险保障相对有效的情况下，可以配置基于养老基金和教育基金的投资型险种，如投资连结保单、万能寿险保单等。对那些具有较好的投资理念和投资能力的客户，还可以考虑购买定期、余钱投资的理财选择。而对纪律性比较差的客户，其续期保费的缴纳难以有效保证，可以在该类客户的保险单中加入保费垫缴条款。在保险产品选择和保险组合安排上，尽量以强制储蓄的险种作为主要的险种安排，如两全保险、终身寿险等。同理，那些理财纪律比较差的房贷客户群体，在定期寿险的保险期限内难以还清银行贷款，基于该考虑可以为客户在定期寿险中加入可续保条款。

（5）对风险的心理承受能力

总体而言，风险心理承受能力越低的客户对保险保障的需求越高。而在保险规划时，客户对风险的心理承受能力也是产品选择与组合时必须考虑的重要因素，风险心理承受力比较低的客户，对意外伤害保险、定期寿险、终身寿险、两全保险的保证需求较多；而心理承受力较高的客户，在有效保障限额需求下，可以配置投资型寿险，如投资连结保险、万能保险产品等。投资连结产品只适合那些经济条件较好，风险承受力较高的中高端客户群体，要求客户有较强的风险承受能力。

5.3.2　寻求保险的目的

在保险规划中，首先要明确保险的目的，人身保险目的除一般保障功能

学习笔记

外，往往还附加了投资功能和遗产规划功能。明确保险的目的能够保障保险规划保持正确的方向。具体而言，保险规划有以下几方面的目的。

1. 纯风险保障

人寿保险的纯风险保障是基于家庭收入者在发生生命奉献的情况下，为保持一定收入水平或生活水平或维持原财务目标而必须拥有的风险保障。生命价值法和遗属需求法都是基于纯风险保障而测度的寿险保障需求。

风险保障项目包括应急基金、丧葬费用、偿还负债保障、遗属生活费用、教育基金费用、养老基金保障等。提供纯风险保障的产品主要有定期寿险和终身寿险，规划一般的适用原则是，定期寿险应对定期内的风险，如偿还贷款保障、教育基金、遗属生活费用等；终身寿险应对终身的长期风险，如应急基金和丧葬费用等。

2. 风险保障＋投资储蓄

风险保障与投资储蓄的保险目的，使被保险人在保险期限内可以获得风险保障，保障保险期限内的生命风险，同时又可以提供投资储蓄功能，被保险人在保险期限内死亡既可获得风险保障（如风险保额），又可获得投资储蓄利益（如现金价值），或者被保险人生存之保险期限满可获得保险金，形成生存风险的保障或者形成特定的经济保障（如子女的教育基金、被保险人自身的养老保障）。

能够提供风险保障与投资储蓄功能的产品主要有终身寿险（含分红）、两全寿险（含分红）、投资连结保单、万能寿险。终身寿险中风险保额提供风险保障，现金价值则是其储蓄价值；两全寿险被保险人在保险期限内死亡给付死亡保险金（风险保障），保险期满时提供生存保险金（储蓄价值）；投资连结保单和万能寿险的被保险人，在保险期限内死亡，死亡保险金中风险保额的部分是风险保障部分，账户价值部分是储蓄价值，在保险期满时，保单所有人所获得的是账户的现金价值（储蓄投资价值）。

3. 风险保障＋遗产

“风险保障＋遗产”的功能是指满足风险保证与满足遗产规划需求的功能组合。人寿保险是遗产规划的有效工具，在被保险人的死亡保险金（有受益人）不作为被保险人死后遗产时，被保险人根据其遗产规划需求的大小，购买终身寿险保全遗产继承权利。在被保险人死亡保险金（有受益人）作为被保险人死亡的遗产时（美国），可以通过终身寿险与不可撤销信托的结合，使继承人保全遗产继承权利。

4. 遗产

如果客户寿险需求的唯一目的是遗产规划，寿险估算被保险人死亡后可

学习笔记

能产生的遗产和遗产税，根据遗产税的额度来确定终身寿险或不可撤销人寿保险信托的寿险需求。

5.3.3 保险规划中主要产品类型及基本性质

1. 预定利率固定、缴费固定的人寿保险

预订利率固定、缴费固定的人寿保险包括定期寿险、定期两全寿险（含分红）和终身寿险（含分红）。

（1）定期寿险产品

定期寿险产品是纯保障产品，保险成本较低而保障功能较高，即用较小的保费可以获得较高的保障，可以没有现金价值，无储蓄功能。在保险规划中，定期寿险适合家庭中的主要经济来源者，特别是家庭的唯一收入来源者，对刚工作的年轻人的风险保障也具有适用性。在风险保障功能方面，主要应对确定期限内的生命风险、信用风险、遗属生活费用、子女教育基金（保障型）、老人赡养费用等。

在规划实务中，要充分利用定期寿险的可续保条款与可转换条款。例如，客户在确定期限内的保障到期后，还有可能要求以定期寿险继续获得保障；如果客户房贷在 10 年内有可能无法还清，则在订立定期首先和同时引入可续保条款。可续保条款同样有年龄的限制，通常含有可续保条款的定期寿险保费相对不含有该条款的定期寿险保费要高。

定期寿险可转换条款，是指定期寿险在保险期限内已经完成其风险保障功能，可将余下期限的保障转移为其他含有现金价值的寿险保单，避免客户的保费资源浪费，充分实现保障功能最大化。如果客户收入条件较好（在 6 年期内可以还完贷款），但不希望还款压力过大（决定 10 年内还款），可为其规划一个 10 年期定期寿险，特别是在趸缴保费情形下，客户如果第 6 年贷款已经还清，后 4 年的基于房贷的风险保障可转移为含有现金价值的其他寿险保单。

可转换条款在保险组合与保费预算中也有其重要的实用意义。一般而言，客户的应急基金、丧葬费用的风险缺口一般是通过终身寿险予以规划。但如果因为客户前几年现金流紧张，保费预算有限，终身寿险的保费相对较高，则可以通过可转换条款来解决保费预算紧张的困难，即在保费相对紧张的前几年，购买定期寿险（含可转换条款），在客户现金流相对宽松时，将已经购买的含有可转换条款的定期寿险转换为终身寿险。

在规划实务中，理财规划师还应充分利用保额递减的定期寿险，如基于房贷的保额递减的定期寿险和基于家庭收入保障的家庭收入保单。在中国目前的保险市场中，尽管难以直接购买保额递减的定期寿险，随着保险公司系统的完善和升级，以后理财规划师可直接在保险公司的保单演示系统中定制保额递减的定期寿险保单。

（2）定期两全（含分红）

定期两全保险是死亡保险和生存保险的混合体，其功能可以分解为定期寿险与储蓄投资。保单中的定期寿险保费逐年降低，直至为零；而储蓄保费逐年上升，至保险期满时，保单的保险金额与保单的储蓄价值（现金价值）相等。

两全保险的优点在于，被保险人在保险期内死亡，保单受益人或继承人可以获得死亡保险金；保险期满后，被保险人或生存受益人可以获得生存保险金，既可以保障被保险人的晚年生活，又能解决由于本人死亡给家庭带来的困难。两全保险具有现金价值，还可以在保单期满前享有各种利益，如信用担保、保单质押贷款、个人质信证明等。

在实际保险规划中，两全保险主要用于子女教育婚嫁保险、学生平安保险、养老保险。固定期限两全保险的生存保险金转换为终身年金，还可在一定程度上应对长寿风险。

在保险规划实务中，还应注意两全寿险与定期寿险的功能分隔，避免保障的重复。一般而言，收入较好的家庭，只要不发生主要收入者死亡，家庭的理财目标实现一般会有保障，如子女的教育金会较充足，此时的保险规划主要基于定期寿险的保障，其保障成本低。如果是收入较低的家庭，家庭主要收入者在特定期限内死亡，子女教育金没保障，而家庭收入者在特定期限期满后生存，子女的教育金还是可能没有保障（因教育储蓄不足，或者家庭收入者的财务纪律较差，或者负债如房贷过高），此时配置两全保险则更为适宜。

（3）终身寿险（含分红）

终身寿险为个人提供终身死亡保障，其本质特征是无论被保险人何时死亡，保险公司都将支付死亡保险金。在整个保险期限内，非分红终身寿险的保额一般固定，分红的终身寿险如果采用增额分红（即每年红利用来购买缴清保额），则其保额递增（欧洲市场十分常见）。保险公司在终身寿险产品定价中，一般会规定一个终极年龄（又称老年龄），如果保单定价终极年龄是105 岁，可以把该定价设下的终身寿险看成是一份 105 岁到期的两全保险。

终身寿险保单具有现金价值，保单所有人在任何时候退保或者解除保险合同，都可以获得保单的现金价值。在分红终身寿险中，保单红利可以用来购买增额缴清保险。对于增额部分，保单所有人也可以通过退保换取现金价值，同时又不影响保单的现金价值。

终身寿险保单主要用于应急基金、丧葬费用、遗产规划（遗产税和现金需求）的保障需求。在美国，终身寿险保单与信托相结合，在私人银行和财富管理中具有十分广泛的使用价值。理财规划师在保险规划过程中，根据客户的家庭实际情况，还可以选择或组合第一生命寿险和第二生命寿险，既适用于客户家庭的实际情况，如客户收入资源较好但家中残障儿女生活无法自理，则选择第二生命寿险；又可以满足客户家庭的遗产规划之需求，即用死

学习笔记

亡保险金缴纳遗产税。

在征收遗产税与赠与税的国家中，投保人给自己（自己为被保险人）购买的终身寿险的保费（包括高额保费）一般作为赠与。因此，对有较高遗产规划需求的客户而言，高额保费的支出减少了目前家庭的资产（死后的遗产和遗产税），同时高额死亡保险金（只有在美国被保险人的死亡保险金一般要算成被保险人死后的遗产）又不用缴纳遗产税，所以资产较多的家庭一般都配置了高额终身寿险。

对封闭式企业的企业主而言，购买高额终身寿险保单既是企业信用担保与资信的重要基础，也是买卖协议、关键员工保险、企业员工福利规划的重要险种选择，还是家庭财富保全、家庭风险保障的重要安排。

2. 收益、保费、保额比较灵活的人寿保险

收益、保费与保险金额比较灵活的人寿保险产品主要包括投资连结保险和万能寿险。

（1）投资连结保险

投资连结保险是保障账户与投资账户相连接、保险给付金额发生变动的一种投资型险种，因与投资账户连接，被称为投资连结保险（欧洲）；又因为其有效给付金额发生变动，在北美被称为变额寿险。投资连结产品没有最低保证收益，投保人承担了全部投资风险。

在进行实际保险规划时，要注意投资连结保险在保险期限内和保险到期后的给付利益和给付方式。在保险期限内被保险人死亡，被保险人获得死亡给付（给付方式 A 与给付方式 B）；保险期满后被保险人生存，其给付利益只是投资账户的账户价值。因此，理财规划师在为客户进行产品分析和保险产品演示比较时，要做好投资连结产品的七项费用（见《投资连结保险精算规定》）的充分提示，对其投资风险的完全自我承担以及死亡给付方式作充分的说明。

死亡保险金给付方式 A 是在死亡保险金额与投资账户价值中选择较大者，死亡保险金是风险保额与投资账户价值之和，风险保额在保险期限内由大变小，死亡保险金相对恒定；死亡保险金给付方式 B 中的死亡保险金是风险保额与账户价值之和，风险保额恒定，账户价值变动，死亡保险金变动。基于此给付特征，对那些身体健康状况相对较差同时又有投资需求的客户（即投保后前几年可能死亡的客户群体），适宜选择给付方式 A；对那些身体比较健康的客户群体，可推荐选择给付方式 B。

投资连结保险产品主要适用于储蓄及类型的教育基金规划和退休基金规划（保障型的基金与退休基金规划可以使用定期寿险或两全寿险），由于其投资账户收益不确定，投资风险由投保人承担，前期费用特别是初始费用较高，因此理财规划师需要对客户进行风险承受力测试，根据客户的家庭收入状况以及整个理财规划状况，引导客户做一定比例的投资连结产品选择，

学习笔记

必须是基于长期投资的安排选择投资连结保险。

理财规划师同时还应注意投资连结保险的税收规定。另外，在规划实务中配置投资连结保险还有一个好处，因为其缴费方式比较灵活，为客户以后的保险需求增加留下了一些调整空间。

（2）万能寿险

万能寿险保单保费可浮动，死亡给付金可调整，保单所有人账户的收入与支出项对保单受益的影响清晰（透明度高），保单万能账户提供了最低保证利率和结算利率（结算利率可调整，但不能低于最低保证利率），死亡给付方式与投资连结保单相似。我国目前万能寿险保单保险公司收取五项费用。

万能寿险保单所具有的保费支付的灵活性与保额的可调整性，使得万能寿险保单可以满足客户不同生命周期的保证与投资需求，十分适合作为客户整个生命周期的保险保障。实务中又称为客户的保险管家。

万能寿险保单和其他具有先进价值的保单一样具有保单点金价值的功能。在保险规划中，万能寿险的功能以及相关的风险提示与投资连结保险基本相同。

3. 意外、健康等保险

（1）意外伤害保险

意外伤害保险最基本的保障项目包括意外导致的死亡给付和伤残给付，其附加责任包括医疗费用给付和收入损失给付等。相对于寿险产品而言，意外伤害保险一般多为短期险。从保障保额与保费的比例关系来看，意外伤害保险是“性价比”最高的人身保险产品。

意外伤害保险的需求群体较多，其投保方式与购买渠道多元化，意外伤害保险一般没有性别的差异，也没有体检和核保要求。意外伤害保险除外责任中，客户容易疏忽的责任包括被保险人酒后驾车、因酒精药物影响、流产或分娩、整容手术、未遵医嘱私自服用或注射药物等所导致的意外等。

在保险规划实务中，意外伤害保险的保障需求根据客户的状况不同有所差异，其基本原理是客户意外死亡或伤残所导致的收入或其他经济价值损失作为基本保障保额。在实务中，部分理财规划师将寿险保障需求的两倍作为意外伤害保险的保障需求。需要强调的是，本项目任务 1 中生命价值法、遗属需求法所测度的风险缺口是寿险需求，也有将客户年收入的 20 倍作为意外伤害死亡保障的最大需要缺口。意外残疾保险保障需求一般要保证一旦丧失收入能力后，仍能在未来 5～7 年维持原有生活 80%的收入水平。

理财规划师在为客户选择和组合意外伤害保险时，还需要关注保险公司对意外伤害保险的投保年龄、最高投保限额的要求与规定。有些公司的意外险只对 16 岁以上的群体承保意外伤害保障，学生意外险一般是从幼儿园开始，个别公司的综合意外险的投保年龄较低（如小孩出生 30 天以上），而且有保额限制。未成年子女基本不具有劳动能力，且没有工资收入，因此在确

定未成年人的身故保额时，是按照一个人10年的基本生活标准确定的。多数地区的少儿身故保额不超过5万元，60天至17周岁的被保险人只能选择意外伤害保额不超过5万元的搭配。而上海、北京、广州等地少儿身故最高保额为10万元。因此，在为孩子选择意外险时，应当注意身故保额的限制，超出保额的部分无效。

理财规划师对固定收入的客户群体进行意外伤害保险保障规划时，还应注意客户群体所在单位的团体意外伤害保险与个人意外伤害保险的统筹考虑，一般而言，团体意外伤害的保障成本更低。

（2）健康保险

健康保险包括医疗保险、疾病保险、失能收入损失保险和护理保险。目前社会医疗保险中的医疗项目与商业保险中的医疗项目的界定存在差异，如社会医疗保险中的大病医疗统筹属于医疗项目，而在健康保险中属于重大疾病保险分类，理财规划师在健康保险规划特别是商业健康保险规划中应该注意。

医疗费用保险要注意社会保险医疗费用与商业医疗保险互补搭配。社会保险医疗的报销有起付线、封顶线和报销比例，商业医疗保险的作用在于补充社保起付线以下、封顶线之上和报销比例的剩余部分，同时商业医疗保险还必须考虑自负费用的部分。理财规划师在引导或帮助客户选择医疗保险产品时，要注意保险公司的医疗费用产品的不同设计，即拥有公费医疗和没有公费医疗下的商业医疗保险在条款、费率以及赔付金额方面的区别对待（《健康保险管理办法》第22条）。

大病费用社会保险补充医疗与商业健康保险中的重大疾病保险互补搭配。具体规划方案中，不同地区的补充医疗的风险责任有所不同。单位补充医疗一般为补偿性，而重疾保险为给付性。重疾保险的保障额度在投保时一般不设置最高额度限制（实际过程中保险公司核保会考虑适度的额度）；而单位补充医疗一般设定限额，多数限额都没有超过20万元，而且要求一定的自负比率。如果客户没有大病统筹补充医疗，其个人购买的重大疾病保险一般在20万～50万元的规划额度居多。

普通寿险的意外险一般都明确地将怀孕引起的各种事故和疾病列为除外责任。现在很多保险公司都已经推出了能覆盖妊娠期疾病的女性健康险，保障和应对女性生育期间的风险。这类保险一般都有90～180天的等待期，甚至更长的时间，在等待期内发生保险事故，保险公司不予理赔，同时关注客户社会保险有没有可以报销生育费用的生育保险。

基于未来老龄化背景所引致的长期护理需求的增加，健康保险规划中护理保险的需求也会逐步增加。

健康保险在核保方面相对于年金保险和两全保险会更加严格，大多数健康保险需要体检，理财规划师在保额确定方面要考虑客户的身体状况，力争其核保顺利通过。在实际规划中，还应关注免责条款、保证续保条款、既往疾病条款、等待期等方面的规定和限制。

学习笔记

5.3.4 保险产品选择

（1）解决风险保障是购买保险的基本出发点

风险保障是保险的基本功能，也是在理财组合中保险最为独特的功能。人寿保险可应对生命风险所引致的死亡风险，其中定期寿险可以用于因死亡而引致的房贷信用风险保障、子女教育基金保障、遗属生活费用保障等；终身寿险可以用于因死亡而引致的应急基金保障、丧葬费用保障和遗产规划；两全寿险既可作为在特定保险期限内的死亡保险，也可作为保险到期后的生存保障。健康保险应对因健康原因如疾病、意外伤害等引致的费用支出或收入损失提供的保险保障。提供风险保障是保险规划的主要功能。

（2）在预算资源有限时，针对主要风险

个人与家庭面临不同的财产风险、责任风险与人身风险。在个人或家庭风险管理与保险规划中，首先应该对个人或家庭所面临的风险进行排序，绘制风险地图，根据风险损失和风险重要程度进行风险的保险配置。

在一般的个人或家庭风险管理中，风险排序应基于死亡全残风险、部分残疾风险、重大疾病风险、普通疾病与医疗费用风险、房屋火灾风险、汽车碰撞风险、责任风险与老年风险的优先次序进行，如表 5.3 所示。特别是在家庭资源如收入水平与保费预算有限的情况下，更应该将主要资源用于对重要风险的保障，如死亡全残风险等。在实际规划过程中，不同家庭呈现出风险差异，因此家庭个人风险分析（包括财务诊断）是保险规划重要的基础环节。

表 5.3　家庭风险管理一览表

风险	风险类别	说　明	所需商品	优先顺序
人身风险	死亡/全残	家庭丧失全部生产能力（赚钱能力）或资产规划	人寿保险	1
	部分残废	家庭丧失部分生产能力（赚钱能力的部分减弱）	意外伤害保险/失能保险	2
	疾病（重大）	罹患重大疾病的医疗费用	重大疾病保险	3
	疾病（普通）	罹患普通疾病的医疗费用与收入损失		4
	老年	退休时未备足够照顾生活与健康的退休金		8
财产风险	房子火灾	房子因火灾或其他风险事故（洪水、地震、失窃等）而造成财产毁损被偷窃		5
	汽车碰撞	汽车发生碰撞或自然灾害（洪水、暴风）而毁损或被偷窃		6

续表

风险	风险类别	说　明	所需商品	优先顺序
责任风险	个人责任	因过失侵害他人生命、身体或财产（侵权行为）而负担损害赔偿责任	家庭责任保险/第三者责任险/车上责任险/交强险	7
	专业责任	因执业过失或疏忽侵害他人生命、身体或财产而负担赔偿责任	业务过失责任保险/错误暨遗漏责任保险	7
	产品责任	因产品侵害客户生命、身体或财产而负担损害赔偿责任	产品责任保险	7
	雇主责任	因疏忽或过失伤害员工生命、身体或财产而负担损害赔偿责任	雇主责任保险	7

（3）基于风险需求的寿险配置规划

人寿保险配置的一般规则是，终身寿险（含分红型）应对人生终身风险，如应急基金、临终与丧葬费用开支，遗产规划的寿险需求；定期寿险应对特定期限内的生命风险需求，如教育基金、养老基金、偿还贷款遗属生活费用等。

两全寿险（含分红型）应对特定期限的死亡风险和生存风险，即保险期内的死亡风险和保险到期的生存风险，如子女教育基金、养老基金等。

投资连结保险和万能寿险具有保险期限内死亡风险和保险期满的生存保障，相对于两全寿险而言，其储蓄投资功能更强。在保险规划中，一般用这两类险种做子女教育基金、养老基金规划。

（4）灵活利用附加险

附加险是相对于主险而言，是指附加在主险合同下的附加合同，是对主险基本保障功能的一种扩充，通过特约附加条款承保某些危险，使保险保障更加全面。例如，某保户遇车祸受伤，住院费数万元。由于其只投保了养老型的主险，却没有购买相应的保险，车祸属意外伤害，不在养老理赔范围内，因而不能从保险公司得到赔付。如果该保护在投保该主险时，每年加 200 元左右购买高额为 10 万元的意外伤害保障，就可以获得单独伤害的风险保障。

附加险一般不可以单独投保，购买附加险必须以购买主险为前提。附加险最大的好处是以低保费成本获得高保费保障。例如，某公司的终身男性重大疾病保险，以 30 周岁 20 年缴为例，每年缴 375 元保费，就能获得 1 万元的保障；而附加定期重大疾病保险，也是 30 周岁 20 年缴，每年只需 56 元。

附加意外伤害保险通常与定期寿险、终身寿险相互搭配，除获得普通寿险的死亡保险金给付之外，还可以获得高达主险数倍的附加意外伤害保险金给付。用意外伤害保险附加意外伤害医疗保险，来承担因意外伤害而发生的意外门诊的费用。一些具有特殊功能（如家庭保单）的附加保险，通常与健康险搭配比较好。除了承保被保险人之外，也可扩大至被保险人的配偶及子女，一张保单，全家受益。

学习笔记

投保附加险还应注意以下事宜：

1）主险有效，附加险并不一定有效。这是由于附加险期限往往短于主险，如果附加险期满后，保险双方没有就附加险续保达成一致，则主险虽然有效，附加险在期满后会终止。

2）只有在主险交费期内，才可以投保附加险。如果主险保费采用趸缴方式，那么即使尚处于主险保障期内，因为缴费行为已经终止，也不能再购买新的附加险种。

3）保户在选择附加险时，首先要清楚自己所投主险的保障范围，然后根据主险的缺漏，来选择有补充作用、自己也需要的附加险，且附加险和主险有购买比例的限制。

（5）尽量避免功能重复

在人身保险规划中，基于保险保障的有效性与保费资源的合理利用，应尽量避免功能重复。在人身保险中，医疗费用保险是补偿性合同，医疗费用发生后，存在社会保险医疗和商业保险医疗之间的报销分摊，如果有多份商业医疗费用（补偿性）合同，还存在商业保险公司之间的补偿机制。在保险规划实务中，应帮助和引导客户就医疗费用的分摊补偿机制做有效的试算与沟通，避免因购买过多的医疗保险或者选择不当而导致的功能重复。

在意外伤害保险规划组合中，也应注意功能的重复。“意外保险＋附加医疗＋医疗补贴（日补贴额×365 天）”组合中，附加医疗（含医疗补贴）与医疗补贴间存在一定的功能重复。

在人寿保险规划组合中，人寿保险是给付性合同，规划中的功能重复的概率较小。但理财规划师在规划时同样需要全面考虑，根据风险进行对位规划，以避免功能重复，如子女教育金规划中，如果已经含有保费豁免的教育金保险，就可以考虑不再配置定期寿险以应对死亡而引致的教育金风险；如果已经用两全寿险形成相对充足的教育金保障，在保费预算紧张的情况下，就可以不再考虑用定期寿险来应对因死亡而引致的教育金缺位或不足的风险。

【示例 5-5】　承示例 5-4，为张先生配置人寿保险。

解析：依据遗属需求法计算的张先生的寿险保额是遗属未来的生活及其他费用，基于寿险的保障需求，张先生应急基金和临终及丧葬费用用于死亡时，和张先生的年龄无关，因此，这两方面的需求可用终身寿险进行保障，而儿子的教育基金、妻子的养老基金和贷款则具有时效性，如孩子的教育基金只需保障教育基金未筹集齐备之前张先生的风险，养老与还贷道理相同，因此，这三部分的需求可以依据不同情况设置为定期寿险，以降低保费。具体如下：

儿子的教育基金配置 15 年定期寿险 20 万元，养老基金配置 25 年定期寿险 50 万元，房贷及车贷配置 15 年定期寿险 64 万元，紧急备用金和临终及丧葬费用支出配置终身寿险 11 万元。

任务5.4 遗产规划

5.4.1 遗产与遗产筹划认知

1. 遗产的定义

遗产，是财产继承权的客体。所谓遗产，是指自然人死亡时遗留的个人合法财产，包括不动产、动产和其他具有财产价值的权利。

作为一种特殊财产，遗产只存在于由继承开始后到遗产处理结束前这段时间之内。自然人生存时拥有的财产不是遗产，只有在其死亡之后，遗留下来的财产才是遗产。遗产处理之后，已经转归继承人所有，也不再具有遗产的性质。

2. 遗产的法律特征

（1）时间上的时效性

自然人生前所拥有的个人合法财产只有在其死亡后方可称之为遗产，因而自然人生存时，其所拥有的个人财产不能称之为遗产；而继承人在分割完遗产之后就使遗产转化为个人合法拥有的财产，也不能称之为遗产。因此遗产在法律上具有时效性，只能在自然人死亡之时起至遗产分割完毕前这一特定时间段内，自然人生前遗留的财产才能被称为遗产。一般而言，这一存续时间是短暂的。

（2）性质上的财产性

死者生前享有的民事权利包括财产权和人身权两方面，而可以被继承的只能是财产权利。

各国一般都废除了身份继承，仅实行财产继承，而原属于被继承人的人身权利，如姓名权、肖像权不能作为遗产。

（3）财产的可转移性

遗产是可以与人身分离而独立转移给他人所有的财产。能够作为遗产转移给他人的并不是被继承人生前拥有的一切财产。一般而言，遗产仅指能够转移给他人的财产，如所有权、债权等。另外，与个人身份密切结合，一旦分离便不复存在的财产权利，同样不能作为遗产。举例而言，承包经营权不能由继承人直接继承；有偿的委托合同、演出合同等的一方当事人在尚未履行时或者履行中死亡，未履行的部分则自然终止，其所含有的权利不能转移，也就不能作为遗产由他人承受。

学习笔记

（4）财产的生前个人合法所有性

自然人死亡时遗留的财产必须是合法财产，才具有遗产的法律地位，如系非法所得，不能作为遗产，继承人不得继承。另外法律规定的不得作为遗产进行继承的财产也无遗产的法律地位。例如，《中华人民共和国文物法保护法》规定的珍贵文物，在一定条件下就不能成为遗产。被继承人生前非法占有的属于他人的财产，也不能作为遗产由继承人继承。

（5）权利义务的统一性

继承人在继承遗产的同时也要以所继承的财产为限承担被继承人生前的债务，这就是权利义务的统一性。同样，如果继承人放弃了继承权，则不再承担清偿被继承人生前债务的义务。

3. 遗产筹划

所谓遗产筹划，是指当事人在其生前通过选择遗产筹划工具和制订遗产计划，将拥有或控制的各种资产或负债进行安排，从而保证在自己去世或丧失行为能力时尽可能实现个人为其家庭（也可能是他人）所确定目标的安排。在税收导向的经济中，税收最小化是遗产筹划的一个重要动机，但是税收最小化并不是遗产筹划的唯一目标，不应该过度强调节税问题。

4. 遗产筹划的目标

下面是具体的遗产筹划目标，其中或者全部目标对于大多数人而言，都是适用的。

1）确定谁将是遗产所有者的继承人（或者受益人），以及每位受益人获得的遗产份额。

2）确定遗产转移的方式。

3）在与遗产所有者的其他目标保持一致的情况下，将遗产转移的成本降至最低水平。

4）为遗产提供足够的流动性资产以偿还其债务。

5）保持遗产计划的可变性。

6）确定由谁来清算遗产，这涉及选择遗嘱执行人的问题。

7）计划慈善赠与。

金融理财师由于可以全面了解客户的目标期望、价值取向、投资偏好、财务状况和其他有关事宜，所以是为其进行遗产筹划和制订计划的最好人选。

5.4.2 遗产转移方式与遗产规划工具

1. 遗产的转移方式

遗产转移包括遗嘱检验程序、共有财产转移、合同转移（信托、人寿保险）和法律规定转移（如抚恤金）等方式。

学习笔记

（1）遗嘱检验

遗嘱检验模式适用于大多数个人，也是最重要的遗产分配方式，称为遗嘱检验程序。遗嘱检验是一个司法过程，在此过程中，死亡者遗嘱会被呈送到法庭上，然后由法庭指定专人处理遗产事务，包括根据死者遗嘱的规定分配财产。通过遗嘱转移的财产，有时候被称为遗嘱检验财产（probate property）。遗嘱检验程序与遗产管理的费用非常昂贵，经常可以达到死者财产价值的3%～5%（如美国）。

（2）根据财产所有权属性转移财产

该模式就是在死亡发生后根据财产的所有权属性转移财产。例如，带有生存者权利的联合所有权就意味着在其中一位所有者死亡时，生存者自动获得财产的权利（所有权）。这种财产不能通过遗嘱转移，因此不需要经过遗嘱检验程序，但是却包括在遗产总额中。

（3）依靠合同安排实现财产的转移

该模式就是依靠合同安排实现财产的转移。在死亡之前订立的合同如果会在死亡发生时或死亡之后支付一定款项，那么这笔资金可以不经过遗嘱检验程序。某些信托和人寿保险合同可能是最为常用这类安排。但是如果死者对这类合同哪怕只是一部分的所有权，或者给付是因为财产或为遗产的利益进行，这部分价值也会被计入应税遗产之中。

（4）根据法律规定转移

财产也可以根据法律转移，社会保障的遗属津贴也许可以算做这类模式的一个典型，这种财产不需要经过遗嘱检验程序，也不包括在遗产总额之中。

2. 遗产规划的工具

（1）遗嘱

遗嘱是个人对死亡后如何处理其财产的遗愿的合法表示形式，大部分遗产计划以遗嘱方式执行，利用遗嘱可以完成向慈善机构或他人的转赠，还可以建立信托基金，指定受托人和未成年子女监护人；使用遗嘱还可以执行各种减少所得税、遗产税、赠与税等税赋并最小化遗产费用的计划。

遗嘱是一种可变更文件，只有在立遗嘱人死亡后方才生效，立遗嘱人可以在有生之年随时更改遗嘱。新订立的遗嘱可以明示宣告所有在此之前订立的遗嘱都是无效的，遗嘱附录可以变更先前遗嘱的部分内容。

对封闭式企业而言，遗嘱的作用尤为重要。通过遗嘱，授权遗嘱执行人继续企业的管理经营，以避免企业被强行出售，也可以通过遗嘱指定企业如何销售。子女或其他有兴趣或有能力经营公司的人也可以直接继承这个企业，从而尽可能防止家庭不和。

（2）赠与

赠与是财产所有人将自己的财产无偿地赠送给他人，经他人接收后发生所有权变更效力的行为。为了完成赠与行为，赠与人与受赠人双方必须具有

学习笔记

符合法律规定的行为能力，而且赠与人必须具有赠与的明确意图。赠与人必须放弃所有权和控制权，每年的免税赠与可以有效地降低遗产税，在每年规定的赠与扣除额内赠与，相当于从遗产中扣除了赠与的价值。

通过赠与将财产赠与他人，可以避免遗嘱检验所导致的遗嘱无效风险，在生前将财产赠与他人，可以最大限度地降低或者避免遗产处理引致的管理费用和其他成本（如遗嘱检验费用）。通过赠与行为转移财产，财产就无须经过遗产检验程序，从而保留个人隐私；向子女实施赠与可以让子女有机会学习如何管理金钱或财产。如果个人认为无法有效地管理资产，通过赠与将财产转移给他人以保全财产价值，个人想将某一资产给予特定的某人，又担心会导致家庭不和，在有生之年进行赠与是达成该目标的重要途径。

（3）共同财产的所有权利

共同财产是指死者生前与其他人共同拥有的财产，共同财产利益需要全部或部分地计入死者的遗产税。

如果财产由两人或者两人以上共同拥有，而且在任一所有者死亡时，死亡者的所有者权益将自动地转移给生者，这种财产所有权在美国称为带有生存者权利的联合所有权。所有者不属于个人而是属于所有者群体，财产价值的100%一般要计入死者的遗产，财产共有是一种由每位成员直接拥有其所有权份额的共有权安排，所有者权益通过遗嘱转移给继承人，在共有财产安排下，如果有一位成员死亡，其拥有的财产份额将计入其遗产额度中。

（4）信托

信托是持有和管理他人财产的一种法律实体，信托人将财产转让给受托人就产生了信托，受托人可以是个人、投资公司或者银行，但必须维护受益人的权益。实际上，任何财产包括资金、证券、人寿保险单和财产都可以办理信托。

人们办理信托主要基于以下几个理由：

1）信托可以避免昂贵且费时的遗嘱认证过程。

2）在法庭上，信托不像遗嘱容易产生纠纷。如果担心遗嘱可能会发生纠纷，将财产办理信托能避免这个问题。除非信托是立遗嘱人在无行为能力或非法影响他人的情况下订立的，否则遗嘱纠纷不会影响信托。

3）信托可以用于保护资产免交遗产税。

4）信托提供专业管理。如果配偶一方不懂得如何有效管理资金，信托可提供专业管理。

5）信托保证机密。遗嘱必须公正，而信托则不必，因此，如果希望保密，又不想冒犯不能如愿以偿的亲戚，办理信托也许最适合。

6）信托还可以满足有特殊需要的子女。办理信托可以为有特殊需要的子女提供必要的基金。例如，一个残疾孩子需要特别照顾或者教育，或者一

学习笔记

个极有天分的孩子想学些暑期课程，信托可以提供基金而不会减少政府福利，如医疗补贴等。

7）信托可以保管资金直到子女成年，由于大多数孩子还没成年或不懂得如何管理一大笔资金，信托可以用来保管这笔资金直到孩子到达指定年龄。基金不能立即分配而应该在适当的时候进行分配。

8）信托还能确保前次婚姻的子女也能得到一些遗产。如果将遗产留给第二个配偶，第一次婚姻的孩子也许得不到任何遗产，信托能确保其如愿得到遗产。

（5）人寿保险

尽管有多种遗产规划可以选择，但能具备下列条件的工具只有人寿保险。第一，能按遗产所有人本人意愿指定受益人；第二，事先确定收益金额；第三，以被继承人死亡为给付保险金条件。在没有提前准备遗嘱习惯的地区，人寿保险显得更为重要。

人寿保险在遗产规划中的主要运用体现在以下三个方面：第一，在受益人获得死亡保险金不作为被保险人死后遗产时，可以直接通过，被保险人购买死亡寿险，让继承人保全继承权利；第二，在受益人所获得死亡保险金作为被保险人死后遗产的国家中（如美国），可以通过人寿保险与不可撤销信托的组合，如不可撤销人寿保险信托，来完成继承人对遗产的继承；第三，通过人寿保险可以实现和解决那些无法分割又必须分割的遗产继承的流动性问题。

5.4.3 人寿保险在遗产规划中的运用——保全继承权利

（1）终生寿险与保全继承权利

在受益人获得死亡保险金不作为被保险人死后遗产时，可以直接通过被保险人购买死亡寿险，让继承人保全集成权利，被继承人为自己购买终身寿险，并指定继承人为保单受益人，被继承人死后保险金支付给继承人。继承人用人寿保险金支付被继承人的遗产税，从而获得继承权利，继承人顺利完成继承。

（2）不可撤销人寿保险信托与保全继承权利

在受益人获得死亡保险金作为被保险人死后遗产的国家中（如美国），可以通过人寿保险与不可撤销信托的组合（如不可撤销人寿保险信托）来完成继承人对遗产的继承。根据美国统一信托法的规定，不可撤销的信托利益不作为委托人的赠与和遗产税，信托受益人利用死亡保险金缴纳遗产税，完成遗产的继承。

委托人与受托人签订不可撤销人寿保险信托协议，委托人将保单的所有权转移给受托人，并指定受托人为保险受益人，不可撤销人寿保险信托成立后，委托人不得再主张任何保险合同所生的权利，对于信托合同的内容及受益人的指定不得再做任何变更。

学习笔记

【示例 5-6】 董先生，45 岁，艺术家，个人资产估值 1 000 万元，其中，房屋两处，估值 300 万元，艺术作品 100 件，400 万元，以董先生名义的艺术、文化公司 3 家，账面资产 200 万元，现金 50 万元。车辆等资产价值约 50 万元，董先生个人负债约 200 万元，（含根据离婚协议应付前妻 30 万元），董先生现任妻子亦生意助手，与前、后妻子育子各一人，长子 10 岁，由前妻抚养，次子两岁，理财师了解到董先生对两个孩子都很关爱，并无偏心。但现任妻子与前妻之间有较深的矛盾。从董先生个人愿望、避免纠纷以及减少不确定性损失的角度为董先生遗产规划提出建议。

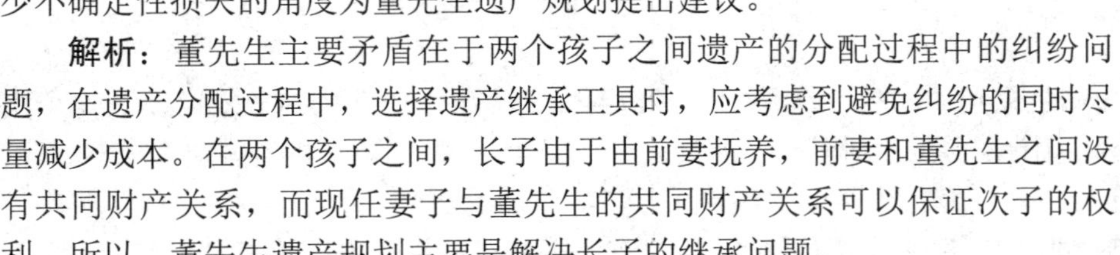

解析：董先生主要矛盾在于两个孩子之间遗产的分配过程中的纠纷问题，在遗产分配过程中，选择遗产继承工具时，应考虑到避免纠纷的同时尽量减少成本。在两个孩子之间，长子由于由前妻抚养，前妻和董先生之间没有共同财产关系，而现任妻子与董先生的共同财产关系可以保证次子的权利，所以，董先生遗产规划主要是解决长子的继承问题。

可用于遗产纠纷的四个工具中，遗嘱对于董先生而言一方面执行成本高，另一方面，遗嘱在执行过程中存在一些风险和纠纷；现任妻子是董先生的生意助手，与董先生共同拥有共同财产的所有权利，董先生对于长子则无法通过这一工具安排相应遗产；而信托和终身寿险则可以将长子的继承权利直接支付给长子，而不用通过现任妻子，因此，董先生应选择信托或终身寿险解决长子的继承权问题。

项 目 实 训

实训 1 紧急备用金储备

【案例】 李先生夫妻生活在一个中等城市，今年均为 34 岁，有一个读小学一年级的女儿，今年 7 岁。李先生在外资企业做管理工作，月薪 5 000 元（税后），年终奖金 64 375 元（税后）；妻子是某事业单位财务主管，月薪 4 000 元（税后），年终奖 3 800 元（税后）。两人每月按照税前工资的 15%缴纳“三险一金”。李先生有一套自有产权住房，每年的租金收入 9 600 元，如现在出售市价为 60 万元。一家人目前居住的住房购于 2005 年 1 月，目前的市场价值为 40 万元。李先生当年首付 16 万元，贷款 24 万元，从购买当月即开始还款。考虑到女儿的教育支出会越来越高，为减少后期开支所以选择了以等额本金方式还款，还款期限 15 年。

李先生家庭财务支出比较稳定，除了基本的伙食、交通、通信费用外，还有定期的服装购置和旅游支出，女儿一年的教育费用（含特长班支出）在 1 万元左右，太太办的美容卡每年需要 8 000 元，一家人平均每月的日常生活开支为 3 000 元，家庭应酬支出平均每月 500 元，每年旅游支出 1 万元。

因工作繁忙加上对理财并不在行，所以夫妻两人没有炒过股票，只是三年前经人介绍以

2 万元买入一只债券型基金，目前市值为 21 500 元，其中近一年的收益是 1 000 元。家里有即将到期的定期存款 15 万元，活期存款 2 万元。李先生夫妻除房贷外目前无其他贷款。除了单位缴纳的“三险一金”外夫妻二人没有投保其他商业保险，女儿的人身意外保险是学校统一缴纳的。

要求：

1）为李先生测算家庭紧急备用金，并解释。

2）为李先生家庭备用金设置储备形式。

实训 2　寿险需求分析

【案例 1】　张先生今年 40 岁，预计再工作 25 年后退休，目前年税后收入 12 万元，个人年消费支出 5 万元，预计年通货膨胀率 3%，收入增长率 4%，贴现率（投资收益率）5%。

要求：用生命价值法计算张先生的保险需求。

【案例 2】　基本资料：张先生夫妇均 35 岁，有两个儿子，长 7 岁，幼 2 岁，税后年收入 18 万元，其中张先生 14 万元，妻子 4 万元，家庭主要资产负债有房屋 50 万元，房贷余额 30 万元，汽车及其他 12 万元，车贷余额 4 万元，储蓄 5 万元。家庭年生活费用 5 万元。

理财目标：应急基金 6 万元，教育基金 12 万元（长子 19 岁，次子 14 岁时使用），养老基金（65 岁时使用）20 万元，临终与丧葬费用开支 5 万元。

假设：可实现税后投资收益率 7%，平均年通货膨胀率 4%，工资按 5%速度增长。

要求：在本案例收入与支出均为期初年金的情况下，计算张先生保险保障保额。

实训 3　遗产规划

【案例】　刘先生今年 48 岁，妻子 45 岁，两人都是政府公务员，两人年收入合计 30 万元（税后），女儿今年 22 岁，由于女儿身有残疾，生活只是能够自理，没有生活来源，考虑自己身后女儿的生活，刘先生夫妇二人生了一个男孩，年龄 5 岁，身体健康。刘先生目前有自住房一套，价值 200 万元，考虑到女儿结婚，购房一套，价值 130 万元，除此外，刘先生还有一些数量不大的存款。

要求：

1）结合刘先生的情况，为刘先生确立遗产筹划的目标。

2）为刘先生选择遗产规划的工具并说明原因。

通过本项目的学习我具备了哪些实践工作能力？掌握了哪些理论知识？

这些实践工作能力在整个课程学习过程中处于什么样的地位？

这些实践工作能力在我未来的工作和学习过程中可以用于哪些方面？

项目6

投资规划

项目介绍

本项目的投资规划在对客户投资报酬率正确设定的基础上，结合客户理财目标的实现要求，对客户的资源进行有效配置。

投资规划为理财目标的实现提供资金保障，是综合理财规划的核心内容，也是综合理财规划的学习基础。

教学目标

- 终极目标：

通过本项目的学习，学生能够结合客户的理财目标实现对投资的需求，并结合理财目标对投资作出合理的规划。

- 促成目标：

结合客户具体情况，为客户设定合理的投资目标。

结合客户具体情况与理财环境，设定合理的预期报酬率。

结合理财目标对资金的需求，制定合理的资产配置。

工作任务

- 投资目标与报酬率设定
- 资产配置与调整

任务 6.1　投资目标与报酬率设定

6.1.1　投资组合目标设定影响因素分析

投资目标的核心问题为风险与收益权衡，影响个人投资者风险承受能力与收益的基本因素是投资者所处的生命周期以及其对风险的偏好。

1. 生命周期与组合管理

1）在生命周期形成期初期，由于没有足够的资产积累，收入来源单一（主要是薪金收入）且收入能力有限，没有能力或投资于证券产品的能力较弱，投资目标定位于稳健增值策略，往往采取将资产存入银行或购买基金；在形成期的后期，随着资产的增长，有能力投资于证券等需要较大金额的投资时，投资目标转向了财富的快速增长。

2）在成长期，子女教育成为家庭的主要目标，除满足日常的生活支出外，视子女教育金的需求建立投资组合成为家庭投资的主要目标，随着子女年龄的增长，子女教育需求弹性逐年下降，投资组合日益稳健。

3）在成熟期，子女独立生活，为自身积累退休基金成为投资的主要目标，投资者越接近退休年龄，风险承受能力越低，越来越倾向于低风险投资组合。

4）在衰退期，没有了工作收入，生活来源完全依赖于理财收益，投资目标是获得稳定的收益，因此，应建立低风险甚至无风险投资组合。

【示例 6-1】　钟先生 40 岁，某外贸公司经理；钟太太 32 岁，银行职员；钟美丽（女儿）10 岁，小学二年级。根据钟先生家庭生命周期提出资产组合建议。

解析：按照家庭生命周期理论，钟先生家庭目前处于成长期，女儿 10 岁，家庭主要目标是女儿的教育经费。按我国一般学程和义务教育规定，钟先生还有 7 年时间准备高中阶段教育费用，10 年时间准备大学学程教育费用。因此，钟先生在投资组合方面可以考虑适当提高投资组合收益，随着女儿的年龄增长，逐步增加稳健投资资产比重，以降低投资风险，确保女儿教育经费目标实现。

2. 风险承受能力与风险投资组合

投资者的风险承受能力取决于客户的年龄、收入、财富等，风险承受能力评估详见项目 1，而客户的风险承受能力并不是风险投资组合的风险参考因素，在风险承受能力评估下，还要评估客户的风险容忍态度，两者综合评

学习笔记

判客户的风险属性。由此风险属性再对客户建立相应的投资组合。

3. 投资组合目标的制约因素

1）流动性。流动性越强的资产收益率往往越低，而流动性资产能够降低客户意外灾害、失业等重要且必须防范的风险，投资者在建立投资组合时，应充分考虑流动性资产所占的最低比例。

2）投资期限。理财目标不同，实现的期限不同，投资组合必须在理财目标实现时完成投资获得资金，如为子女上大学而建立的投资组合必须在子女上大学前将其变现。

3）税收考虑。任何一个投资策略的业绩都是由其税后收益来评价，因此在建立投资组合时，必须考量税收对投资收益的影响。

4）监管的约束。在建立投资组合的所有产品中，严格的监管能够降低投资的责任风险，如加强基金的监管能够最大限度地降低“老鼠仓”行为。

6.1.2 投资目标设定

投资规划是实现理财目标的手段，投资目标应服从于理财目标，因此，投资目标的设定依赖于理财目标的确立。协助客户制定个人或家庭合理的理财目标是理财规划的重要事项。目标必须具备可行性，所谓可行性是指遵循下列原则的目标。

1. 制定理财目标的原则

制定理财目标一般遵循“聪明（smart）原则”。具体原则如下所述。

（1）目标是明确的

目标的内容、希望达成的时间与如何达成的步骤都必须明确，如子女教育目标如果只是说明希望女儿能够多读书这个目标并不明确，应该说明希望女儿达到的受教育程度、希望达成的时间以及如何达成，如希望女儿在高中毕业后能够到德国读本科和研究生。

（2）目标是可以衡量的

将目标数据化、货币化，如上述目标必须列明女儿读书的费用，每年教育费用及就读的时间。

（3）目标是可以达到的

考虑现在的财务状况与理财目标的年限，在合理的假设下，有机会实现制定的理财目标，实现目标的可能性要在50%以上。以退休规划为例，若客户最初以20年后退休时累积20万元退休金为目标，细算下来，客户会发现这个目标并不能让其实现悠闲养老的梦想。20年累积20万元退休金这个目标的可行性是没有问题的，但是目标的合理性却有问题。一般而言，20年后退休所需要的退休金至少在50万元以上才能弥补晚年养老的需要。

（4）目标具有现实性

制定的理财目标要考虑外在环境以及自己的个性和体能限制。例如，20%的投资报酬率，在景气较佳的环境或对冒险型的投资人而言是可达到的，但在经济前景低迷的时候或对极端保守的人而言是不切实际的。

同样的目标金额，实现的年限越短，所需要的投资报酬率就越高。但是，投资报酬率越高，实现目标的可能性就越低。根据风险承受度大小，长期投资的合理报酬率一般定为 4%～10%，超过 10%的报酬率都需要一点运气（如整笔投资时机为相对低点）才有可能实现。一般而言，对于中等风险承受度的客户，8%的报酬率可以作为理财规划的上限。

（5）目标具有时限性

达成目标的计划要有时限性，如 20 年的退休规划可落实至年或月的储蓄投资计划，累积退休金的进度与目标的差距要定期检查并作出调整策略。

理财目标应该根据人生的阶段进行动态调整。调整仍要遵循“聪明（smart）原则”，分析现在与原来制定目标时的环境差异，分析理财目标在这段期间已经达成的进度，分析实际达成情况与原计划之间的差异，确定根据目前的情况调整理财目标，还是以更积极的行动来达成原来制定的目标。

2. 理财目标确立要素

理财目标的确立应考虑实现的时间、金额、实现目标所需年限以及目标之间的重要性，内容具体包括：

① 理财目标准备时间。例如，1 年后购车，2 年后结婚，3 年后生子，5 年后购房，20 年后子女上大学，30 年后退休等。

② 实现理财目标所需要的金额。首先，决定依目前物价水平实现目标所需要的金额。例如，目前购车需要 10 万元，结婚需要 5 万元等。其次，考虑通货膨胀率，计算实现目标当年所需要的金额。设定通货膨胀率，不同目标应依据目标的特性分别设置，如同样的汽车，车价可能会降低，房价会有所增长，生活费和学费的成长率也会有所不同。

③ 实现理财目标所需要的年限。例如，子女只上大学需要 4 年，一直念到硕士需要 6 年，一直念到博士需要 10 年，从退休年龄到终老年龄之间的退休生活年限为 20 年等。

④ 理财目标的重要性。理财目标的重要性由客户自身的理财价值观所决定，直接关系着客户生息资产的配置，如对于偏子女型客户，资产配置时应首先考虑确保子女教育金的安全性，应首先配置子女教育金。

3. 依据理财目标设定投资目标

在设定理财目标时，首先将理财目标按实现的年限分为短期理财目标和中长期理财目标，才能配合目标制定相应的投资规划方案。其原因在于，实现期限越短的目标，对资产的安全性要求越高，反之，实现期限越长的目标，

学习笔记

对资产的收益性要求越高，因此，诸如购房、子女教育等投资组合上应重点考虑安全性，配置风险较低的产品，而退休规划应重点考虑收益性，配置风险较高产品。其次，要依据客户的理财价值观对理财目标的重要性进行排序，确定各目标依次实现的顺序。最后，投资于风险性资产的结果具有不确定性，要依据理财目标实现的金额确定投资目标，理财目标金额缺乏弹性，如子女教育，应将理财目标作为投资效果的最低标准，对于弹性较大的理财目标，如购车，可以将其理财目标定位于投资目标实现区间。

【示例6-2】 承示例6-1，2010年12月，经过与钟先生沟通，钟先生欲通过理财规划实现目标如下：预留10万元的家庭紧急预备金；2年内购置一辆20万元的新车；5年后更换120平方米新房，价值150万元；在女儿大学毕业前准备50万元的出国留学费，留学2年；准备退休金135万元。根据钟先生理财目标为钟先生制定理财目标规划并依据理财目标规划提出投资目标。

解析：理财目标规划应首先分为短期、中期和长期目标，其次明确实现时间、金额以及重要性排序。具体规划如表6.1所示。

表6.1 理财目标规划表

编制日期：2010-12-31

短期目标（小于2年）			
目标描述	顺序	实现日期	预计状况（现值）/万元
紧急预备金	1	2010-12-31	10
购车	2	2012-12	20
中期目标（2～6年）			
目标描述	顺序	实现日期	预期状况（现值）/万元
购房	2	2015-12	150
长期目标（大于6年）			
目标描述	顺序	实现日期	预期状况（现值）/万元
女儿出国留学费用	1	2018-6	50
退休金	3	2030	135

对于上述弹性较小的紧急预备金、女儿出国留学费用，其理财目标现值为投资目标最低标准，即分别为10万元和50万元；对于购车、购房和退休金等弹性较大的项目，投资目标以理财目标为标准，设置投资目标区间。

6.1.3 预期投资报酬率设定

确定合理可行的预期报酬率时，需要考虑理财目标实现的年限、客户的风险属性等因素。理财目标预期实现的年限就是筹备资金的时间，时间越长，越能承受较高的风险，也就越有可能获得较高的预期报酬率。因此，可根据资金筹措时间的长短设定投资规划的预期报酬率，如示例6-2中长期目标退休金和女儿出国留学费用预期报酬率高于购车和购房目标。

依据风险属性设定预期报酬率具体见项目1。

任务 6.2　资产配置与调整

6.2.1　资产配置策略

资产配置可以分为战略资产配置和战术资产配置，战略资产配置比战术资产配置的投资期限更长。

1. 战略资产配置

战略资产配置追求长期平均回报，即以某种方式将资产配置在一起，以满足投资者在一定风险水平上收益率的目标。其配置方法主要有以下三种：

1）购买并持有法。确定恰当的资产组合，并在诸如3～5年的适当持有期间保持这种组合，对长期再平衡而言，这种方法是消极型的，具有最小的交易成本和管理费用，但不能反映环境的变化。

2）恒定混合法。这种方法是按长期保持投资组合中种类资产的恒定比例而设计的，为维持这种组合，要求在资产价格相对变化时，进行定期的再平衡和交易。市场时机选择（即战术性资产配置）可以被看作是恒定比例法的一个变种，因为这种方法试图通过从高估资产到低估资产的再配置而相对改变资产价值。这种再配置战略以估值评价为基础，而不仅仅是一种机械法则。

3）投资组合保险。这种方法在本质上最具有动态性，所需要的再平衡和交易的程度最高，其目的是在获得股票市场的预期高回报率的同时，限定下跌的风险。但这种方法有效实施的难度较大。

三种方法都有明显特征，没有哪种方法优于其他方法。三种策略应用比较如表6.2所示。

表 6.2　三种战略资产配置比较

策　　略	市场下降/上升	有利的市场环境	要求的流动程度
购买并持有	不行动	牛市	小
恒定混合	购买下降、出售上升	易变、无趋向	适度
投资组合保险	出售下降、购买上升	强趋势	高

2. 战术资产配置策略

战术资产配置策略是一种积极的资产管理方式，在既定的战略资产配置策略下，一旦某些资产出现套利机会，通过改变这些资产的分配以提高投资

学习笔记

组合收益。完成套利后恢复到原来的规定的投资比例。

6.2.2 资产配置与调整

在投资目标和预期报酬率设定后，开始依据理财目标进行资产配置与调整，其程序如图 6.1 所示。

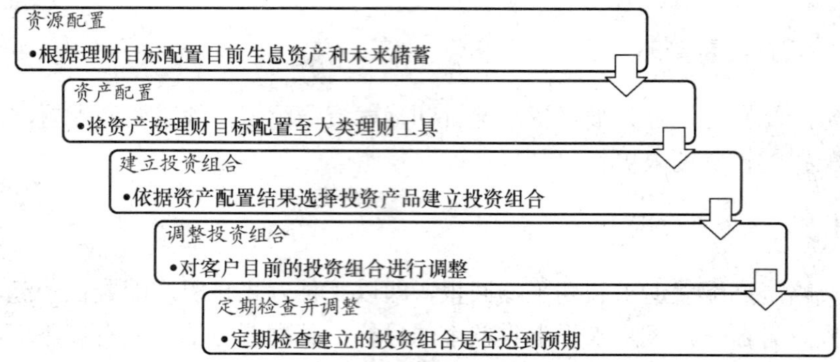

图 6.1 资产配置流程

下面对程序中各步骤的实施分别进行说明。

1. 根据理财目标分配资源

资源配置是将目前客户所拥有的当前可运用资金（生息资产扣除备用金、不动产以及收藏等不易变现资产）和未来储蓄资源分配至各个理财目标，在为多目标配置资源时可采用目标并进法或目标顺序法。在配置过程中应坚持以下几个原则：

1）可运用的储蓄需扣除保险规划中应增加的保费，可用的生息资产需扣除紧急预备金的预留额度。

2）如果在生息资产还未准备时就有买车、购房计划，可利用生息资产配置计划的首付款，同时应考量未来的储蓄能力是否能够偿还贷款。

3）建议使用目标并进法，每一个理财目标都一个信托目的，一开始就以分别设立信托账户的观念分配生息资产与未来储蓄资源，同时在运用目标并进法时按客户偏好先将资产配置于客户认为最为重要的目标。

4）当资源不够时，优先顺序靠后的理财目标需要决定是否放弃、是否延期或是否降低目标金额。

5）当所有目标都能实现而资源还有剩余时，剩余的生息资产或未来储蓄就是真正的自由资金，可以用来提高生活水平，投资高风险投资，如果投资成功，可以实现原来无法实现的额外目标，如果投资失败，也不至于影响原来的理财计划。

6）当所有目标都能实现而资源还有剩余时，也表示会留下不少的遗产。如果未来征收遗产税，应提早运用分年赠与子女、高额终身寿险保单、遗产信托、赠与配偶分散资产等方法来制定财产转移规划。

【示例 6-3】　承示例 6-2，钟先生家庭目前有活期存款 5 万元，定期存款 10 万元，股票投资价值 100 万元，债券投资价值 40 万元，股票型基金投资 40 万元，房产价值 500 万元，汽车价值 30 万元。钟先生夫妇年收入（税后）90 万元，支出 40 万元，年储蓄可达 50 万元。每年应缴保费 3 万元。以目标并进法为钟先生目前的理财目标配置资源。

解析：钟先生目前可配置的资源包括当前可运用资金和未来储蓄。

当前可运用资金＝活期存款 5 万元＋定期存款 10 万元＋股票投资价值 100 万元＋债券投资价值 40 万元＋股票型基金投资 40 万元＝195 万元。

根据钟先生家庭理财目标规划，需从上述可运用资金中留置紧急预备金 10 万元，扣除紧急预备后钟先生家庭的可运用资金为 185 万元。

钟先生家庭年储蓄为 50 万元，配置于各理财目标中的储蓄应扣除保费 3 万元，实际可运用年储蓄为 47 万元。

运用目标并进法和资源配置原则，钟先生家庭资源应配置如下：

首先按重要性从可运用资金 185 万元中配置女儿出国留学费用 50 万元，再按目标实现顺序为购车目标配置资金 20 万元，为购房目标配置资金 115 万元，其余购房目标 35 万元（150－115）与退休金目标用储蓄实现。具体配置如表 6.3 所示。

表 6.3　资源配置表

理财目标	实现年限	应配置资源现值/万元	资源配置现值/万元	
			可运用资产	储蓄
紧急备用金	0	10	10	0
子女教育	13	50	50	
购车	2	20	20	0
购房	5	150	115	35
退休金	20	135		135
合　计		365	195	170

2. 资产配置

资产配置即将目前客户所拥有的资源（包括可运用资产和未来储蓄，即上述为理财目标配置的资源）按资产种类进行大类配置。在为每个理财目标配置资源后，再以理财目标为分类标准，为每个理财目标所配置的资源配置资产，即将资源按资产大类进行配置。再将各目标所配置资产用资产配置率进行加权平均，确定各类资产配置的比例。

为理财目标配置资产时应按理财目标实现时间从短期开始配置。

（1）配置紧急预备金

对于紧急预备金，首先考虑的因素是资金的安全性与流动性，目的在于应对失业或失能所引起的收入中断问题或应对意外空难导致的大额支出问

题。具体配置方法见任务 7.1。

（2）1 年内短期目标的资产配置

对于 1 年内计划完成的短期目标，如旅游、留学、结婚、子女出生等，客户可根据自己的状况把所需要的资金拟定出来，这些资金的配置，仍然以安全性与流动性为主，并与目标实现时间相配合，选择定期存款或短期银行理财产品。

（3）2～5 年中期理财目标配置

中期目标投资时间较长，在兼顾流动性的同时，可以追求一定的收益性，如选择保本设计的结构型债券、债券型基金等。

（4）5～20 年中长期目标配置

由于时间较长，要考虑通货膨胀风险，投资时应追求收益性，如可以选择长期债券、平衡型基金、房产等。

（5）20 年以上的长期目标配置

长期目标首要考虑的因素是收益性，以长期平均报酬率较高的股票或股票型基金为主。如果有一定的投资专业能力，也可以考虑投资期货或期权交易。

（6）储蓄配置

上述资产配置如果不足以实现理财目标，缺口部分应运用储蓄进行定期定投弥补，如果仍然不能实现目标，则要考虑开源节流。

【示例 6-4】 承示例 6-3，假设将资产分为储蓄、债权投资、股权投资三大类，假设预估报酬率分别为 2%，5%和 10%。在配置过程中，应首先考虑可运用资产配置，储蓄则采用定期定投方式。为钟先生理财目标配置资产。

解析：依据钟先生各理财目标实现时间和各目标的弹性，配置资产如表 6.4 所示。

表 6.4 资产配置表

理财目标	实现年限/年	资源配置现值/万元		资产配置		
		可运用资金	储蓄	储蓄	债权投资	股权投资
紧急备用金	0	10	0	100%		
购车	2	20	0	20%	80%	
购房	5	115	35		70%	30%
子女教育	13	50			60%	40%
资产配置比例				7.18%	64.87%	27.95%
资产配置金额/万元				14	126.5	54.5
投资报酬率			7.18×2%＋64.87×5%＋27.95%×10%＝6.18%			

其中，

储蓄资产配置比例＝（10×100%＋20×20%）/195＝7.18%；

债权投资配置比例＝（20×80%＋115×70%＋50×60%）/195＝64.87%；

股权投资配置比例＝（115×30%＋50×40%）/195＝27.95%；

储蓄资产配置金额＝195×7.18%＝14（万元）；

学习笔记

债权资产配置金额＝195×64.87%＝126.5（万元）；
股权资产配置金额＝195×27.95%＝54.5（万元）。

3. 建立投资组合

在资产按投资品种大类配置后，依据资产配置的结果，理财规划师应分析目前的市场趋势，为客户选择合适的理财产品，并对产品配置建立投资组合。

4. 调整投资组合

调整资产组合分为两种情况，一是在投资组合设定之后，协助客户检查目前所持有的投资组合与制定的投资组合之间的不同产品比例，对其进行调整，在调整过程中要注意成本的控制，如客户的股票投资比例过大，且目前处于亏损状态，要制订相应计划逐步调整。二是在投资组合执行过程中，每隔一个固定期间，或投资环境发生较大变化、投资绩效不如预期，要对投资组合进行检视并调整。

【示例 6-5】 承示例 6-4，依据为钟先生资产配置结果对钟先生投资组合进行调整（由于理财产品的多样性和时效性，本书进行调整时依据的资产配置结果，即按理财产品大类进行讲解）。

解析：钟先生家庭目前储蓄共有 15 万元（活期存款 5 万元，定期存款 10 万元），股权类投资 140 万元（股票投资 100 万元，股票型基金投资 40 万元）债权类投资 40 万元（债券投资 40 万元）。依据理财规划师为钟先生的建立的投资组合，钟先生应将储蓄中的 1 万元和股权类投资 85.5 万元（140－54.5）转化为债权类投资。

项 目 实 训

实训 1　投资目标与报酬率设定

【案例】 基本资料：家住宁波的朱先生今年 46 岁，某外企高管，工作稳定，是一个事业有成的爱心人士，经常从事公益事业。妻子与朱先生同岁，在某国企上班，朱先生母亲今年 70 岁，无任何社会保障，依靠朱先生赡养，身体健康。朱先生儿子今年 22 岁，大学本科三年级。

收支情况：朱先生税前月薪收入 2 万元，年底奖金 3 万元；妻子李女士为国有企业单位员工，税前月薪 4 000 元，年底奖金 2 万元。

目前家庭每年生活支出 5 万元，学费每年支出 7 700 元，儿子生活费用每年 1.4 万元。每年旅游费用 1 万元，母亲的赡养费每月 600 元。

资产负债情况：4 年前购买住房一套 180 平方米，20 年期公积金贷款 60 万元，贷款年利率 4.05%，现价 270 万元。有一套 90 平方米的原住房，无贷款，市价为 120 万元，目前闲置。今年购买一辆 50 万元的轿车，首付 25 万元，5 年期贷款 25 万元，年利率 5.67%，汽车使用费每年 4 万元（包括保险）。有活期存款 10 万元，3 年定期存款 50 万元（今年到期），1 年期定存美元 1 万元。

家庭保障情况：朱先生的养老保险账户余额 8 万元，医疗保险账户余额为 1 万元；妻子养老金账户余额 3.2 万元，医疗保险账户余额 8 000 元。母亲无任何保障，和朱先生一家人共同生活。

理财目标：为儿子准备结婚费用；退休后保持目前的生活水平。

要求：

1）依据朱先生理财目标确定朱先生投资目标。

2）说明投资目标确定的依据和要点。

实训 2 资产配置与调整

【案例】 承实训 1 案例。

要求：

1）根据朱先生的理财目标配置资产和储蓄，说明上述配置的原则和方法。

2）依据资源配置结果为朱先生进行资产配置并计算平均投资报酬率。

3）对目前的投资环境进行调查研究，并在此基础上依据资产配置为朱先生选择投资产品。

4）为朱先生制定投资建议书。

通过本项目的学习我具备了哪些实践工作能力？掌握了哪些理论知识？

这些实践工作能力在整个课程学习过程中处于什么样的地位？

这些实践工作能力在我未来的工作和学习过程中可以用于哪些方面？

项目 7

综合理财规划

项目介绍

理财规划作为一种特殊的职业，其对客户的重要性和工作本身的特殊性决定了理财规划师在为客户提供服务的过程中容易诱发道德风险并对客户形成重大影响。标准化的工作程序是保证其执业水平、化解道德风险、保障客户利益的重要手段。因此，理财规划师在执业过程中，应遵循一定的操作准则。本书采用 FPSB China 的《理财规划师执业操作准则》作为本书综合理财规划的制定流程。作为对执业操作准则的应用，本项目没有相关的理论知识作为支撑，全部为实践操作，这是与前述各项目最大的区别。

本项目是本课程教学的最终目标，项目 1～项目 6 都是对本项目中综合理财规划方案所做的前期实践和理论准备，在本项目完成后，学生将通过制定综合理财方案，将前述各项目所学综合应用，完整掌握理财规划师制定综合理财规划方案的基本能力。

教学目标

- 终极目标:

通过本项目的学习，学生能够正确理解和掌握综合理规划方案制定的流程及各个流程的工作要点，具备为客户提供综合服务的基本技能。

- 促成目标:

能够正确建立并界定与客户的关系。

能够合理、全面收集客户信息。

能够分析和评价客户财务状况。

能够制定并提交个人理财规划方案。

能够正确执行并监控个人理财规划方案。

工作任务

- 寻找目标客户群
- 向客户推介理财服务

- 明确与客户的关系
- 收集客户财务和非财务信息
- 明确理财目标
- 设定相关理财参数
- 检验目标达成的可能性
- 个人理财方案设计内容分析
- 向客户展示理财规划方案
- 执行个人理财规划方案
- 监控个人理财规划方案的执行

由于个人理财活动具有复杂性且效果显现时间长，严格的执业操作准则（或规划）就成为保证执业质量的必然，本书将以 FPSB China 的《理财规划师执业操作准则》为样本，详解综合理财规划操作流程。

FPSB China 的《理财规划师执业操作准则》将个人理财规划执业操作流程设计为六个步骤，如图 7.1 所示。

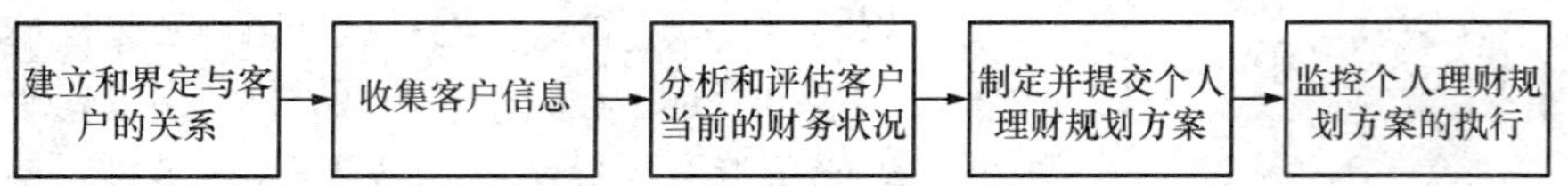

图 7.1　个人理财规划执业操作流程

在正式提供金融服务时，首先，要建立并明确与客户的关系，如确定服务的类型、向客户披露重大利益冲突以及服务的时间、范围等；其次，要依据与客户达成的服务内容和方式收集客户信息，包括财务和非财务的一切与理财服务相关的信息，在此基础上，分析和评价客户的财务状况，并依据分析的结果针对客户财务状况中出现的问题和预期达成的目标，制定理财规划方案；最后，引导客户共同监控和执行方案，以保证理财规划目标的实现。

任务 7.1　建立和界定与客户关系

7.1.1　寻找目标客户群

在对客户进行理财规划服务前，首先要寻找服务的对象——客户，依据理财服务所能提供的产品，确定目标市场、寻找目标客户是建立客户关系的第一步。

1. 客户类型

具有理财需求的目标客户群主要有以下几类：

1）财富净值很高，但没有足够时间去规划及管理资产的人士，如企业主、企业高管、专业人士。

2）财富净值较低，但积极规划未来的群体，如大学生。

3）具有极高的家庭责任感，对子女有很高期许的人群。

4）家庭或居住环境面临较大改变，需要做特殊调整安排的人群，如婚姻状况改变、生养子女、失业等。

5）发生了能激发客户寻找专业理财服务事件的人群，如面临巨额债务。

2. 客户服务需求分析

美国的 CFP 执业者根据经验，总结了激发其客户寻求理财规划咨询服务的主要生活事件，通过这些事件来分析客户对理财规划的需求，以便寻找最需要理财规划的客户，如表 7.1 所示。

表 7.1　激发客户寻求理财规划服务的主要生活事件

激发客户寻找理财规划咨询服务的主要生活事件	CFP 执业者的判断（10 分为满分）
意识到退休的临近	7.3
年金或个人退休账户的结转	7.0
遗产的继承或获得意想不到的一笔横财	5.5
为教育融资的压力	4.4
投资或个人资产的缩水，证券市场的低迷	3.7
投资复杂性的不断增加	3.6
婚姻状况的转变	3.5
孩子的出生	3.4
照顾、护理老人的义务	3.1
购买、卖出或开始经营一家小型企业	3.1
潜在的、实际的失业	2.9
大额的健康护理支出	3.6
个人债务的增加	2.5

同美国的情况类似，中国的个人和家庭的下列生活事件激发了客户对理财规划专业服务的需求：

1）建立退休基金。

2）建立应对生活中突发性事件的“应急基金”。

3）管理或减少现有的个人债务。

4）为一项家庭购买或更新进行财务准备。

5）为假期或旅行进行财务准备。

6）为子女或自己建立教育基金。

7）对未来生活提供保险保障。

8）对收入或资产进行合法的税收规避。

9）积累财富。

10）产生现期收入。

显然，和美国公众一样，生活理财应该是消费者的主要需求，而追求投资收益最大化并不一定是其寻求专家理财的首要动机。调查的结果也从另一方面表明，仅仅提供一些创新的储蓄型投资产品和消费贷款是不能满足客户理财需求的，因为这只是理财规划服务中的一小部分。

另外，根据美国的经验，不同年龄阶段的消费者选择专业理财规划服务的原因也不尽相同。美国理财师应该针对不同消费者的需求推出侧重点不同的理财规划服务内容，如表7.2所示。

表7.2　不同年龄阶段的消费者选择专业理财规划服务的原因

青年时期	中年时期	退休以后
管理、降低个人债务； 为家庭购买、更新进行储蓄； 建立教育基金	建立应急准备金； 为教育融资； 为家庭购买、更新进行储蓄； 针对收入进行避税	针对收入进行避税； 积累财富； 增加收入； 为继承人准备遗产； 为未来的医疗支出准备资金； 为未来提供保险

【示例7-1】　李先生今年48岁，公司总经理，年收入30万元，生活支出12万元，李太太，46岁，内退在家，女儿20岁，大一在读，大学每年学费10 000元。李先生家里现有住房100平方米，市值120万元，已经全款缴清无贷款。家庭闲置资金50万元，现值40万元的轿车一辆。李先生在市区另有一套商品房出租，每月租金收入2 000元，市值60万元。除此以外，李先生没有其他投资渠道。夫妇两人除了基本社会保险外，无其他保险。女儿完成大学教育后出国留学，留学2年学费总计50万元。李先生12年后退休，退休后生活水平和现在相同，另外从现在起每年全家人可以到各地旅游，预计费用为4万元/年，直至李先生70岁。分析李先生是否属于理财规划师的目标客户。

解析：李先生资产有百万以上财产且收入较高，也有很多理财目标需要实现，亟需理财规划师服务，是一个目标客户。

李先生目前处于中年期，女儿虽然已经上大学，但大学后还要出国留学，因此，教育融资是其主要激发事件。另外，考虑到李先生已年近50岁，已到必须准备退休金的年龄，教育目标与退休目标重叠。闲置资金50万元，说明李先生的投资需求很强，家庭保障只有基本社会保险，远远不能满足中年家庭的需求。综合李先生的情况，李先生在子女教育、退休、投资和保险四个方面都需要理财服务。

学习笔记

7.1.2　理财服务推介

让客户明白其为什么需要理财规划服务是理财师的首要任务。除非遇到急迫性问题需要解决，一般而言，客户不会主动找到理财师，并让理财师提供理财规划服务。因此，需求面谈的主要任务是让客户认识到理财规划的重要性，并引导客户进行需求面谈。只有这样，理财师才有可能发挥自身的专业优势，为客户制定合理的理财目标，并协助客户实现理财目标，在与客户面谈时，理财规划师应掌握以下两方面的要点。

1. 掌握引导客户进行需求面谈的原则

引导客户进行需求面谈，应使用 TOPS 原则，其含义如下：

1）T 代表 trust，取得客户信任。只有先取得客户的信任，客户才愿意提供有关个人或家庭的财务信息。取得客户的财务信息是理财规划的基础。通常，与客户往来的时间越久，客户对理财师的信任感越高。在面对新客户时，理财师在需求面谈上只有表现出较好的专业素养、亲切且让客户感受不到压力，才有可能让客户很快对理财师产生信任感。如果过去的理财服务已经为理财师建立了良好的口碑。那么，有的客户就可能愿意引荐其亲朋好友成为理财师的客户，在这种情况下，引导客户进行需求面谈，并取得客户的信任变得更加容易。

2）O 代表 opportunity，正面掌握机会。让客户觉得理财规划是其应该掌握的可改善未来财务状况的机会。用以往所作的理财规划正面引导客户，探寻客户最关心或最困扰的理财问题。举例而言，对于有年幼子女的客户，询问其目前是否已经为子女的高等教育准备了资金，是如何规划子女高等教育金的。在问答中，应含蓄地指出原有规划中的盲点或误区，并向客户初步指出改善或调整的方法。

3）P 代表 pain，避免痛苦。对于没有意识到理财规划的重要性，或者从来不曾做过理财规划的客户，较难从正面找切入点，此时，应该从“如果不作理财规划的话，然后会出现什么情况”这个角度入手。举例而言，如果不作理财规划的话，依照目前的财务状况，老年可能无所依靠，或万一有事故发生，家人的生活难以保障。同时，列举一些最近发生的实例来提醒客户，是否愿意承担没有作任何投资规划或保险规划而可能带来的痛苦。对大部分客户而言，从避免痛苦这个角度引导客户比从正面把握机会这个角度的效果好。

4）S 代表 solution，提供解决方案。理财规划师必须告知客户，在其填写理财问卷与需求分析之后，下一步自己会怎么做，可用以前做好的理财规划报告书作为示范。报告书的内容包括分析从目前财务状况到客户理财目标间的差距，是否可能在预期的时间范围内实现理财目标，以何种方式配置资产可提高实现理财目标的机会；如果客户愿意执行自己提供的解决方案，自己会如何为其构建投资组合或保险组合，并且如何协助其执行该方案。

学习笔记

2. 需求面谈的时机与面谈重点

与客户沟通的重点是了解客户想得到什么、自己能提供什么以及客户想得到的与自己能提供的是否契合。需求面谈要把握好时机，在不同的时候，面谈的重点不同。具体而言如下：

1）在客户直接提出需求时，针对客户该项需求进行规划。

2）在客户收到书面宣传需要解说时，就书面宣传重点延伸其需求。

3）在客户提及当前所面临的问题时，则主动表示通过规划可协助其解决这些问题。

4）在客户愿意填写理财问卷时，边填问卷边讨论其需求。

5）在客户愿意回答诱发问题时，如询问客户如何应付低利率，针对诱发问题提出理财规划的解决方案。

6）在客户存款到期需要重新配置资金时，为客户提供新的资金配置方案。

7）在客户询问利率汇率时，以定期检视投资需求为切入点。

8）主动询问客户是否需要理财规划服务，以免费规划服务开发新客户。

【示例 7-2】 承示例 7-1，李先生在与理财规划师交流的过程中，提出实现的目标太多，但不知道如何安排，作为理财规划师应该如何向李先生推介理财服务。

解析：李先生已经向理财规划师提及目前所面临的问题，理财规划师应主动表示通过规划可协助其解决问题。

在面谈过程中，理财规划师应使用 TOPS 原则。首先，应取得客户信任，在与李先生沟通过程中，要做好充分的准备，体现出自身的专业素养，交谈的过程要显得亲切而不是教育；其次，应向李先生含蓄地指出实现的目标在时间上过于集中，家庭闲置资金没有充分发挥效用；再次，应向李先生指出家庭风险控制严重不足等问题可能会带来的严重后果；最后，可以邀请李先生填写理财问卷，充分了解其信息，并向李先生解释为其制订的理财报告书具备的内容。

7.1.3　明确与客户的关系

1. 确定金融理财师所提供服务的类型

金融理财师提供的服务类型主要有以下三类：

1）单一事件顾问。因为离婚、遗产等特殊事件需要理财规划，以处理问题需要时间为时限。

2）确定期限合同。客户需要全面化的解决方案，可签 3 个月规划期及 1 年跟踪期等期限。

3）长期会员制顾问。除首次规划外，以后每半年或一年根据情况监控调整理财方案。

2. 披露金融理财师重大利益冲突

金融理财师在正式提供理财服务前。应当向客户及时披露自身存在的与该项服务有关的重大利益冲突。

FPSB China 制定的《金融理财师职业道德准则》对“利益冲突”进行了定义并提出了解决利益冲突的方式。“利益冲突”是指金融理财师的个人财务行为、商业活动、财产或其他利益可能影响其公平客观地提供金融理财服务的情形。

利益冲突有两种类型：结构性冲突与情景性冲突。结构性冲突会在一个人同时担任两个具有冲突性的角色时出现。例如，理财规划师同时担任理财产品的营销工作，可能会在理财规划的过程中首先考虑自己的业绩考核而不是从客户利益出发，解决结构性冲突的一般方法是，禁止任何人同时担任两个具有利益冲突的职位。情景性冲突会发生在一个人具有自己的私利时，如为客户制订出售房产计划理财规划师自己作为买家购买该房产，解决情景性冲突的一般方法则是禁止具有利益冲突的个人担任有关的职位。

3. 列明收取费用项目和支付方式

1）顾问费（fee），是指直接向客户收取的费用。形式有按时计费或按件固定收费，根据管理资产或资本收益的百分比收费，根据投资收益的绩效收费。

2）佣金（commission），指由于推荐或销售产品。向第三者收取的费用。包括回扣、附条件的业务拓展奖金和推荐佣金。推荐佣金是指由于推荐或介绍其他机构的产品与服务而取得的报酬或经济利益。

需要指出的是，为了防止利益冲突，保持严格独立性的金融理财师只收取单向费用。也就是说，金融理财师只接受客户的顾问费，而不收取与金融理财产品买卖有关的任何费用，即金融理财师不以推荐客户购买金融理财产品的方式，直接或间接向提供此产品的企业或个人收取费用。

4. 其他需要确定的内容

除上述三项内容外，在理财规划师提供服务时，还应包括以下几方面的内容：

1）确定金融理财师和客户的责任。以书面合同的形式确定双方的责任，在法律上对双方更为有利。

2）确定理财服务的时间期限。金融理财师可以根据服务的内容来确定服务的期限。一般而言，单一事件规划的服务期限较短，而生涯综合规划的服务期限可长可短。

3）提供其他有关确定或限制服务范围的信息。金融理财师需要根据具体情况限定自己的服务范围。例如，客户由于私密性的原因，提供的财务信息相当有限时，金融理财师就只能将自己的服务范围限定在那些已获得充分信息的领域。

任务 7.2 收集客户信息

7.2.1 收集客户财务和非财务信息

金融理财师为客户提供服务，首先要了解客户各方面的信息，依据不同的客户具有针对性地提供服务，才能实现客户目标。客户的信息分为财务信息和非财务信息，财务信息是指客户当前的收入状况、财务安排以及这些信息的未来变化，而非财务信息则是指关于客户的年龄、家庭结构、社会地位、职业以及价值观等信息。

金融理财需要的信息涉及个人或家庭生活和财务的各个方面，主要包括以下几个方面。

1. 家庭基本状况

家庭基本状况包括客户的婚姻状况、家庭成员的人数和各个成员的年龄以及抚养和赡养人口状况等。

2. 客户收支状况

金融理财师要确定客户的收入来源，如工作收入、理财收入、转移性收入和其他收入。在工作收入方面，应当区分即期收入和递延收入。递延收入主要是指客户每月提取的公积金、退休金、医疗保险金和失业保险金等福利性支出。这些信息对于分析客户的退休和保险需求非常重要。金融理财师在收集到个人的资料后，可以根据家庭各成员的收入，确定家庭的收入情况。

支出应从三个方面进行归纳：按生活支出和理财支出分为两大类，在此基础上，再按支出用途划分为具体项目，如衣、食、住、行、教育及娱乐等；按支出时间划归为日常支出、月度支出或年度支出；按人归属，以便按家庭成员进行支出情况分析。在支出项目确定的同时，金融理财师要了解客户是否有记录支出情况和进行支出预算的习惯。

3. 客户资产状况

资产应按用途划分为自用资产和金融资产，在此基础上，再按资产名称划分为定期储蓄、债券、股票投资等。在资产价值上，不仅要了解资产的成本，还要确定其市场价值，以便于对客户的理财效果进行评价，发现问题。

负债应按用途分为消费负债和投资负债，在此基础上按负债的支出的具体项目进行细分，如房贷、车贷和信用卡消费负债；另外，按期限区分流动负债和长期负债。

4. 客户的保障情况

客户的保障情况包括客户家庭各成员的各项社会基本保障、单位提供的团体保障和商业保险三个方面。金融理财师要具体了解商业保险的种类、保障范围、保险期限、缴费金额和缴费期限等方面。

5. 客户纳税情况

客户过去一年的税单是确定客户纳税情况最好的依据。金融理财师应当采取各种合法途径，获取关于客户收入来源、个人债务以及个人生活状况的相关信息和文件。这些信息可以通过客户直接获取，也可以通过与客户面谈、调查问卷、客户记录和客户文件等其他途径获取。

7.2.2 对客户信息收集不足的处理

金融理财师应当使客户认识到，个人理财规划方案的合理性和可行性依赖于其所提供信息的完整和准确；不完整和不准确的信息对确定个人理财方案存在着潜在的风险。金融理财师在无法获取相关且充足的信息和文件时，可以采取以下措施：

1）将自己与客户的合同的服务范围控制在那些已经获取充足和相关信息的领域。

2）在将无法取得充足信息和文件的情形向客户通报后，决定解除与客户的合同。

在限定理财服务范围的合同关系中，金融理财师应将由于限制服务范围导致的对个人理财方案和执行结果的负面影响及时告知客户。将无法取得充足信息和文件的情形向客户通报后，金融理财师也可以决定解除与客户的合同。

7.2.3 对客户信息收集结果的处理

在理财规划方案制定的过程中，全方位理财电子表格可以对理财的过程和结果进行计算，是理财规划的必备工具，全方位理财规划电子表格包括理财规划电子表格问卷、目标规划、账务报表、风险测定、资源配置等系列电子表格，这些表格之间相互引用，其中，理财规划电子表格问卷是收集客户信息的输入性表格，其他表格都是在这一表格数据基础上进行计算的输出性表格。在收集到客户信息之后，制定理财电子表格问卷是重要的步骤，也是后续方案制定的依据和基础。在制定表格的过程中，其数据要与客户进行反复沟通，直到双方都认为符合客户实际情况为止。具体制作过程见示例 7-3。

【示例 7-3】 承示例 7-1，依据李先生的家庭财务和非财务信息编制理财规划电子表格问卷。

解析：理财电子表格包括财务信息和非财务信息，财务信息又可具体分

学习笔记

为资产负债状况、收支情况、理财目标和社会保障，除此之外，还要依据客户的风险属性对资产配置以及风险保障参数进行设定。具体如表 7.3 所示。

表 7.3　李先生家庭理财电子表格调查问卷

序号	A	B	C	D	E	F
1	基本情况					
2	客户	李先生	年龄/岁	48	联系电话	13*****
3	配偶	李太太	年龄/岁	46		
4	地址					
5						
6	资产负债情况					
7	资产					
8	存款/元	500 000				
9	自用住房/元	1 200 000				
10	投资性房产/元	600 000				
11	汽车/元	400 000				
12	负债					
13						
14	家庭收支情况					
15	收入情况					
16	本人可支配收入/元	300 000	收入增长率/%	5		
17	李太太年收入/元	0000	收入增长率/%	5		
18	租金收入/元	24 000	收入增长率/%	5		
19	家庭生活支出/元	120 000	通货膨胀率/%	3		
20	学费支出/元	10 000	支出年限/年	3		
21						
22	家庭保障					
23	社会保障	信息不详				
24						
25	理财目标					
26	女儿学费/元	500 000	学费增长率	5	准备时间/年	3
27	旅游/元	40 000	费用增长率	4	准备时间/年	1
28	退休年龄					
29	本人	60	配偶	略		
30	退休后年支出调整率	100	退休后生活支出成长率/%		2	
31						
32	投资报酬率确定					
33	工作期间投资报酬率/%	8				
34	退休后投资报酬率/%	4				
35						
36	家庭保障目标					
37	万一出险希望给家人保障年数/年		10			

需要说明的是，由于李先生没有提供社会基本保障信息，理财规划师服务合同中应不包括该部分内容，并向李先生解释由于信息不完整而使理财方案存在的潜在风险。

任务 7.3　分析和评价客户当前的财务状况

7.3.1　设定相关理财参数

1. 设定理财参数原因

理财规划方案不论是专项方案如保险规划、投资规划方案，还是综合规划方案，都可能是一个长期的规划，客户的收入、支出会随着时间的推移而不断的发生变化，理财的环境也会影响投资效益和支出。因此，在制定理财规划方案时，要对客户未来的现金流量进行考量和规划，就必须先对相关条件（参数）进行预测。

需要注意的是，这些参数的预测必须结合目前的理财环境和客户自身的实际基础，如客户的职业发展，家庭生命周期等，并对未来有合理的预期。具体的确定方式包括客户确定、双方共同确定或合理预期等方式。

2. 设定有关的理财参数

（1）有关个人状况的假设

1）退休年龄：退休年龄可依据国家政策相关规定结合客户自身的实际情况确定，如果客户是公务员，按照国家规定的退休年龄确定，如果客户是私营企业者，可在 60 岁左右的基础上，依据客户自身的意愿进行调整。

2）平均寿命：依据我国人均寿命结合客户自身家庭平均寿命预测。

3）收入需求：根据客户自身职业发展规划和行业工资水平合理预测。

4）退休生活费用调整率：当客户未明确表示退休所需费用时，可以以退休前生活开支的 70%进行估计。

5）保险事故发生后家庭支出调整率：当客户未明确表示时，可以以保险事故发生前家庭支出的 80%进行估计。

（2）有关经济环境的假设

1）通货膨胀率：依照消费类别设定通货膨胀率效果更好，可算出退休时合理的生活费用。

2）学费成长率：依照过去统计与未来趋势估计各级公立、私立学校与留学的学费成长率。

3）房屋折旧率与房价成长率：房屋未来价值＝当前房价×（1－折旧率×N）×（1＋房价成长率），其中 N＝居住年数或投资年数。

4）投资报酬率：根据推荐的资产组合，测算出合理的投资报酬率。

5）折现率：将未来目标折算成当前现值时，对于普通年金，折现率＝投资报酬率；对于增长型年金，折现率＝（1＋投资报酬率）/（1＋增长率）－1。

7.3.2 仿真分析方法：多目标评价

1. 仿真分析方法选择

仿真分析是考量综合理财规划目标实现的重要手段。利用 EXCEL 工作表进行全生涯理财目标仿真分析的方法有两种：一是静态分析，二是动态分析。静态分析是通过风险属性测试确定客户可接受的投资报酬率与投资组合，以此报酬率来计算达到各理财目标的资源分配，通过目标顺序法或目标并进法检验资源（实际资产和营生资产）是否能够达到调整目标，这种方法不考虑收入和费用的成长率，将目标现值与资源现值进行比较。具体步骤如图 7.1 所示。

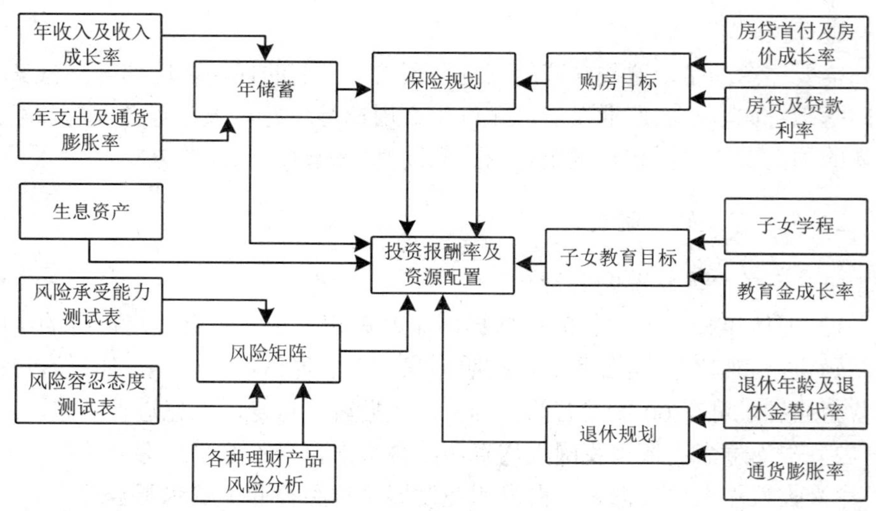

图 7.1 静态分析全方位理财电子表格流程图

动态分析是运用全生涯现金流量表（也称生涯模拟表）计算达成理财目标的内部报酬率（IRR），通过风险属性测试确定客户可接受的投资报酬率的投资组合（ROI），将该报酬率与风险属性测定的报酬率进行比较，如果前者大于后者，表示要达到目标，需要提高风险报酬，在客户风险属性确定的前提下，目标无法达成，反之可以达到。该方法使用的原理是目标现值法。步骤如图 7.2 所示。

学习笔记

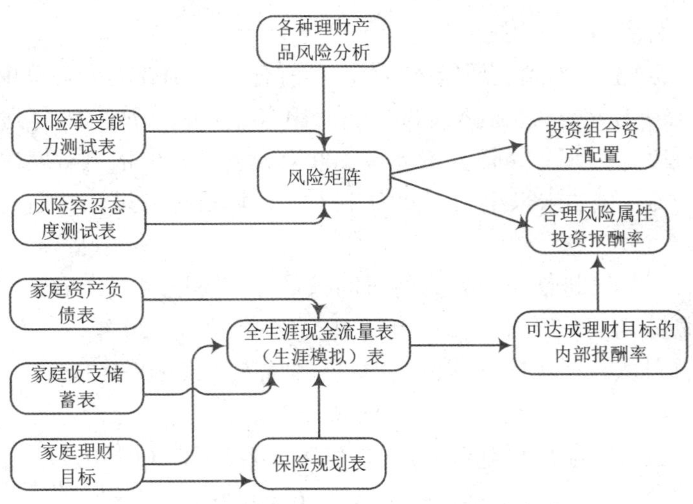

图 7.2　动态分析全方位理财电子表格流程图

2. 目标并进法

（1）目标并进法原理

目标并进法是理财规划师处理客户多个目标时常用的一种规划方法，这种方法的基本思想是从现在开始，对客户主要理财目标（如购房目标、教育金目标、退休目标）都“齐头并进”地投入资源。这种资源配置方法从时间上而言，前期由于要实现的理财目标多、储蓄低而负担过重，后期随着储蓄的增长和理财目标逐步实现，负担逐步降低，因此，对于负担过重的理财目标，不论时间长短，和其他方法相比，负担越重的目标准备时间越长，实现可能性越大。

在资产配置方面，如果目前完全没有资产可供投入，把每一项目标的储蓄额相加，可得出要完成所有理财目标在人生各阶段所需要的储蓄额；如果目前已有投资性资产可供运用，也可以将资产按照目标的重要性顺序配置，其他不足的部分再配置储蓄。

若每个目标的投资报酬率不同，依照投资规划的原理，离目标时间越长，可假设较高的投资报酬率。这种方法对于后实现的理财目标，在最早时就提拨储蓄（如退休），此一部分的投资可作较长期的规划，假设较高的报酬率。因此一开始就兼顾所有目标的目标并进法，可以假设较高的投资报酬率，并可因此降低同时负担所有目标所需提拨的储蓄额。

具体计算步骤如下所述。

步骤 1：先计算各项理财目标的应有储蓄额。

步骤 2：将各理财目标按重要性顺序进行排序，并按目标和重要性依次配置于理财目标项目。

步骤 3：对于各项目，以应有储蓄额扣除资产配置额后，将资金缺口作为未来储蓄额编制储蓄预算表。

学习笔记

（2）目标并进法应用示例

【示例 7-4】 王先生现年 40 岁，目前有资产 100 万元，理财目标为 5 年后购房 150 万元，房贷利率 6%，贷款 10 年，贷款 7 成，10 年后子女目标 120 万元，20 年后退休，需要退休金 200 万元，王先生依风险属性测定投资报酬率为 9%，预估未来年储蓄能力 7 万元，以目标并进法评估是否能完成所有目标。

解析：目标并进法下，首先将时间按目标实现进程划分：王先生目标实现进程可划分为 0～5 年，5～10 年，10～15 年，15～20 年。

购房首付款目标年应储蓄额＝PMT（9%, 5, 1 500 000*30%）

＝75 191.61（元）；

购房房贷目标年应还款额＝PMT（6%, 10, 1 500 000*70%）

＝142 661.36（元）；

子女教育目标年应储蓄额＝PMT（9%, 10, 1 200 000, 1）

＝72 462.48（元）；

退休目标年应储蓄额＝PMT（9%, 20, 2 000 000, 1）＝35 865.09（元）

不考虑现有资产情况下，要实现所有目标，王先生年储蓄能力应分别达到 183 519.18 元、250 988.93 元、178 526.45 元和 35 865.09 元，如表 7.4 所示。

表 7.4　不考虑现有资产下目标并进法各年储蓄额

年限/年	0～5	5～10	10～15	15～20
购房目标/元	75 191.61	142 661.36	142 661.36	—
子女教育目标/元	72 462.48	72 462.48	—	—
退休目标/元	35 865.09	35 865.09	35 865.09	35 865.09
合计/元	183 519.18	250 988.93	178 526.45	35 865.09

如果王先生认为子女教育是最为重要的目标，将现有资产 100 万元先满足子女教育全额配置，如有盈余配置到购房目标中，投资报酬率不变条件下，则

子女教育年储蓄额＝PMT（9%, 10, －1 000 000, 1 200 000，1）

＝－70 491.73（元）。

100 万元全额配置子女教育后年储蓄额为负，说明子女教育全额配置后仍有剩余。

配置子女教育后剩余款项＝100－PV（9%, 10, 1 200 000, 1）

＝493 107.03（元）。

剩余款项全部用于支付首付，则购房日用于首付的资金为配置子女教育目标后剩余款项与年储蓄之和。

其中，每年可用于实现购房目标的储蓄额＝70 000－35 865.09＝34 134.91（元）。

可用于首付的款项＝FV（9%, 5, 34 134.91, 493 107.03）＝962 993.85（元）；

购房贷款额度＝1 500 000－962 993.85＝537 006.15（元）；

则房贷年还款额＝PMT（9%, 10, 1 200 000, 1）＝55 291.64（元）。

第 5～15 年年储蓄超出了王先生储蓄能力，目标无法实现，如表 7.5 所示。

表 7.5　考虑现有资产下目标并进法各年储蓄额

年限/年	0～5	5～10	10～15	15～20
购房目标/元	341 34.91	55 291.64	55 291.64	—
子女教育目标/元	0	0	—	—
退休目标/元	35 865.09	35 865.09	35 865.09	35 865.09
合计/元	70 000	91 156.73	91 156.73	35 865.09

3. 目标顺序法

（1）目标顺序法原理

目标顺序法的基本思想是，将目标按时间排序，同一时段将所有资源都用于最早应实现的一个理财目标，执行完毕后再投入下一个目标。该方法的优点是同一个时间将所有的资源集中，达成时间上最迫切的理财目标；缺点是若对时间顺序在前的理财目标投入过多资源，等到完成此目标后，时间顺序在后的目标可能已经没有足够的资源来达成。所以，退休目标的时间顺序在后，往往会被忽视。如投入过多资源在购房或送子女出国留学上，可能出现无法安享晚年的结果。

在运用目标顺序法时，首先要将预实现的目标按时间顺序排序，然后再进行计算。

具体计算步骤如下所述。

步骤 1：将理财目标按时间先后顺序进行排序，先实现的目标在前，后实现的目标在后。

步骤 2：计算现有资金和截至实现第一个目标日期之间的预估年储蓄额的终值。

步骤 3：计算上述终值和实现第一目标间的差异，如果是正差异，则该差异作为实现第二目标的现有资金，如果是负差异，则后续目标无法完成。

步骤 4：依照第二步和第三步计算过程依次计算后续各目标的所需资金和储蓄，直至出现负差异或所有目标完成。

如果在目标完成前就已经出现负差异，则就制定相应规划，以实现目标或调整目标。

（2）目标顺序法应用示例

【示例 7-5】　承示例 7-4。

解析：目标顺序法下，先实现最早的理财目标，王先生购房目标实现时其可购房总价计算如下：

学习笔记

5 年后购房首付款＝FV（9%, 5, 70 000, 1 000 000）＝1 957 553.70（元）；

可贷款总额＝PV（6%, 10, 70 000）＝515 206.09（元）；

购房后资金剩余＝1 957 553.70＋515 206.09－1 500 000＝972 759.79（元）；

该资金剩余可以用于 10 年后子女教育目标的实现，由于 5～10 年内年储蓄用于偿还房贷，因此，用于子女教育只有购房后的资金剩余。

10 年后可供子女教育教育金总额＝FV（9%, 5, 972 759.79）
＝1 496 711.52（元）；

子女教育资金剩余＝1 496 711.5－1 200 000＝296 711.5（元）；

20 年后退休目标实现资金有两个来源，一是子女教育金剩余，二是房贷在第 15 年还清后的 15～20 年储蓄。

满足子女教育后资金剩余对退休目标的贡献＝FV（9%, 5, 296 711.5）＝456 527.42（元）；

15～20 年储蓄对退休目标的贡献＝PV（6%, 10, 70 000）＝515 206.09（元）。

两者合计不足 200 万元，因此王先生的目标无法实现。

4. 目标现值法

（1）目标现值法原理

目标现值法顾名思义是将现在作为衡量理财目标是否能够实现的时间点，在这种方法中，将货币化的目标和已有资源以及未来的预估储蓄全部折现至目前，比较两者的大小，如果货币化的理财目标大于资源供给，目标无法实现，反之，则可以实现目标。这种方法没有将各个目标分项计算，各目标的具体完成情况无法反映，在实务中，理财师用其作为生涯模拟规划的理论基础。

（2）目标现值法示例

【示例 7-6】 承示例 7-4。

解析：目标现值法需将所有目标的现值与资金供给的现值进行比较，王先生资金供给的现值主要包括两个部分，一是现有资源 100 万元，二是每年储蓄的现值。特别要说明的是，由于第 6～15 年的年储蓄用来偿还房贷，其折现率应采用的是贷款利率而不是投资报酬率。

年储蓄的现值＝PV（9%, 5, －70 000）＋PV（9%, 5, PV（5%, 10, 70 000））
＋PV（9%, 15, PV（5%, 5, 70 000））
＝698 327.45（元）；

资金总供给现值＝1 000 000＋698 327.45＝1 698 327.45（元）；

购房目标现值＝PV（9%, 5, －1 500 000）＝974 897.08（元）；

子女教育目标现值＝PV（9%, 10, －1 200 000）＝506 892.97（元）；

退休目标现值＝PV（9%, 20, －2 000 000）＝356 861.78（元）；

资金的总需求现值＝974 897.08＋506 892.97＋35 6861.78＝1 838 651.83（元）。

资金总需求现值大于总供给现值，目标无法实现。

7.3.3　检验目标达成可能性分析

1. 全生涯资产负债表

综合理财规划方案从规划方案设计始，止于客户生命终结，是一生的理财规划方案。理财规划就是追求一生的收支平衡，即在一生中资产不小于负债。因此，检验目标达成的可能性，首先要理解全生涯资产负债表的概念。

全生涯资产负债表中的资产是指目前的资产和未来资产之和，目前的资产定义为实际资产，是目前客户已经拥有的可用来满足理财目标的资产，未来的资产定义为营生资产，是客户未来收入的现值。全生涯资产负债表中的负债是指客户目前的负债和未来负债之和，目前的负债定义为实际负债，是客户目前的负债，未来的负债定义为养生负债，是客户未来需实现理财目标的负债化现值。资产是客户一生资源的供给，负债是客户一生对资源的需求，当资源的供给（资产）大于资源的需求（负债）时，会给后代留下遗产；否则，客户的养老可能会依赖于代际赡养。把未来的收入与支出通过折现之后，列入当期资产负债表，就可以编制全生涯资产负债表，如表 7.4 所示。通过比较全生涯资产负债表的资产与负债，可以对客户理财目标实现的可能性进行评估。

【示例 7-7】　承示例 7-1～示例 7-3，假设李先生与太太寿命均为 85 岁，70 岁之前每年旅游一次，编制李先生全生涯资产负债表。

解析：李先生全生涯资产负债表编制如表 7.6 所示。

表 7.6　全生涯资产负债表

序号	A	B	C	D
1	一生资产	金额/元	一生负债	金额/元
2	营生资产	4 691 393.14	养生负债	4 972 963.78
3	各年收入现值	4 691 393.14	家计负债	1 985 974.47
4	实际资产	2 700 000.00	退休负债	1 548 519.50
5	存款	500 000.00	教育金负债	422 687.09
6	自用住房	1 200 000.00	休闲负债	1 015 782.71
7	投资性房产	600 000.00	实际负债	0
8	汽车	400 000.00		
9	一生总资产	7 391 393.14	一生总负债	4 972 963.78
10	一生净值＝一生总资产－一生总负债＝2 418 429.36			

其中，营生资产 B2＝李先生以后各年收入现值 B3＝PV（(1＋8%)/(1＋5%)－1，60－48，－（300 000＋24 000））＝4 691 393.14（元）；

实际资产 B4＝存款 B5＋自用住房 B6＋投资性住房 B7＋汽车 B8＝2 700 000（元）；

一生总资产B9＝营生资产B2＋实际资产B4＝7 391 393.14（元）；

家计负债 D3＝PV（(1＋8%)/(1＋3%)－1，60－48，－120 000）＝1 985 974.47（元）；

退休负债 D4＝PV（8%，60－48，PV（(1＋2%)/(1＋4%)－1，85－60，120 000)）＝1 548 519.50（元）；

教育金负债 D5＝PV（8%，3，－10 000）＋PV（8%，3，－500 000）＝422 687.09（元）；

休闲负债 D6＝PV（(1＋8%)/(1＋4%)－1，60－48，－40 000）＋PV（8%，60－48，PV（(1＋4%)/(1＋4%)－1，85－60，40 000)）＝1 015 782.71（元）；

养生负债 D2＝SUM（D3:D6）＝4 972 963.78（元）；

实际负债 D7＝0（元）；

一生总负债＝D2＋D7＝4 972 963.78（元）；

一生净值＝2 418 429.36（元）。

2. 理财目标仿真分析步骤

运用静态分析和动态分析方法，分析理财目标实现可能性的步骤如下所述。

首先，将搜集到的客户资料输入到理财分析软件中。这些信息资料主要包括客户财务状况、家庭结构、风险承受度以及客户期望的理财目标等。

其次，将所搜集到的与理财规划相关的统计数据制定Excel工作表，如风险属性测试表、生涯模拟表等。这些数据可以作为制定理财目标及理财建议的基准，并根据这些数据把目标划分为基本水平、平均水平和满意水平，可以让客户先从平均水平开始制定理财目标，如果资源充足，可以将目标上调到满意水平；如果资源不足，最大限度可以将目标下调到基本水平。

最后，根据客户的财务状况与风险承受度分析各项理财目标实现的可能性。在分析可能性时，首先，在不考虑收入和费用成长率的假设条件下，运用静态分析法，分析实现的可能性。其次，再通过考虑收入和费用成长率假设条件下，运用动态分析方法，比较ROI与IRR，以确定目标是否可以实现。

具体步骤如下：

步骤1：确定各个理财目标的实现年限与目标金额，如子女教育各学程的年限乘以学费，购房总价、退休后寿命及所需养老金总额等，在确定这些目标时，通常以各理财目标现在费用为基础，运用目标基准点法计算。具体见项目6。

步骤2：计算各个理财目标的未来现金流量的现值（养生负债）。每一个现值实际上是各个理财目标当前的负债额，所有理财目标的现值之和是客户当前的生涯总需求金额。

步骤3：分配目前的生息资产至各个理财目标。在资源分配时，应遵循客户的理财价值观，同时考虑目标实现的时间顺序以及目标弹性。运用的方法包括目标并进法和目标顺序法，或二者相结合，如果目标优先顺序相同，

学习笔记

或者采用目标并进法进行仿真，那么，应该以各个目标的现值与所有目标的总现值之间的比例，来分配现有的资产及未来的储蓄资源。（详见任务 6.2）

步骤 4：计算未来需增加的储蓄额。如果目前生息资产和储蓄能够满足理财目标，则理财目标可以实现，如果不能满足，则在未来要增加每年的储蓄额。未来每年增加的储蓄额以目标需求现值减去目前自息资产后，利用 PMT 公式计算每期（年或月）储蓄，扣除目前每月储蓄，即为应增加储蓄。

步骤 5：动态模拟全生涯的资产净值与现金流量。除了上述横截面静态分析之外，还需要作时间序列的动态仿真分析。只要有收入及费用成长率的假设条件，就可以把未来目标值一一列入要实现的年度，从而模拟从现在到八九十岁终老每年度的现金流量与资产净值，并依此绘出条形成长图，让客户可以一目了然地预知未来在财务上的可能发展趋势。在运用全生涯资产负债表时，净现金流量计算如下：

净现金流量＝工作收入（可支配收入）－生活支出－当年理财目标支出（如房贷）－保费预算；

期初生息资产＝可变现资产－备用金（具体计算详见任务 6.2）；

本期生息资产＝上期生息资产×（1＋IRR）＋本期现金净流量；

由于是计算内部报酬率，其净现值为 0，所以，最后一期生息资产一定为 0，即使一生的现金注入正好等于现金流出。

在整个一生中，生息资产不能为负，否则表示客户在生息资产为负的期间没有现金可以用于满足理财目标需求。

当 IRR 大于客户刚性属性测评所得的应有报酬率 ROI 时，理财目标可以实现。

步骤 6：以月份模拟短期的现金流量。将非经常性支出，如学费、年缴保费的月份需求列出。并将短期理财目标，如结婚、生子、购车、购房、国外旅游的预期月份列出，可模拟未来 3 年至数年的现金流量状况，看是否会有短期资金缺口，以便提早准备资金应付短期资金缺口。

理财目标的仿真分析在为客户制订调整方案前要以检视客户财务存在的问题以及理财目标实现的可能性，在制订方案的过程中也可以用于检视调整方案的可行性以及有效性。

【示例 7-8】　承示例 7-1～示例 7-4，按李先生的理财价值观对理财目标按重要性进行排序，分别为子女教育、退休和旅游。分别按静态分析法和动态分析法为李先生作仿真分析。

解析：首先通过比较可供配置的资源供给与理财目标需求之间的关系，用静态分析法分析理财目标是否可以实现（静态分析法下，不考虑收入增长率与费用增长率）。

【示例 7-9】　计算出李先生各项理财目标的现值，李先生现有可用于配置的生息资产只有闲置资金 50 万元，房产和汽车属于不易变现资产，不能作为理财目标的配置资源。按李先生理财目标重要性排序，以目标并进法进

行资源配置，配置结果如下：

首先，为子女教育金配置 422 687.09 元；

其次，为退休目标配置 77 312.91 元（500 000－422 687.09）；

上述两项目标配置完成后，可配置资源中生息资产全部配置，其余目标只能用每年储蓄进行配置。

其中，退休目标还需配置 1 471 206.59 元（1 548 519.50－77 312.91）；休闲支出负债需配置 1 015 782.71 元，两者合计 2 486 989.30 元。

则每年应有储蓄＝PMT（8%, 60－48, 2 486 989.3）＝330 011.09（元）。

而李先生目前每年储蓄＝（300 000＋24 000）－120 000＝204 000（元）。

李先生应增加储蓄＝330 011.09－204 000＝126 011.09（元）。

动态分析法是通过编制生涯模拟表比较达成理财目标内部报酬率 IRR 与风险属性合理投资报酬率 ROI，判断理财目标是否能够实现。李先生家庭生涯模拟如表 7.7 所示。

表 7.7 生涯模拟表

序号	A	B	C	D	E	F	G	H	I
1			生涯模拟表	目前工作收入/元	300 000	目前旅游费用/元	（40 000）	收入年成长率预估/%	5.00
2				目前生活支出/元	（120 000）	旅游费用增长率/%	4.00	退休前支出成长率/%	3.00
3	几年后	年龄	48			学费年成长率预估/%	5.00	退休后支出年成长率/%	2.00
4			理财目标支出说明	工作收入/元	生活支出/元	学费支出/元	旅游/元	净现金流量/元	期末资产/元
5	0	48	目前可投资资产					500 000	500 000
6	1	49		315 000	（123 600）	（10 500）	（41 600）	139 300	666 966
7	2	50		330 750	（127 308）	（11 025）	（43 264）	149 153	853 023
8	3	51		347 288	（131 127）	（11 576）	（44 995）	159 589	1 059 812
9	4	52	孩子留学	364 652	（135 061）	（607 753）	（46 794）	（424 957）	693 497
10	5	53		382 884	（139 113）		（48 666）	195 105	926 974
11	6	54		402 029	（143 286）		（50 613）	208 130	1 186 395
12	7	55		422 130	（147 585）		（52 637）	221 908	1 473 948
13	8	56		443 237	（152 012）		（54 743）	236 481	1 791 986
14	9	57		465 398	（156 573）		（56 932）	251 893	2 143 033
15	10	58		488 668	（161 270）		（59 210）	268 189	2 529 799
16	11	59		513 102	（166 108）		（61 578）	285 416	2 955 193

学习笔记

续表

序号	A	B	C	D	E	F	G	H	I
17	12	60	退休	538 757	（171 091）		（64 041）	303 624	3 422 334
18	13	61			（174 513）		（66 603）	（241 116）	3 370 581
19	14	62			（178 003）		（69 267）	（247 270）	3 309 811
20	15	63			（181 563）		（72 038）	（253 601）	3 239 347
21	16	64			（185 195）		（74 919）	（260 114）	3 158 472
22	17	65			（188 899）		（77 916）	（266 815）	3 066 421
23	18	66			（192 677）		（81 033）	（273 709）	2 962 382
24	19	67			（196 530）		（84 274）	（280 804）	2 845 492
25	20	68			（200 461）		（87 645）	（288 106）	2 714 832
26	21	69			（204 470）		（91 151）	（295 621）	2 569 428
27	22	70			（208 559）		（94 797）	（303 356）	2 408 243
28	23	71			（212 731）			（212 731）	2 328 765
29	24	72			（216 985）			（216 985）	2 240 634
30	25	73			（221 325）			（221 325）	2 143 287
31	26	74			（225 751）			（225 751）	2 036 128
32	27	75			（230 266）			（230 266）	1 918 524
33	28	76			（234 872）			（234 872）	1 789 808
34	29	77			（239 569）			（239 569）	1 649 272
35	30	78			（244 361）			（244 361）	1 496 168
36	31	79			（249 248）			（249 248）	1 329 706
37	32	80			（254 233）			（254 233）	1 149 049
38	33	81			（259 317）			（259 317）	953 310
39	34	82			（264 504）			（264 504）	741 555
40	35	83			（269 794）			（269 794）	512 792
41	36	84			（275 190）			（275 190）	265 976
42	37	85			（280 693）			（280 693）	（0）
43								IRR＝	5.53%

注：() 内数字为负数。

表 7.7 中，工作收入 D6＝FV（I1, A6,　E1）＝315 000（元）；D7＝D6*（1＋I1）；D8～D17 通过复制 D7 计算求得。

生活支出 E6＝FV（I2, A6, , E2）＝123 600（元）；E7＝E6*（1＋I2）；E8～E17 通过复制 D7 计算求得；E18＝E17*（1＋I3）＝174 513（元）；E19＝E18*（1＋I3）；E20～E42 通过复制 D19 计算求得。

学费支出 F6＝FV（G3, A6, 10 000）＝10 500（元）；F7～F8 通过复制

学习笔记

F6 求得；F9＝FV（G3, A9, 500 000）＝607 753（元）

旅游支出 G6＝FV（G2, A6, G1）＝41 600（元）；G7～G27 通过复制 G6 求得。

内含报酬率 I43＝IRR（H5 : H42）＝5.53%

期末资产 I6＝I5*（1＋I43）＋H6＝666 966（元）；I7～I42 通过复制 I6 求得。

通过模拟生涯表模拟，如果风险属性合理投资报酬率高于 5.53%，理财目标可以实现；反之，不能实现。

7.3.4 供需缺口调整

当生涯总供给超过生涯总需求时，生涯总供给与生涯总需求之间存在供给剩余。供给剩余表示目前的资产加上未来储蓄，可以实现未来各项理财目标，并且会留下遗产。如果客户不希望留下遗产，可以建议其从现在开始提高生活水平，善待自己，或者建议其把多余的生息资产变现，购置豪宅名车等自用资产，或者建议其捐赠慈善事业，回馈社会。

当生涯总供给低于生涯总需求时，生涯总供给与生涯总需求之间存在供给缺口。供给缺口表示，目前的财富加上未来储蓄，不足以实现未来所有的理财目标，并且会给子女留下负担。此时，需要调整各个目标的期望值，如改买面积较小或者离市区较远较便宜的房子，或者取消退休后环游世界的计划，或者延长退休年龄。应有年收入与现有年收入的差距如果不超过尚可工作年数能挣的收入的 5%，那么，供给缺口是合理的，否则，供给缺口太大，存在好高骛远的可能，难以实现既定的目标。

任务 7.4 制定并提交个人理财规划方案

7.4.1 个人理财方案设计内容分析

理财规划报告书一般包括摘要、规划分析、行动方案和产品推荐等几个方面。

1. 摘要

将仿真分析得出的结果整理成一两页的摘要，针对客户最关心的理财目标或亟待解决的特殊需求，给出明确的诊断结果与建议。

2. 正文——规划分析

理财规划报告书的主要内容包括以下几点：

1）客户的家庭资产负债表及财务结构。具体见任务 2.1。

2）客户的家庭现金流量表及收支储蓄结构。具体见任务 2.1。

3）对客户目前财务状况的诊断与建议。具体见任务 2.2。

4）依照客户风险承受度设定合理的投资报酬率。具体见任务 6.1。

5）根据设定的投资报酬率与理财目标达成年限，参考各种投资工具的历史报酬率与风险，模拟出最有机会实现理财目标的核心投资组合。并提出相应的资产配置建议。可以描绘资产配置图强化说明效果。具体见任务 6.2。

6）将包括每年生活开支在内的各项理财目标所需的未来现金流出与现有的资产及工作能力可产生的未来现金流入相对照，测算各个时期的资金缺口，提出应提高收入、降低支出或调整理财目标金额与年限的建议。具体见任务 7.3。

7）依照收入弥补法或遗属需求法，测算保障型保额需求。具体见任务 5.1。

3. 行动方案

行动方案包括解决客户特殊需求的行动方案、投资调整方案与保险调整方案。

1）解决客户特殊需求的行动方案。这包括首次咨询的一般性理财规划，定期检查执行效果的理财安排，因为移民、离婚或分配财产需要作出的特殊规划安排，以及在现金流量非正常变化（大额流入或借贷需求）时或者在税收上的特别考虑。

2）投资调整方案。比较现有的投资组合及建议的投资组合。列出可行的投资组合调整比率、金额及调整时机。具体见任务 6.2。

3）保险调整方案。评估客户目前已有的保险安排是否充分。评估家庭是否存在收入中断、费用激增等可能改变生涯现金流量的风险。以保费占收入的比例、保额为年支出的倍数等指标来衡量保险规划的合理性。提出保险规划调整方案。具体见任务 5.2。

4. 产品推荐

独立客观的理财师应该把理财规划与产品推荐严格分开，只有当客户要求理财师协助其执行规划方案时，理财师才能进行产品推荐。理财师可以在本机构提供或者代销的产品中寻找满足客户需要的产品，配置客户的资产。如果本机构没有满足客户需求的产品，本着以客户为中心的原则，应该尽可能地推荐其他金融机构提供或代销的满足客户需要的产品。

7.4.2　向客户展示理财规划方案

在仿真分析和理财报告书制定完成之后，要约请客户进行深入面谈，与客户共同探讨理财方案的合理性，并帮助客户分析和理解理财规划方案。

学习笔记

1. 展示的内容

1）请客户检查理财规划报告书中的描述是否准确，需求面谈时是否存在误解的地方，数据提供是否有疏漏之处，从而使得理财规划报告书描述不准确或者不完整。

2）向客户解释理财规划报告书中客户不理解的内容。理财规划报告书的内容要根据客户的专业程度进行调整，不要引用太多的专用名词，基本上要能够让客户看得懂。

3）向客户详细介绍理财方案和行动方案，分析各个方案中的利弊得失，模拟并向客户说明理财规划前后所发生的变化。

2. 深入商谈的技巧

1）同理心。设身处地站在客户的立场着想，产生共鸣效应，可增进客户对理财师的信任度。例如："我也有同样的经验，可以体会你的处境与忧虑。"

2）肢体语言。要留意客户的眼神、脸色、手势、姿态、小动作等。这些肢体语言往往反映了客户的心理状态，能传递重要的信息。

3）信息提供。如果遇到需要相关信息才能深入商谈时，理财师应该事先模拟可能出现的各种情况，做好充分准备。

4）目标管理。面谈时要以解决客户最主要的问题为目标。对此，可以采用 SPIN 方法。

S 代表 situation（状况）。让客户告诉你其目前所处的状况。例如，某 50 岁的男性客户，因公司停业而下岗。

P 代表 problem（问题）。向客户提出引起其深思的问题。例如："你认为目前的财务状况足以安享余生吗？"

I 代表 implementation（可行方案）。让客户提出解决问题的办法。例如："如果目前的财务状况不足以安享余生，你打算怎么做？"一般可以选择的办法包括：另找一份工作（工作收入）、与子女住在一起（移转性收入）、做一个专业投资人（理财收入）、自行创业（经营收入）等。

N 代表 need payoff。（所需要的努力）。了解客户解决问题的迫切性。例如："你是否迫切需要解决此问题？"

3. 深入商讨的重点

倾听：微笑，点头，短语响应。例如："我了解。""这样啊!""然后呢？"

复述：澄清或确认信息。例如："你的意思是……"

发问：多用开放式问句，简短、渐近、易懂。例如："打算怎么储蓄？""投资的经验如何？"

引导：理清客户的思绪，促使自我探索，必须以客户对问题的了解与领悟为基础。

建议：建议必须具体明确，最好能引起客户共鸣。

4. 深入面谈应讨论的主要问题

1）各项理财规划目标能否达成？如果能够达成，供给缺口有多大？
2）若无法达成，需求缺口有多大？应如何调整目标？
3）依照客户的风险承受度，应如何配置资产？建立什么样的投资组合？
4）为了达到保障与退休需要，如何制定保险规划？
5）在需要时，应制定什么样的财产转移规划方案？
6）如何协助客户执行投资方案与保险安排？
7）在产品搭配时应注意哪些问题？

任务 7.5　个人理财方案的执行与监控

7.5.1　执行个人理财规划方案

一名合格的理财师，在为客户选择产品时，不能仅仅在自己所属的金融机构所提供或代销的产品中选择，而应该严格按照理财规划方案，在整个市场上选择合适的产品。产品组合一定要满足客户的风险承受度与理财目标的要求，除了可以加上一些对金融市场的看法与买卖时机的注意事项供客户参考之外，后续的协助执行安排一定要与理财规划方案尽可能保持一致。

1. 选择交易机构

当客户已经在券商开户、有银行账户、持有保险公司保单时，询问客户对原有的券商、银行或保险公司及其工作人员是否满意。若不满意，理财师及其所属金融机构可以取而代之，提供满意的理财服务。理财师可以把专业素质更高与服务态度更好的金融机构介绍给客户，选择更适合客户需要的产品作为客户交易的对象。

2. 选择适当达式的产品种类

在理财规划报告书中，资产配置对产品分类口径比较粗略，通常只会依照风险等级按照下列方式把资产大致分为货币、债券、股票、房地产等类别。理财师应该搜集各种产品的信息，客观地评估可能的风险与报酬，作为最终选择产品的依据。要明确地告诉客户，过去的业绩表现不能完全代表未来。对于基金投资，一般选择基金的标准有：选择 1 年以内的短期绩效排名前 1/2 的基金；5 年以内的绩效排名前 1/3 的基金；10 年以上的绩效排名前 1/4 的基金。也就是说，期限越长，业绩的参考价值越大。相对而言，由于国外基

学习笔记

金经理不像国内基金经理那么更换频繁，所以，国外基金的历史业绩的参考价值比国内基金高。

3. 产品选择原则

（1）先保障后求利

如果是隶属于银行的理财师，可以结合本银行的产品或代销的保险产品帮客户买足保障。例如，如果测算出来，客户应加保寿险 30 万元、意外险 60 万元，均在团保个人额度之内，可以建议客户以较低的费率购买团体定期寿险 30 万元与意外险 60 万元。如果是隶属保险公司的理财师，可以针对客户的财务安全需要，推荐寿险附加意外险、住院日额医疗险，或其他更复杂的保障型险种。在客户的保费预算足够多时，可以推荐兼具储蓄功能的终身寿险替代定期寿险。

（2）先揭示风险再说明获利潜力

理财师犹如家庭医生，所推荐的产品犹如开出的处方，一定要先说明处方适合什么患者、是否有副作用、疗效如何。例如，对于结构型债券，要给客户说明提前赎回具有不保本的流动性风险；对于股票型基金，除了给客户说明平均报酬率之外，还要说明由于市场波动，有可能造成短期资本损失；对于投资型保单，要给客户说明投资风险是由保户承担的。

（3）提供完整的市场信息与产品信息

理财师应该完整搜集相关的市场信息与产品信息，并如实地提供给客户。这些信息包括银行产品、保险产品、基金产品、结构型产品以及其他产品的公开说明书、合约及相关市场信息。理财师要清楚地把握各种产品的特性，以及这些产品的价格与经济景气状况的相关性。请注意。理财规划报告书不是销售产品的装饰品，真正的理财规划与产品推销有着本质的不同，前者以客户价值最大化为中心，后者以自身价值最大化为中心。

（4）协助客户选择理财服务人员

选择好金融机构与产品之后，接下来，可以协助客户挑选理财服务人员。与理财师相比，理财服务人员实际上是买卖特定产品、管理账户、办理相关手续的执行者。挑选的理财服务人员要求细心不出错、态度良好、服务热情。

（5）协助客户挑选律师或会计师

当遇到比较复杂的情况时，理财师应该协助客户选择胜任的律师或会计师，共同执行理财规划方案。由于各家律师事务所或会计师事务所专长有所不同，理财师应该谨慎评估律师事务所或会计师事务所的专业与专长，帮助客户挑选合适的律师或会计师。

7.5.2 监控个人理财规划方案的执行

随着时间的推移和环境的变化，原来制定的理财目标与理财方案可能与现实情况不完全相符。理财师应该定期检查并监督理财方案的执行情况，并

根据执行情况与现实情况进行适当的修正和调整。理财规划不是神机妙算，也不可能一劳永逸地解决当前和未来的所有问题，而是要随着时间的推移和环境的变化不断进行动态调整和修正，从而确保理财目标的顺利实现。理财规划注重的是长期的策略性安排。而不应是短期内随意改变方向或放弃原来制定的目标或方案。

理财师在什么时候检查或监督理财方案执行情况，多长时间检查一次。对于不同的客户、不同的理财规划，往往并不完全相同，有的一年检查一次，有的一个季度检查一次。例如，客户如果是积极的投资者，而且通过扩张信用进行投资，那么，可以安排每一季度检查一次。

1. 检查应有储蓄与实际储蓄之间的差异

应有储蓄是为了实现理财目标。必须牺牲现有消费而换取未来消费的份额。应有储蓄可以根据理财目标测算出来。例如，不考虑货币的时间价值，阿明 30 岁，预计 65 岁退休，退休后生活 25 年，要实现购车 5 万元、购房 50 万元与退休后年生活费 3 万元的理财目标，测算出每年应有储蓄 3.71 万元，目前每年生活费 4 万元，则每年应有收入＝3.71 万元＋4 万元＝7.71 万元。应有收入是阿明努力的目标。如果收入无法达到 7.71 万元，那么，可以通过削减支出来达到。收入－应有储蓄＝支出预算。如果阿明年收入只有 7 万元，应有年储蓄为 3.71 万元，那么，年储蓄率为 53%，每个月的支出预算为（7 万元－3.71 万元）/12＝2 742 元。目前月支出为 4 万元/12＝3 333 元，每月支出要削减 591 元。如果削减支出不能一蹴而就，可以采取逐月降低开支的办法。例如，每个月在前一个月的基础上削减开支 100 元，经过半年修正就可以达到原定目标。

2. 检查应累积生息资产与实际累积生息资产之间的差异

在阿明的简单模型中，没有考虑货币的时间价值。货币的时间价值对理财师而言非常重要。在实际运作时，生息资产的价值会随着时间的变化而变化。通常每个季度或每半年检查应累积生息资产与实际累积生息资产之间的差异。当两者之间的差异太大，超过预期范围时，理财师应该决定是否需要调整原来制定的理财目标。例如，期初生息资产 100 万元，预期报酬率 10%，半年后应到 105 万元。但随后将生息资产的 50%投资于股市，50%保留为现金。不幸的是，结果股市半年内下跌了 20%，生息资产的价值也下降到了 90 万元，与原来设定的累积目标之间差 15 万元。在这种情况下，可以考虑通过降低理财目标金额、推迟目标实现年限或者增加储蓄额等方式来弥补缺口。

（1）到期资产的配置

在初次规划时，对于有些没有到期的资产。例如，定期存款、6 年期储蓄保险、大额应收账款，要事先制定规划，安排这些资产在变现之后应如何进行重新配置。在定期检查时，要确定这些资产是按原来的方案配置还是实

学习笔记

施新的配置方案，如果实施新的配置方案，最好与客户商讨。

（2）意外收支的处理

在定期检查期间，如果存在预料之外的大额支出或大额收入，致使储蓄计划无法实现或者大额收入需要资产配置，理财师要针对这些情况进行调整和制订相应的计划。

3. 检查生涯状况是否发生变化

（1）检查家庭成员是否发生变化

1）由结婚引起的变化。在结婚之后，要由个人理财规划转向家庭理财规划，要挑选合适的夫妻财产制，要确定共同费用如何分摊。这些事项，客户都可以找理财师进行讨论。

2）由生子引起的变化。家庭计划、生育费用、子女教育金等事项，可能已经在理财规划报告书中有所考虑，但是，当子女真正降临时，仍然需要检查实际开销与预算之间的差异。有时候，由于子女存在先天性缺陷或学习障碍，所需花费将比正常情况高出数倍。

（2）检查工作生涯是否发生变化

1）检查是否失业，如果失业，紧急预备金是否可以应付几个月无收入时的家庭开销？

2）检查是否调换工作，如果调换工作，换工作之后收入是增是减？收入稳定性是否受到影响？

3）检查是否创业，如果创业，创业所需要的资金来源如何解决？什么时候可以实现盈亏平衡？预期收益率有多高？

由于家庭成员状况或工作生涯情况发生变化，原来制定的理财规划方案可能与实际情况有相当大的差异，那么，应该根据变化之后的情况，重新制定理财目标和撰写新的理财规划报告书。

项 目 实 训

实训1 寻找目标客户群

【案例】 某银行职员张宏今年刚获得理财规划师相关认证，银行将张宏分配到理财工作室做客户开发工作。工作期间，张宏联系和接待了下列准客户：

1）制造业企业主。

2）工科大学教授。

3）教授金融专业的大学教授。

4）保险公司经理。

5）大学即将毕业学习信息工程专业的大学生。

6）对自己未来没有规划，事业目标盲目的大学生。

7）准备将来送子女去留学的大学老师。

8）刚刚离婚并结交一朋友准备结婚。

9）遭遇车祸，丈夫丧生。

10）大学政治学教授，喜欢炒股和期货，只有一处房产。

11）在购房、结婚和事业中徘徊的毕业两年的大学生。

12）大学毕业，在上学和上班之间徘徊的大学生。

要求：假设你是张宏，请为张宏确定哪些客户应该是目标客户，并说明是什么事件激发目标客户寻求理财咨询服务。

实训 2　向客户推介理财服务

【案例】　张宏选择张先生（实训 1 案例第一个目标客户）作为目标客户，约张先生进行面谈。

要求：

1）张宏准备电话预约张先生，请为张宏拟定一份电话预约提纲并演示电话预约过程。

2）客户接受了张宏预约，同意面谈，请为张宏准备一份面谈提纲及所有背景资料详单。

3）演示张先生与客户面谈的过程。

实训 3　明确与客户关系

【案例】　承实训 2 案例，张宏通过和张先生面谈，获得了张先生的授权，张先生同意张宏为其提供理财服务。

要求：依据张先生的具体情况，确定为张先生提供服务的类型、收费方式及其他关系。

实训 4　收集客户财务和非财务信息

【案例】　承实训 3 案例，张宏了解到张先生以下信息：张先生今年 40 岁，自己开办一模具厂，年净收入 100 万元（税后），张先生每月从厂里领取工资 6 000 元（税后）；妻子在企业里为张先生打理日常事务，每月从厂里里领取工资 5 000 元（税后）。儿子在上初中三年级，张先生在高中阶段准备送儿子上一所英语较好私立中学，每年的费用估计在 20 000 元左右。高中毕业准备送儿子去德国出国深造，学习模具专业，学业 5 年，估计每年的费用 20 万元左右。在学校，儿子参加针对学生推出的城镇居民基本医疗保险，用于门诊和大病医疗保障，每年保费 100 元。张先生的父母 65 岁左右，身体健康，两位老人只有张先生一个孩子且没有任何社会保障和生活来源，一直和张先生一起生活，为张先生一家打理日常家务。岳父母年龄 75 岁左右，岳父有慢性病，每月 3 000 元左右的治疗费用由张先生夫妇承担，岳母身体健康，两位老人的生活费用由其他子女承担。张先生一家生活在城里一套 210 平方米的住房内，按目前市场价格，该房产价值 210 万元，该住房贷款 50 万元，贷款期限 20 年。张先生和妻子共有两辆汽车，价值分别为 50 万元和 20 万元，每年的保养等费用 70 000 元左右。另外张先生还有股票 300 000 元，银行存款 300 000 元。除上述资产负债外，张先生没有其他资产和负债。

要求：

1）整理张先生的家庭财务信息，包括资产负债情况、收支储蓄情况、家庭保障情况、纳税情况等。

2）整理张先生的非财务信息，包括家庭基本情况、生涯规划、风险容忍态度、理财价值观等。

3）判定张先生理财价值观和行为特征。

4）依据张先生的信息制作全方位理财规划电子表格问卷。

实训 5　明确理财目标

【案例】　承实训 2～实训 4 案例。

要求：

1）为张先生制作生涯规划描绘表。

2）帮助张先生确立理财目标并正确认识需求，编制理财目标设置表。

实训 6　设定相关理财参数

【案例】　承实训 2～实训 5 案例。

要求：根据张先生具体情况，结合当前理财环境，确定理财参数假设。

实训 7　目标并进法应用

【案例】　费先生 5 年后购房目标终值 50 万元，20 年后子女教育金目标终值 20 万元，30 后年退休金目标终值 100 万元，投资报酬率 8%，房贷利率 4%，贷款 20 年，贷款 7 成。如按目标并进法计算，在以后的人生阶段各需要多少净现金流量投入额，才能完成所有目标？再假设费先生认为子女教育金最为重要，目前已有 5 万元，并将 5 万元当作子女教育基金，5 万元如何配置，如何影响投资报酬率？

要求：用目标并进法进行现金流量配置。

实训 8　目标顺序法应用

【案例】　曲先生 5 年后购房目标终值 50 万元，20 年后子女教育金目标终值 20 万元，30 年后退休金目标终值 100 万元，投资报酬率 8%，房贷利率 6%，贷款 20 年，贷款 7 成，目前可投资资金 5 万元，预估未来年储蓄能力每年 3 万元。

要求：以目标顺序法，为曲先生估算可否完成所有目标。

实训 9　目标现值法应用

【案例】　许先生 5 年后购房目标终值 50 万元，20 年后子女教育金目标终值 20 万元，30 年后退休金目标终值 100 万元，报酬率 8%，房贷利率 4%，贷款期限 20 年，现有净值 7 万元，年储蓄 3 万元，按目标现值法计算可否完成所有目标。

要求：用目标现值法衡量其资产配置是否能够完成所有理财目标。

实训 10　检验目标达成可能性

【案例】　承实训 2～实训 6 案例。

要求：

1）解释全生涯资产负债表的概念。

2）依据实训 6 中的设定参数，编制张先生家庭模拟生涯表，评估张先生理财目标达成的可能性。

实训 11　个人理财方案设计内容分析

【案例】　承实训 2～实训 10。

要求：

1）列出理财规划方案应包括的内容及各项内容的含义。

2）为张先生制作理财规划方案。

3）请列出直接影响理财规划方案的事项。

实训 12　向客户展示理财规划方案

【案例】　承实训 2～实训 11 案例。

要求：

1）与客户讨论方案中描述的正确性。

2）为张先生详细讲解理财规划方案（要求情景模拟）。

3）列明应重点提醒客户的五个事项。

实训 13　执行个人理财规划方案

【案例】　承实训 2～实训 12 案例。

要求：

1）说明金融理财师张宏在执行个人理财规划方案中应承担的责任。

2）阐释张宏在为客户挑选金融产品和服务时应遵循的原则。

实训 14　监控个人理财规划方案的执行

【案例】　承实训 2～实训 13 案例。

要求：

1）说明金融理财师和客户之间的监控责任如何划分。

2）阐释监控个人理财规划方案执行的重点内容。

3）阐释监控个人理财规划方案执行和调整的内容。

收获清单

通过本项目的学习我具备了哪些实践工作能力？掌握了哪些理论知识？

这些实践工作能力在整个课程学习过程中处于什么样的地位？

这些实践工作能力在我未来的工作和学习过程中可以用于哪些方面？

附录1

Excel 财务函数与电子表格应用

1. Excel 公式认知

（1）公式常量

公式是对工作表中的数值执行计算的等式。公式以等号（=）开头，例如，在下面的公式中，结果等于 2 乘 3 再加 5。

$$=5+2\times3$$

公式可以包括常量、运算符、函数或引用中的部分或全部内容。常量是不用计算的值。例如，日期 2008-10-9、数字 210 以及文本“季度收入”，都是常量。表达式或由表达式得出的结果不是常量。运算符是用来指定表达式内执行的计算的类型的标记或符号，如“＋”号表示两个量相加。函数首先是一个公式，是预先编写的公式，通过公式可以对一个或多个值执行运算，并得到一个或多个值，如求和函数“SUM”。引用是指在公式中，直接引用工作表中的单元格或单元格区域，以便 Microsoft Office Excel 可以找到需要用公式计算的值或数据。

在此，只介绍公式常量和运算符，关于函数与引用在本任务后续内容中将进行详细讲解。

（2）公式运算符

运算符用于指定要对公式中的元素执行的计算类型。计算时有一个默认的次序，但可以使用括号更改计算次序。

1）运算符类型。计算运算符分为 4 种不同类型：算术、比较、文本链接和引用。本书只涉及算术运算符和引用运算符。

① 算术运算符。若要完成基本的数学运算（如加法、减法或乘法）、合并数字以及生成数值结果，需要使用算术运算符，其使用示例如附表 1 所示。

附表 1　算术运算符示例

算术运算符	含　义	示　例
+（加号）	加法	3+3
−（减号）	减法负数	3−1−1
*（星号）	乘法	3*3
/（正斜杠）	除法	3/3
%（百分号）	百分比	20%
^（脱字号）	乘方	3^2

学习笔记

② 引用运算符。可以使用附表 2 中的运算符对单元格区域进行合并计算。

附表 2　引用运算符示例

引用运算符	含　义	示　例
:（冒号）	区域运算符，生成对两个引用之间所有单元格的引用（包括这两个引用）	B5:B15
,（逗号）	联合运算符，将多个引用合并为一个引用	SUM（B5:B15，D5:D15）
（空格）	交集运算符，生成对两个引用中共有的单元格的引用	B7:D7 C6:C8

2）Excel 执行公式运算的次序。在某些情况中，执行计算的次序会影响公式计算的结果，因此，了解如何确定计算次序以及如何更改次序以获得所需结果非常重要。

① 计算次序。公式按特定次序计算值。Excel 中的公式始终以等号（=）开头，这个等号的意思是 Excel 随后的字符组成一个公式。等号后面是要计算的元素（即操作数），各操作数之间由运算符分隔。Excel 按照公式中每个运算符的特定次序从左到右计算公式。

② 运算符优先级。如果一个公式中有若干个运算符，Excel 将按附表 3 中的次序进行计算。如果一个公式中的若干个运算符具有相同的优先顺序（例如，如果一个公式中既有乘号又有除号），Excel 将从左到右进行计算。

附表 3　运算符使用说明

运算符	说　明
:（冒号）　（单个空格），（逗号）	引用运算符
-	负数（如－1）
%	百分比
^	乘方
* 和 /	乘和除
＋和-	加和减

③ 使用括号。若要更改求值的顺序，请将公式中要先计算的部分用括号括起来。

2. Excel 函数认知

函数是预定义的公式，通过使用一些称为参数的特定数值来以特定的顺序或结构执行计算。函数可用于执行简单或复杂的计算。

（1）函数的语法

附图 1 ROUND 函数示例说明了函数的语法，即将单元格 A10 中的数字四舍五入。

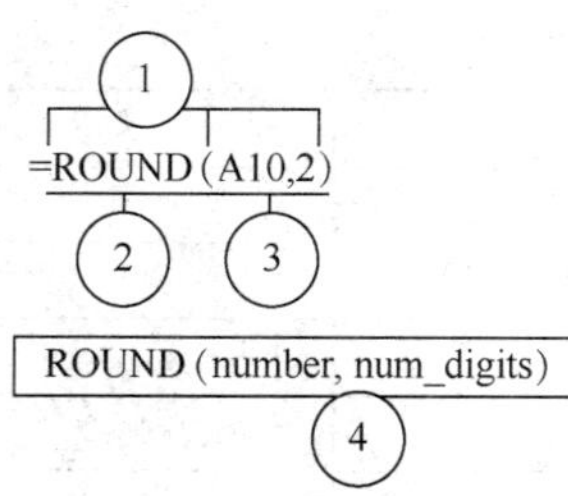

附图 1　函数结构示例

（2）函数的结构

1）结构。函数的结构以等号（＝）开始，后面紧跟函数名称和左括号，然后以逗号分隔输入该函数的参数，最后是右括号。

2）函数名称。如果要查看可用函数的列表，可单击一个单元格并按Shift＋F3组合键。

3）参数。参数可以是数字、文本、TRUE或FALSE等逻辑值、数组（数组：用于建立可生成多个结果或可对在行和列中排列的一组参数进行运算的单个公式。数组区域共用一个公式；数组常量是用作参数的一组常量。）、错误值（如#N/A）或单元格引用。指定的参数都必须为有效参数值。参数也可以是常量、公式或其他函数。

4）参数工具提示。在键入函数时，会出现一个带有语法和参数的工具提示。例如，键入“＝ROUND（”时，工具提示就会出现。工具提示只在使用内置函数时出现。

（3）嵌套函数

在某些情况下，可能需要将某函数作为另一函数的参数使用。例如，附图2使用了嵌套的AVERAGE函数并将结果与值50进行了比较。

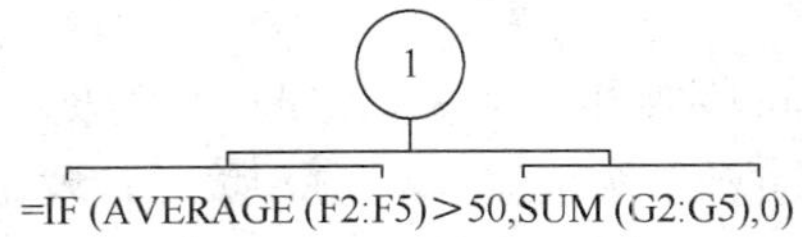

附图2　嵌套函数示例

在附图2.2中，①部分表示AVERAGE函数和SUM函数嵌套在IF函数中。

1）有效的返回值。当嵌套函数作为参数使用时，返回的数值类型必须与参数使用的数值类型相同。例如，如果参数返回一个TRUE或FALSE值，那么嵌套函数也必须返回一个TRUE或FALSE值。否则，Microsoft Excel将显示#VALUE!错误值。

2）嵌套级别限制。公式可包含多达七级的嵌套函数。当函数B在函数A中用作参数时，函数B则为第二级函数。例如，AVERAGE函数和SUM函数都是第二级函数，因为二者都是IF函数的参数。在AVERAGE函数中嵌套的函数则为第三级函数，依此类推。

3. Excel财务函数应用示例

（1）Excel表函数调用与输入要点

调用Excel财务函数可以直接点击编辑栏前的“f_x”或使用“公式记忆式键入”。使用“公式记忆式键入”可以更轻松地创建和编辑公式并将键入错误和语法错误减到最少，建议在对财务函数熟练掌握后使用“公式记忆键输入”。使用公式记忆键输入时在选定的单元格中键入“＝（等号）”和函数

学习笔记

的前几个字母，EXCEL 会自动提示与之匹配的有效函数。在函数调用后，可以直接在函数中输入相关参数或用鼠标在相应表格中点击选定参数，注意输入不同数值间用逗号分隔。

个人理财相关财务函数及其参数主要包括：终值——FV；现值——PV；总投资期/期限——NPER；年金——PMT；内部报酬率/折现率——IRR；有效年利率——EFFECT；年度单利/名义利率——NOMINAL；本金数额偿还期次——PER；给定期次内应偿还本金——PPMT；等额本息法下给定期次内应偿还利息——IPMT；等额本金法下给定期次内应偿还利息——ISPMT；两个付款期之间累积支付的利息——CUMIPMT；两个付款期之间累积支付的本金——CUMPRINC。在使用这些函数计算相关数值时，直接选取所要求值的函数，如计算终值，直接选择终值函数 FV，再输入相关参数，即可求出函数值。在输入函数时，要注意以下要点：

i. 参数的前后顺序固定，顺序错误会得出错误结果或无法算出结果。

ii. 运用公式记忆键输入函数，直接输入函数及括号内的各参数，需要在 FV 前输入“＝”或“+”号。

iii. 最后一个参数为 0 时可以省略不做输入。最后两个参数都是 0 时，可以一起省略不做输入。

iv. 利率与复利期间必须相配合。如果是以月为复利期间，就要用月利率。

v. 参数内的数字输入。现金流出要输入负号，现金流入输入正号。如投资是把现金拿出来买股票或债券等投资工具，是现金流出，用负数，收回投资时取回现金，是现金流入，用正数，计算结果如果表示收回的投资，则结果为正数。正负号若输入错误，会得到错误的结果或在计算 NPER、RATE 函数时出现错误代码。

vi. 输入完成后，按任意键就会在储存单元格显示 FV 函数计算的结果。后续如果要检查函数及其参数，只需单击单元格，编辑栏和单元格内会显示函数及其参数。

（2）终值函数 FV

终值函数 FV 的功能是根据参数固定利率 RATE、期数 NPER、固定支出 PMT 和现值 PV，求解投资的未来值或终值。

步骤 1：在编辑栏或单元格中输入“=FV(”。

步骤 2：出现函数参数提示，输入第一个参数 RATE，即每一期的利率。利率要和步骤 3 中的期间时长相对应，如 6%代表年利率 6%，6%/4 代表年利率 6%下的每季付款利率，6%/12 代表年利率 6%下的每月付款利率。

步骤 3：输入第二个参数 NPER，为年金的付款总期数。如果是季付款总期数＝年×4，月付款总期数＝年数×12。

步骤 4：输入第三个参数 PMT，指分期付款金额，不得在期限内变更，也不得间断。

步骤 5：输入第四个参数 PV，指现值或未来一系列付款的目前总值。

学习笔记

步骤6：输入第五个参数TYPE，代表年金付款是期初还是期末，1表示期初给付，0或省略时表示期末给付。在理财中期初年金形式主要有：房租、养老金支出、生活费、教育金支出、保费等。期末年金形式主要有利息收入、红利收入、房贷本息支付、储蓄等。

【示例1】　刘先生现年35岁，目前每年生活支出6万元，假设通货膨胀率为3.8%，60岁退休，计算刘先生在退休当年养老金要达到多少才能保持目前生活水平。

解析：在此例中，刘先生退休当年养老金水平即目前生活水平按通货膨胀率增长的终值，利用终值函数计算。

在单元格中输入"＝FV（3.8%，60－35，0，－60 000，0）"，按任意键会得到结果152 435.14。

刘先生退休当年养老金要达到152 435.14元才能保持目前的生活水平。

参数输入过程中要注意：目前的生活水平作为流出，用负数，退休当年的生活水平结果为正数，二者现金流方向相反。反之，退休当年生活水平结果为负数。

（3）现值函数PV

现值函数PV的算法与终值函数FV类似，唯一的差别为现值函数PV是要输出的函数结果，而FV是需要输入的第四个参数，因此参数顺序为PV（RATE, NPER, PMT, FV, TYPE）。

【示例2】　刘先生拟利用股票投资准备在5年后购买一辆价值30万元的汽车，假设股票投资报酬率为10%，刘先生目前股票投资额为12万元，以后每年还可为购车目标提备资金1万元，计算刘先生目前还需一次性再增加多少投资？

解析：增加的投资额为5年后汽车价款的现值与已有资金的差额。利用现值函数可计算出实现购车目标的现值。

在单元格中输入"＝PV（10%，5，10 000，－300 000，0）"，按任意键会得到结果148 368.53。

目前需增加投资额＝148 368.53－120 000＝28 368.53（元）。

在计算现值过程中需要特别注意的是，购买汽车是现金流出，目前的现金提备和增加投资是现金流入，二者现金流量方向相反。

（4）年金函数PMT

年金函数PMT的算法与终值函数FV类似，唯一的差别为年金函数PMT是函数要输出的变量，而FV是需要输入的第四个参数，因此参数顺序为PMT（RATE, NPER, PV, FV, TYPE（0或1））。

【示例3】　承示例2，假设刘先生不想一次性增加投资，而是每年增加投资额，计算刘先生为实现购车目标还需增加的投资额。

解析：每年增加的投资额是在目前年提备基础上再增加投资。首先要计算出为实现购车目标每年应提备的资金总额，再计算目前提备与应提备差

学习笔记

额。应提备额每年相等，用年金函数可计算。

在单元格中输入“＝PMT（10%，5，120 000，－300 000，0)”，按任意键会得到结果＝17 483.55。

每年增加投资＝17 483.55－10 000＝7 483.55（元）。

在计算现值过程中需要特别注意的是，购买汽车是现金流出，每年为此增加投资和目前的现金提备是现金流入，现金流入和流出方向相反。

（5）期数函数NPER

期数函数NPER的计算方式与报酬率函数RATE类似，只是RATE与NPER互换位置，在固定的利率或报酬率RATE、期间固定年金PMT、期初年金PV与期末终值FV下，求解应有的期数NPER。输入后，在编辑栏会显示NPER（RATE, PMT, PV, FV, TYPE）。

【示例4】 王小姐今年30岁，目前有一套房产价值120万元，无贷款，王小姐打算用该套房换购一套价值270万元住房，且只用旧房全部变现资产作为首付，每月房贷最高可还12 000元，目前房贷利率为6.8%，计算王小姐新房贷款需多少年才能还清。

解析： 要计算王小姐房贷还款期限NPER，需确定房贷额并将其作为现值PV：

房贷额PV＝270－120＝250（万元）。

还款期限＝NPER（6.8%/12, 12 000, 2 500 000, 0）＝137.96（月）。

大约11年才能还清所有房贷。

（6）内部报酬率函数IRR

内部报酬率函数IRR用于计算任何形态的现金流应有的投资报酬率。

步骤1： 在单元格中输入“=IRR(”

步骤2： 输入第一个参数VALUES，为含有可用来计算各期现金流量数值的数组或参照地址。第一个数值通常为期初现值，如目前的可投资资金。第二个以后的数值为当期的现金收支余额。

步骤3： 输入第二个参数GUESS，为接近IRR结果的估计值，如果省略，以0.1来计算。通常都省略不输入。

【示例5】 唐先生今年40岁，拟在60岁时按时退休，退休金目标200万元。目前已经累积退休金40万元，每年通过储蓄拨备退休金2万元，计算唐先生退休金资产应有投资报酬率。

解析： 唐先生退休金目标是终值FV，目前资产是现值PV，年储蓄为普通年金PMT，三者共同构成系列现金流，其内部报酬率即为唐先生应有报酬率。

在计算IRR时，先将所有现金流输入系列单元格，再通过引用输入参数VALUES。唐先生第一年年初现金流量为目前已累积资产40万元输入A1，再将以后各年年末现金流量年储蓄2万元输入A2～A19，每20年初为退休时点，现金流量为198万元（200－2）。

学习笔记

唐先生应有报酬率＝IRR（A1:A20）＝6.39%。

（7）摊分函数 PPMT、IPMT、ISPMT、CUMIPMT、CUMPRINC

① PPMT 函数。PPMT（RATE, PER, NPER, PV, FV, TYPE），计算等额本息偿还法下第几期还款中的本金支付。

② IPMT 函数。IPMT（RATE, PER, NPER, PV, FV, ITPE），计算等额本息偿还法下第几期还款中的利息支付。

③ ISPMT 函数。ISPMT（RATE, PER－1, NPER, PV），计算等额本金偿还法下第几期应还的利息额。

以上三个函数均比 PMT 多一个参数。在 NPER 之前插入第二个参数 PER，代表第几期应还的本金，另外要注意 ISPMT 函数的 FV 和 ITPE 参数已经省略。

④ CUMIPMT 函数。CUMIPMT（RATE, NPER, PV, START_PERIOD, END_PERIOD, TYPE），计算等额本息偿还法下两个付款期之间累积支付的利息。

⑤ CUMPRINC 函数：CUMPRINC（RATE, NPER, PV, START_PERIOD, END_PERIOD, TYPE），计算等额本息偿还法下两个付款期之间累积支付的本金。

以上两个函数有两个期间参数，一是计息开始期，二是终止期。

【示例 6】　王先生有一笔为期 5 年的信用贷款，金额 5 万元，贷款年利率 6%，每月本利平均摊还，目前已经还款 2 年，计算本月（第 25 期）还款中的本金、利息、前 2 年偿付本金总额及利息总额以及贷款本金余额分别是多少？

解析：王先生还款方式采用的是等额本息还款法。

本月还款本金可分别用 PPMT 和 CUMPRINC 两个函数计算，PPMT 令参数 PER＝25 直接计算，CUMPRINC 令两个参数 START_PERIOD 与 END_PERIOD 都等于 25，计算结果相同。

本月还款本金＝CUMPRINC(6%/12, 5*12, 50 000, 25, 25, 0)＝807.77(元)。或

本月还款本金＝PPMT（6%/12, 25, 5*12, 50 000, 0, 0）＝807.77（元）。

本月还款利息可分别用 IPMT 和 CUMIPMT 两个公式计算，IPMT 令参数 PER＝25 直接计算，CUMIPMT 令两个参数 START_PERIOD 与 END_PERIOD 都等于 25，其计算结果相同。

本月还款利息＝CUMIPMT(6%/12, 5*12, 50 000, 25, 25, 0)＝158.87(元)。或

本月还款利息＝IPMT（6%/12, 25, 5*12, 50 000, 0, 0）＝158.87（元）。

已还款本金总额＝CUMPRINC（6%/12, 5*12, 50 000, 1, 25, 0）＝19 033.33（元）。

已还款利息＝CUMIPMT(6%/12, 5*12, 50 000, 1, 25, 0)＝5 132.68(元)。

学习笔记

贷款本金余额可用两种方法计算，一是用贷款总额直接扣除已还款本金总额，即贷款本金余额＝50 000－19 033.33＝30 966.67（元）。

二是间接计算剩余还款期需还款额即为贷款余额。剩余还款期应还款额即为未来还款各期年金现值。应先计算每月还款额：

每月还款额＝PMT（6%/12, 5*12, 50 000, 0, 0）＝996.64（元）。

贷款余额＝PV（6%/12, 5*12－25, 966.64, 0, 0）＝30 966.67（元）。

或用嵌套函数＝PV（6%/12, 5*12－25, PMT（6%/12, 5*12, 50 000, 0, 0），0, 0）＝30 966.67（元）。

【示例7】 承示例6，如果王先生采用等额本金还款法还款，分别计算第25期应还款本金和利息。

解析：等额本金还款法下，每月还款本金相等：

每月还款本金＝50 000÷（5×12）＝833.33（元）。

给定期间还款利息可以用 ISPMT 函数计算，在用此函数时应注意计算本期利息是在期初本金基础上计算，期限PER应减去1：

本月还款利息＝ISPMT（6%/12, 25－1, 5*12, 50 000）＝150（元）。

对于等额本金还款法，给定期间还款利息还可直接计算：

本月还款利息＝（50 000－833.33*24）*6%/12＝150（元）。

（8）利率转换函数EFFECT、NOMINAL。

① EFFECT 函数。EFFECT（nominal_rate, npery），利用给定的名义年利率和每年的复利期数，计算有效的年利率。Nominal_rate为名义利率，Npery为每年的复利期数（将被截尾取整）。如果任一参数为非数值型，EFFECT函数返回错误值#VALUE!。如果nominal rate≤0或npery＜1，EFFECT函数则返回错误值#NUM!。

② NOMINAL 函数。NOMINAL（effect_rate, npery），基于给定的实际利率和年复利期数，计算名义年利率。

【示例8】 张先生从银行贷款10 000元，合同利率6%，按月付息，到期还本，计算张先生贷款实际利率。

解析：合同中给定的年利率是按年初本金乘以名义年利率的1/12计算每月应付利息，出现复利期（1个月）短于计息期（12个月），付款人过早支付利息导致损失了该部分利息的应有的货币时间价值，投资者则因为在一年中早收到利息而获得该部分货币时间价值。贷款的实际利率应高于名义利率。用Excel中的公式EFFECT函数可计算出实际利率。

实际利率＝EFFECT（6%, 12）＝6.17%

4. Excel 电子表格引用的含义

编制Excel电子表格最大的优势在于不同单元格或不同表格之间可以通过公式的引用进行链接。引用可以实现在一个公式中使用工作表不同部分中包含的数据，或者在多个公式中使用同一个单元格的数值，还可以引用同一

个工作簿中其他工作表上的单元格和其他工作簿中的数据。引用其他工作簿中的单元格被称为链接或外部引用（对其他 Excel 工作簿中的工作表单元格或区域的引用，或对其他工作簿中的定义名称的引用）。

通过引用，首先可以标志工作表上的单元格或单元格区域，并告知 Excel 在何处查找公式中所使用的数值或数据；其次通过更改引用单元格内容，可以对公式计算的结果直接进行更改，如在 B5 中输入公式"＝B3＋B4"，当修改 B3 中的数值时，B5 中显示的结果会自动更新。如果在公式中使用常量而不是对单元格的引用（例如，＝30＋70＋110），则只能通过直接更改公式其结果才会更改。

5. Excel 电子表格引用样式

Excel 的引用样式有以下几种：

（1）A1 引用样式

默认情况下，Excel 使用 A1 引用样式，此样式引用字母标识列（从 A 到 XFD，共 16 384 列）以及数字标志行（从 1 到 1 048 576）。这些字母和数字被称为行号和列标。若要引用某个单元格，请输入后跟行号的列标。A1 引用样式示例如附表 4 所示。

附表 4　A1 引用样式示例

若 要 引 用	请使用
列 A 和行 10 交叉处的单元格	A10
在列 A 和行 10 到行 20 之间的单元格区域	A10:A20
在行 15 和列 B 到列 E 之间的单元格区域	B15:E15
行 5 中的全部单元格	5:5
行 5 到行 10 之间的全部单元格	5:10
列 H 中的全部单元格	H:H
列 H 到列 J 之间的全部单元格	H:J
列 A 到列 E 和行 10 到行 20 之间的单元格区域	A10:E20

（2）引用其他工作表中的单元格

附图 3 列示了 AVERAGE 工作表函数将计算同一个工作簿中名为 Marketing 的工作表的 B1:B10 区域内的平均值。

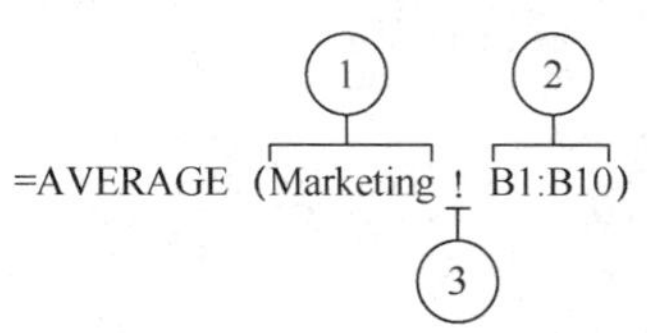

附图 3　引用其他工作表中的单元格示例

①引用名为"Marketing"的工作表；②引用 B1 和 B10 之间的单元格（包括 B1 和 B10）；③将工作表引用与单元格区域引用分开。

（3）相对引用、绝对引用和混合引用之间的区别

1）相对引用。公式中的相对单元格引用（如 A1）是基于包含公式和单元格引用的单元格的相对位置。如果公式所在单元格的位置改变，引用也随之改变。如果多行或多列地复制

或填充公式，引用会自动调整。默认情况下，新公式使用相对引用。例如，如果将单元格 B2 中的相对引用复制或填充到单元格 B3，则其将自动从＝A1 调整到＝A2。

2）绝对引用。公式中的绝对单元格引用（如A1）总是在特定位置引用单元格。如果公式所在单元格的位置改变，绝对引用将保持不变。如果多行或多列地复制或填充公式，绝对引用将不作调整。默认情况下，新公式使用相对引用，有时可能需要将其转换为绝对引用。例如，如果将单元格 B2 中的绝对引用复制或填充到单元格 B3，则在两个单元格中一样，都是A1。

3）混合引用。混合引用具有绝对列和相对行或绝对行和相对列。绝对引用列采用$A1、$B1 等形式。绝对引用行采用 A$1、B$1 等形式。如果公式所在单元格的位置改变，则相对引用将改变，而绝对引用将不变。如果多行或多列地复制或填充公式，相对引用将自动调整，而绝对引用将不作调整。例如，如果将一个混合引用从 A2 复制到 B3，则其将从＝A$1 调整到＝B$1。

附录2

参考案例

案例一

1. 家庭成员背景资料

彭先生今年 55 岁，40 岁那年，辞去了公司工作，自己开了一家水果超市，去年由于身体原因，将水果超市盘出，现赋闲在家，太太与彭先生同岁，今年刚办理完退休手续。儿子 30 岁，在北京工作，收入稳定。

2. 家庭收支情况（收入均为税前）

彭太太退休养老金每月 2 100 元。两人每月从房租收入中获取租金收入 3 000 元。家庭一般生活开支为每月 4 000 元。

3. 家庭资产负债状况

彭先生和太太目前有自住房一套，购买价 40 万元，现值 85 万元，每月还款 1 200 元，剩余还款年限为 5 年；原来的水果店店面房，彭先生前些年已经购买，当时成本价值 60 万元，目前市场价值 200 万元，没有贷款。但近来由于房龄和地段原因，商铺贬值，租金收入有下降趋势。

4. 家庭保障状况

彭先生 40 岁刚开始创业时就以个体工商户的身份参加当地的社会保险，刚交满 15 年，彭先生对社会保险没有足够信心，但认为是基本保障，因此，不想再缴纳社保。目前彭先生个人账户积累额为 8 万元。彭先生和太太均有一份大病医疗保险，可以报销所有住院医疗开支的 80%。

5. 理财目标（均为现值）

1）彭先生能和太太一直维持目前每月 4 000 元的生活开支水平。
2）70 岁前每年能预算出 2 万元用于外出旅游费用。
3）70 岁后，希望到北京养老，但不想和儿子同住，如何处理目前的自住房和店面房以

及在北京是租房还是买房还没有明确的想法。如果租房按现值月租金需2 000元，如果买房需要购置一套120万元的房子够老两口居住。

4）夫妻俩害怕老年病多、因病致穷，对其家庭造成重要影响，不知道如何应对。

案 例 二

1. 家庭成员背景资料

刘敏现年35周岁，在老家一家制造业企业做行政管理工作。同龄的丈夫陈斌两年前到上海发展，目前供职于一家IT企业。8岁的儿子陈煜跟刘女士住在企业宿舍区，目前上小学2年级。

2. 家庭收支情况（收入均为税前）

刘敏月税前收入3 300元。陈先生税前年薪45万元。刘敏和儿子一个月支出3 500元，丈夫在上海每月房租支出3 000元，生活支出每月4 000元。

3. 家庭资产负债状况:

陈先生有活期存款15万元，平时做一些银行理财产品投资，无其他任何资产和负债。

4. 家庭保障状况

两人只有陈先生单位每年缴纳社会保险，无其他任何保障。

5. 理财目标（均为现值）

1）刘女士打算辞掉工作，和儿子搬到上海与丈夫一起生活，并且打算在上海创业开个洗衣店或者小饭店，预计创业资金30万元，刘女士希望每年能赚到10万元的收入，但是害怕创业失败后对家庭其他目标带来影响。

2）打算将来在上海市中心买一栋200万元的房子，不知道何时能实现目标。

3）打算让儿子上上海的重点学校一直到高中毕业，然后送儿子上大学并且希望儿子能修完硕士学位。

4）夫妻两人打算在60岁退休，退休后维持退休前的生活水平。

案 例 三

1. 家庭成员背景资料

黄琦与卢璐夫妻两人年龄均为 29 岁，结婚 2 年，黄琦在证券公司做职业经理人，卢璐在银行做柜员。

黄琦和卢璐都是独生子女，黄琦父母务农，父亲 55 岁，母亲 53 岁。卢璐父亲 58 岁，事业单位，母亲 56 岁，已退休，原事业单位人员，卢璐父母不需两人承担任何赡养费用。

2. 家庭收支资料（收入均为税前）

黄琦年收入 150 000 元，卢璐年收入 120 000 元。现有年家庭支出 60 000 元，两人各占一半。

3. 家庭资产负债状况

两年前夫妻结婚时，男方父母各出资一半首付合计 600 000 元，购买当时价值 120 万元的住房，夫妻二人商业贷款 600 000 元，贷款期限 20 年，卢璐目前每月公积金账户 2 000 元可用于偿还部分贷款。现有存款 50 000 元，股票基金 100 000 元。

4. 家庭保障状况

夫妻二人除社会保险外未购买商业保险。

5. 理财目标（均为现值）

1）两年内将生育一个子女，培养子女到大学毕业，大学学费每年现值 10 000 元。

2）同时男方父母将两年后由外地迁入本市居住，帮忙带小孩。想换购一套现值 200 000 元的房屋届时供一家五口使用，并负担两老的生活费用。每增加一个家庭成员，预计增加 10 000 元的年开销现值，到子女大学毕业或父母 85 岁为止。

3）黄琦夫妻 60 岁同时退休。退休后实质生活水准不变，退休生活计算到 85 岁。

学习笔记

案 例 四

1. 家庭成员背景资料

冯先生今年 36 岁，公立医院主任医师。与前妻育有一子冯阳，今年 8 岁，小学二年级。与现任妻子傅女士一年前结婚，傅女士今年 35 岁，与冯先生是同事，婚前没有生育，两人准备在两年内生育一个小孩。

2. 家庭收支情况（均为税前）

冯先生年收入 40 万元，太太年收入 24 万元，两人家庭日常生活开支每月 20 000 元，人情费每年 5 万元，车辆使用费每年 50 000 元，旅游费用 30 000 元。冯先生每月需支付儿子冯阳生活费 2 500 元。

3. 家庭资产负债状况

冯先生和太太目前银行存款 30 000 元，股票投资 30 万元，银行理财产品 40 万元。汽车一辆，价值 40 万元。冯先生离婚时将房产留给了儿子，现在由儿子和前妻居住。冯先生离异后自己购买了一套公寓房用于居住，购房价格 40 万元，现价 85 万元。每月还房贷 2 000 元，贷款期限尚有 12 年。

4. 家庭保障状况

冯先生和太太享有事业单位社会保障，医院有补充医疗保障，医疗费用可以报销 90%以上。住房公积金账户目前两人合计有 10 万元。两人认为社保已经足够抵御风险，因此没有购买任何商业保险。

5. 理财目标（均为现值）

1）冯先生希望能给儿子准备未来的大学出国留学费用，经过多方打听，需准备 60 万元，冯先生不希望太太因此不高兴，不想让太太知道此事。

2）冯先生准备和太太年内生育小孩，并准备给孩子享受良好的教育，从幼儿园到高中毕业上私立学校，大学和冯阳一样，能够准备一笔出国留学费用。

3）考虑到孩子出生后，现在的住房不能满足住房需求，冯先生想尽快另购买一套 128 平方米住房，成交价 250 万元。

4）冯先生觉得目前考虑退休还比较长远，但不希望退休后生活水平有大幅下降。

案 例 五

1. 家庭成员背景资料

葛先生今年 48 岁，在一家布料批发企业上班，葛太太与先生同岁，赋闲在家。女儿今年 23 岁，去年刚刚大学毕业，现在在一家外贸公司做代理。

2. 家庭收支情况（均为税前）

葛先生每月收入 3 000 元，村委会每年分红约 6 万元，房租收入 4 000 元，女儿收入 3 500 元。家庭每月生活支出 6 000 元，旅游费用每年 18 000 元。

3. 家庭资产负债状况

由于城市拆迁，葛先生用拆迁款购买 3 套房产，其中一套用于居住，两套用于出租，目前每套房价 120 万元。另有银行存款 50 万元。

4. 家庭保障状况

葛先生和太太都享受新农村合作医疗保险，女儿每月公司缴纳社会医疗保险。葛先生在女儿劝说下为自己购买了一款重大疾病终身保险，保额 10 万元，住院医疗补充保障保额 10 000 元，保障至 65 岁，年缴保费 6 500 元，缴费期 15 年，女儿购买了人身保障 30 万元，重大疾病 25 万元，意外伤害 30 万元，意外医疗 5 万元，以及和葛先生相同的住院保障，年缴保费 6 300 元，缴费期 20 年。葛太太不愿投保商业险，没有任何商业保障。

5. 理财目标（均为现值）

1）考虑到现有用于出租的两套房产要用来养老，房龄也较长，葛先生想为女儿重新准备一套婚房，估计价值在 180 万元左右。

2）虽然有房产做保障，但葛先生还是对未来的退休生活充满担心，希望能对未来的退休生活做一个合理的规划。

案 例 六

1. 家庭成员背景资料

刘先生 43 岁，某上市公司中层管理人员；妻子吴女士 41 岁，公务员，儿子 8 岁。

学习笔记

2. 家庭收支资料（收入均为税前）

刘先生年薪 30 万元，吴女士月薪均为 8 000 元，刘先生家庭每月生活费 13 000 元，儿子特长班培训费每年 12 000 元，汽车使用费 40 000 元，旅游费用每年 30 000 元。商业险保费年支出 3 000 元。

3. 家庭资产负债资料

目前有银行存款 3 万元，股票市值 24 万元。有 3 处房产，自住房产面积 143 平方米，为 2003 年团购，买价 32 万元，现价 220 万元，每月还贷 1 000 元，还有 10 年期限，每月两人分别可用 800 元住房公积金还贷。另有房产一套用于出租，市值 120 万元，无房贷，每月租金收入 2 000 元。汽车两辆，合计价值 28 万元。

4. 家庭保障状况

二人均参加养老、医疗等社保体系。2007 年刘先生、吴女士和儿子均购买了重大疾病保险，缴费期分别是 20 年、20 年和 30 年，保额分别是 5 万元、5 万元和 10 万元。

5. 理财目标（均为现值）

1）希望儿子能上重点高中，读大学直至研究生毕业，每年学费 2 万元。
2）5 年后为双方老人准备 6 万元，以备应急之需。
3）退休后维持现有生活水平。

案　例　七

1. 家庭成员背景资料

杨先生今年 42 岁，正值事业高峰期。是一家大型房地产集团的高层，妻子 38 岁，是大学教师，女儿今年 14 岁。

2. 家庭收支情况（收入均为税前）

杨先生年薪收入 60 万元，妻子年薪收入 12 万元。另有利息收入 5 万元，股息收入 3 万元，房租收入 5 万元。杨先生家每年的主要生活开支约 20 万元。年缴保费 6 万元，剩余缴费年限 10 年。

3. 家庭资产负债状况

银行存款 40 万元，股票投资 100 万元，债券投资 50 万元，有 3 套价值均为200万元的房产，其中一套自住，一套度假用，还有一套出租，年租金收入5万元，贷款都已还清。

4. 家庭保障状况

杨先生夫妻都有参加各项社保，同时杨先生身为公司高干，公司为其提供了保额 80 万元的团体寿险。商业保险方面，杨先生已投保终身寿险保额100万元，朱太太已投保终身寿险保额50万元。已缴10年保费，目前的现金价值为70万元。

5. 理财目标（均为现值）

1）杨先生准备女儿高中时送女儿留学，费用每年20万元左右，至少读完硕士。

2）60岁退休，退休后前10年夫妻二人年支出包括旅游费用每年20万元，之后20年含医疗费用每年15万元。

3）杨先生还希望能够回馈社会，退休后建立一个 600 万元的基金，用于资助家乡符合一定条件的老年人的生活和医疗费用。

4）杨先生想留一笔遗产给女儿。

案 例 八

1. 家庭成员背景资料

何先生今年42岁，经营一家加工企业近十年，40岁，在事业单位上班，儿子今年16岁。

2. 家庭收支情况（均为税前）

何先生企业去年净利润约为180万元，何先生不从企业领取薪酬。妻子年收入20万元，家庭生活年支出30万元，儿子特长培养费用年支出3万元，旅游休闲费用20万元。

近年来由于经济环境和行业影响，企业经营感到日益艰难。

3. 家庭资产负债状况

何先生现居住于一套130平方的商品房，价值250万元，房贷已经还清。刚刚新购一套总面积280平方的联排别墅，贷款140万，期限10年，另有股票投资20万元，银行存款5万元。汽车两辆，总价120万元。

4. 家庭保障状况

何先生自己在企业缴纳社会保险，妻子单位享受社会保障。何先生一向

学习笔记

不相信商业保险，除车险和企业财产险外，没有购买过任何商业保险。

5. 理财目标（均为现值）

1）何先生想让儿子读大学时去美国留学，至少读到本科毕业；

2）儿子大学毕业后回国为儿子准备一套婚房，价值300万元；

3）为自己筹备养老金，希望每年至少有20万元的养老金用于养老；

4）何先生在企业经营过程中，感觉人工和材料成本不断上升，成本优势已经逐步丧失，目前企业经营风险较大，通过技改要求资金量太大，无法承受，短期内经营压力过大，目前没有什么好的思路，只能做一步看一步，希望企业经营风险尽量对家庭生活不产生过大的负面影响。

参 考 文 献

北京当代金融培训有限公司，北京金融培训中心．2009．个人风险管理与保险规划．北京：中信出版社．

北京当代金融培训有限公司，北京金融培训中心．2009．个人税务与遗产筹划．北京：中信出版社．

北京当代金融培训有限公司，北京金融培训中心．2009．投资规划．北京：中信出版社．

北京当代金融培训有限公司，北京金融培训中心．2009．退休规划与员工福利．北京：中信出版社．

北京当代金融培训有限公司，北京金融培训中心．2010．金融理财原理（上）．北京：中信出版社．

人力资源和社会保障部．2010．理财规划师基础知识．北京：中国劳动和社会保障出版社．